Jens Bergmann

Der Tanz ums Ich

Risiken und Nebenwirkungen der Psychologie

Pantheon

Verlagsgruppe Random House FSC® N001967
Das für dieses Buch verwendete FSC®-zertifizierte Papier
Lux Cream liefert Stora Enso, Finnland.

Der Pantheon Verlag ist ein Unternehmen der
Verlagsgruppe Random House GmbH.

Erste Auflage
September 2015

Copyright © 2015 by Pantheon Verlag, München,
in der Verlagsgruppe Random House GmbH
Umschlaggestaltung: Büro Jorge Schmidt, München
Satz: Ditta Ahmadi, Berlin
Druck und Bindung: CPI books GmbH, Leck
Printed in Germany
ISBN 978-3-570-55267-4

www.pantheon-verlag.de

»Mutter Gottes – ist das eine Frauensache? Sie fragen mich, wie ich mich fühle. Ich sage Ihnen, wie ich mich fühle, und nun quälen Sie mich damit.«

Tony Soprano beklagt sich in der Serie *Die Sopranos*
bei seiner Therapeutin

Inhalt

Vorbemerkung
Die Religion unserer Zeit

Wer bin ich? Und warum bin ich, wie ich bin? Was geht in mir vor? Was in den anderen Leuten? Diese Fragen bewegen uns, weil uns die Mitmenschen rätselhaft erscheinen und weil es uns mit uns selbst häufig ebenso ergeht – wir alle aber irgendwie miteinander auskommen müssen.

Aufklärung und Hilfe verspricht die Psychologie*. Dank dieser Versprechen ist sie so populär und allgegenwärtig geworden wie keine andere Disziplin. Im Laufe ihrer kurzen Geschichte hat die Seelenkunde – so die ursprüngliche Bedeutung des aus dem Griechischen stammenden Begriffs – über ihr ursprüngliches Fachgebiet hinaus weitere Sphären erobert. Sie beeinflusst heute Wirtschaft, Kultur und Gesellschaft, unsere Sprache, unser Denken und Empfinden.

Psychologische Techniken haben auch die Arbeitswelt erobert; so erinnern viele Rituale in heutigen Unternehmen nicht zufällig an solche der Selbsterfahrungsgruppen aus den sechziger und siebziger Jahren, in denen Menschen ihr Innerstes nach außen kehrten. Die wichtigste Kompetenz des modernen Angestellten ist es, Offenheit darzustellen, ohne wirklich offen zu sein.

Psychologen fühlen sich überall gefragt und zuständig. Sie behaupten, (soziale/emotionale) Intelligenz ebenso messen zu können wie Persönlichkeit und Kreativität. Sie maßen sich

---

* *Die* Psychologie ist eine Verallgemeinerung, weil das Fach in zahlreiche Teildisziplinen und Schulen zerfällt (die ihre Abneigung füreinander liebevoll pflegen). Unabhängig davon gibt es einen Mainstream psychologischen und therapeutischen Denkens und Handelns. Um ihn geht es in diesem Buch.

Urteile darüber an, für welchen Beruf Menschen sich eignen und ob sie in ihrer Laufbahn zu Führungsaufgaben taugen. Sie deuten Emotionen, geben Anleitungen zu Kommunikation und Selbstmanagement. Sie konstruieren Tests zur angeblich optimalen Partnerwahl, sagen uns, wie wir unsere Ehe führen, unsere Kinder erziehen und welche Ziele wir im Leben anstreben sollen.

Psychologen und Psychiater diagnostizieren, ob wir normal sind, und sie geben unseren Leiden Namen: vom posttraumatischen Stress- über das Messie- bis hin zum Burnout-Syndrom.

Die Psychologie kann einerseits Trost spenden, hält gutgläubige Menschen andererseits aber an der Kandare: Sie ist die Religion unserer Zeit. Das spiegelt sich unter anderem in einem Berg an Literatur zum Thema wider. Sie verheißt Einblicke ins Seelenleben, Hilfe bei der Selbstverwirklichung, den Weg zu glückender Kommunikation, Partnerschaft, Sexualität und vielem mehr.

Diese Probleme sind nicht Thema meines Buchs. Hier geht es um die Probleme, unter denen die Psychologie leidet. Viele der Gründe sind in der Geschichte des jungen Fachs zu finden. Charakteristische Merkmale der Psychologie – intellektuelle Genügsamkeit und Geschäftstüchtigkeit, Kontextblindheit und Übergriffigkeit – lassen sich nur aus ihrer historischen Entwicklung heraus verstehen, weshalb die Psychologiegeschichte viel Raum in diesem Buch einnimmt. Es schildert, wie die Disziplin es so weit bringen konnte. Was ihren Reiz ausmacht. Und mit welchen Folgen der Glaube an sie verbunden ist. Es klärt auf über das Grundproblem des psychologischen Denkens: Niemand kann anderen Menschen wirklich in den Kopf schauen. Von der Suggestion, das doch zu können, lebt eine ganze Industrie.

Dieses Buch ist kein Ratgeber, aber hoffentlich nützlich: durch Aufklärung über die Risiken und Nebenwirkungen der Psychologie.

Pioniere

Der Siegeszug der Psychologie beruht auf zwei Ideen. Die eine lautet: Jeder Mensch hat seine eigene, persönliche Geschichte. Sie – und nicht Klasse, Schicht oder Kultur – macht uns aus. Mit dieser Denkfigur geriet das Ich in den Mittelpunkt des Interesses. Und je mehr die Leute sich mit sich selbst beschäftigten, desto deutlicher wurden ihnen ihre Defizite, die – das ist eine zentrale Botschaft der Psychologie – behoben werden können, ja, müssen. Diese Vorstellung, die vielen von uns heute ganz selbstverständlich erscheint, lässt sich als *therapeutisches Denken* bezeichnen. Es ist vielen Menschen in Fleisch und Blut übergegangen. Sie verspüren das Bedürfnis, an sich zu arbeiten beziehungsweise sich selbst zu verwirklichen.

Die andere Kernidee ist: Psychologen können mithilfe bestimmter Messmethoden – von Intelligenz- und Persönlichkeitstests bis hin zum Hirnscan – herausfinden, wie andere Menschen denken, empfinden, was sie bewegt und vor allem: ob sie der Norm entsprechen. All dies funktioniert, ohne dass die Probanden über die Art der Verfahren und die ihnen zugrunde liegenden Annahmen informiert werden müssten; im Gegenteil, die Unwissenheit der Versuchsobjekte ist meist Voraussetzung für diese *Psychotechnik*.

Die Karriere des therapeutischen Denkens und der Psychotechnik lässt sich sehr gut an der Geschichte zweier Pioniere darstellen, die diese Vorstellungen vor mehr als 100 Jahren propagiert und damit für ihre Berufsstände lukrative Geschäftsfelder erschlossen haben. Beide trieben ihr jeweiliges Projekt mit großem Eifer voran – und beide haderten mit dem, was daraus wurde.

Am 29. August 1909 treffen zwei Männer an Bord der »George Washington« in New York ein. Von dort reisen sie weiter nach Worcester, Massachusetts, wo ihnen an der Clark University die Ehrendoktorwürde verliehen wird.

Die Ideen dieser beiden Männer sind sehr mächtig, sie wirken bis heute fort. Der eine ist Sigmund Freud, Begründer der Psychoanalyse, der mit seinem 1900 erschienenen Buch *Die Traumdeutung* Furore gemacht und seine Zeitgenossen als Neurotiker bloßgestellt hat. Freud bahnt dem therapeutischen Denken den Weg. Der andere, heute weithin Vergessene, ist William Stern, Erfinder des Intelligenzquotienten und des ersten Ballerspiels – zum Training von Kampfpiloten im Ersten Weltkrieg. Stern hat wie kaum ein anderer die Psychotechnik populär gemacht: die Vermessung des menschlichen Innenlebens.

Die Männer sind einander in herzlicher Abneigung verbunden, ihre Vorstellungen von der menschlichen Seele unterscheiden sich diametral. Der eine behauptet, durch seine »Redekuren« mit Patienten herausgefunden zu haben, was Menschen prägt und bewegt: frühkindliche sexuelle Konflikte und das Unbewusste. Für den anderen sind das haltlose und ungesunde Spekulationen. William Stern setzt auf naturwissenschaftliche Methoden im Labor und im wirklichen Leben, »um praktische Kulturaufgaben zu lösen«:[1] die »Auslese« von Menschen für Aufgaben jeglicher Art. Bei allen Unterschieden verbindet Freud und Stern doch mancherlei. Beide haben ein Händchen für Werbung in eigener Sache. Beide geben Antworten auf wichtige Fragen ihrer Zeit und weit darüber hinaus. Beide werden als Juden von den Nationalsozialisten auf dem Höhepunkt ihrer Karriere aus ihrer Heimat vertrieben. Beide haben vor allem in den USA Erfolg, klagen über die dortige Banalisierung ihrer Theorien und Methoden, können diese aber nicht aufhalten. Und beide ahnen nicht, dass die von ihnen begründeten Linien – das therapeutische Denken und die Psychotechnik – sich kreuzen werden.

Ein Freigeist als Religionsstifter

Sigmund Freud gehört neben Karl Marx und Charles Darwin zu den Denkern, die unser Weltbild verändert haben. Mit der Psychoanalyse stiftete er – wiewohl er als Agnostiker mit Religion nichts am Hut hatte – eine moderne Form der Glaubensgemeinschaft. Und obwohl als Therapeut nicht besonders erfolgreich, prägte er maßgeblich das heute allgegenwärtige therapeutische Denken.

Freud war einerseits ein Freigeist, der die Grenzen seines Fachs Medizin sprengte, sein eigenes Gedankengebäude stetig erweiterte – und dabei gelegentlich auch tragende Mauern versetzte. Andererseits war er ein strenger Glaubenswächter, der Abweichung von seiner Lehre als Ketzerei ansah.

Obgleich die Psychoanalyse offenkundig hochspekulativ ist, pflegte Freud zeit seines Lebens den Habitus des Naturwissenschaftlers – und verwies bezüglich der Belege lapidar auf eine vage Zukunft: »Das Lehrgebäude der Psychoanalyse, das wir geschaffen haben, ist in Wirklichkeit ein Überbau, der irgendeinmal auf sein organisches Fundament aufgesetzt werden soll; aber wir kennen dieses noch nicht.«[2] Dieses Fundament fehlt nicht nur der Psychoanalyse, sondern auch der Psychologie bis heute.

Anders als die meisten Wissenschaftler verfügte Freud über einen glänzenden literarischen Stil, mit dessen Hilfe er logische Klippen in seinem Werk umschiffen und seine Lehre außerordentlich populär machen konnte. So gingen Schlüsselbegriffe und -konzepte wie der Freud'sche Versprecher, unbewusst, Trauma, Trieb, Verdrängung oder Ödipuskomplex in den Wortschatz des Bürgertums ein.

Warum kam ausgerechnet er auf diese Ideen? Da gibt es verschiedene Deutungen. Manche erklären die subversive Natur der Psychoanalyse, ihr Infragestellen der herrschenden Kultur, mit der jüdischen Herkunft ihres Erfinders, dem geschärften Blick des Außenseiters auf die gesellschaftlichen Verhältnisse. Andere suchen in seiner Biografie nach Anknüpfungspunkten. Freud selbst hat diese Spur gelegt. In einem Brief an seinen Freund Wilhelm Fließ schrieb er nach einer Selbstanalyse: »Ich habe die Verliebtheit in die Mutter und die Eifersucht gegen den Vater auch bei mir gefunden und halte sie jetzt für ein allgemeines Ereignis früher Kindheit (…). Wenn das so ist, so versteht man die packende Macht des König Ödipus trotz aller Einwendungen, die der Verstand gegen die Fatumsvoraussetzung erhebt, und versteht, warum das spätere Schicksalsdrama so elend scheitern musste.«[3]

Interessanter als die Frage, warum ausgerechnet Freud die Psychoanalyse erfand, ist die, warum sie so einflussreich werden konnte. Die Antwort lautet frei nach Victor Hugo: Nichts ist mächtiger als eine Idee, deren Zeit gekommen ist. Das war bei der Psychoanalyse der Fall. Sie ist, wie der Historiker Eli Zaretsky schreibt, »die erste große Theorie und Praxis des persönlichen Lebens«.[4] Dieses persönliche Leben, die Vorstellung von einer je eigenen Geschichte des Individuums, wird im Fin de Siècle möglich. Es ist das Zeitalter der zweiten industriellen Revolution: Die Massenproduktion hat begonnen, der Wohlstand wächst, die Wirtschaft weckt die Lust am Konsum, traditionelle Familienbande und Hierarchien lockern sich, neue Lebensmodelle werden denkbar – einige Bohemiens erproben sie sogar. Der Boden für Freuds Ideen ist bereitet.

Sigismund Schlomo Freud kommt am 6. Mai 1856 im mährischen Freiberg im heutigen Tschechien als Sohn des Tuchhändlers Jacob Freud und dessen dritter Frau Amalia zur Welt. Den ersten Vornamen ändert er im Alter von 22 Jahren in Sigmund. Die Bindung zu seiner Mutter ist eng, sie liebt ihn heiß und innig: »Sigi, mein Gold«. Nach dem Bankrott des Vaters in der großen Wirtschaftskrise von 1857 zieht die Familie mit einem kurzen Zwischenaufenthalt in Leipzig 1860 nach Wien. Dort besucht Freud das Leopoldstädter Communal-Realgymnasium. Die Eltern setzen große Hoffnung in ihn, die er erfüllt. Er ist ein hervorragender Schüler, der sein Abitur mit Auszeichnung macht und dann Medizin studiert.

Nach der Promotion im Jahr 1881 mit neurophysiologischem Thema (»Über das Rückenmark niederer Fischarten«) und der Habilitation 1885 folgt allerdings ein Karriereknick. Denn Freud – einer der Pioniere auf dem Gebiet der Hirnforschung, der als einer der Ersten die Idee hat, dass das Organ aus miteinander verknüpften Neuronen besteht – darf zwar Privatdozent sein, erhält aber zunächst keinen Lehrstuhl an der Universität, sondern nur eine Stelle am Wiener Allgemeinen Krankenhaus, wo er einige Jahre im Laboratorium für Gehirnanatomie arbeitet und unter anderem Studien über die pharmakologische Wirkung der noch wenig bekannten Substanz Kokain betreibt. Dazu zählen auch Selbstversuche. Später wird er Kokain, wie er sagt, zur Selbstmedikation verwenden. Es gibt Vermutungen, dass sein starkes Selbstbewusstsein auch damit zu tun haben könnte. Schließlich macht sich Freud nolens volens mit einer Privatpraxis für Neurologie selbstständig. Das ist für einen brillanten Kopf wie ihn keine adäquate Position, aber er ist entschlossen, etwas aus ihr zu machen.

1885 reist er zu Studienzwecken nach Paris, um an der dortigen Psychiatrischen Klinik des Hôpital de la Salpêtrière dem Star-Psychiater Jean-Martin Charcot bei der Arbeit zuzuschauen. Dessen Thema ist die damalige Modekrankheit Hysterie. Unter dieser Bezeichnung fasst man eine ganze Reihe psychischer Störungen zusammen, die zunächst auf eigentümliche Weise nur bei Frauen diagnostiziert werden (das griechische Wort *Hystera* bedeutet Gebärmutter), ohne ersichtliche somatische Ursache. Freud schreibt begeistert von der »rätselhaftesten aller Nervenkrankheiten, für deren Beurteilung die Ärzte noch keine tauglichen Gesichtspunkte gefunden hatten (...)«.[5]

Charcot führt Patientinnen bei seinen Dienstagsvorlesungen in aller Öffentlichkeit vor und löst durch Hypnose Symptome wie Schüttelkrämpfe oder Lähmungen aus. Das dramatische Spektakel – vermutlich schauspielern einige der Frauen auch, weil sie genau wissen, was von ihnen erwartet wird – zieht prominente Besucher aus ganz Europa an. Als Freud sieht, wie der große Zampano Charcot hysterische Symptome durch Hypnose hervorruft, erkennt er darin ein Indiz für die psychischen Ursachen der Hysterie.

Zurück in Wien geht er dem Thema mit seinem Kollegen und Mentor Josef Breuer weiter nach. Beide zweifeln an den gängigen Theorien, die die verbreiteten »nervösen Leiden« – damals so populär wie heute das Burnout-Syndrom – durch Verletzungen des Nervensystems erklären, und an dem üblichen Behandlungsrepertoire wie Elektrotherapie und Liegekuren. Bei Breuer lernt Freud den »kathartischen Prozess« kennen. Durch Hypnose und Suggestion wird der »innere Zensor« überwunden: Die Patientinnen, allesamt Frauen aus bürgerlichen Kreisen, sprechen über damals Unaussprechliches, über Dinge, die sie anstandshalber eigentlich beschweigen müssten – und aufgestaute Gefühle wie Zorn, Angst, Wut brechen sich Bahn.

Später distanziert sich Freud von der Methode der Hypnose, auch weil er die Erfahrung macht, dass die Patientinnen sich dabei in den Therapeuten verlieben, was dem im privaten Umgang eher prüden Arzt – anders als so manchem Kollegen – unangenehm ist. Stattdessen setzt er auf Gespräche in entspannter Atmosphäre, in denen frei assoziiert wird und Träume gedeutet werden, der Patient auf der Couch liegend, der Therapeut in distanzierter Haltung am Kopfende auf einem Sessel sitzend.

Einmal Verführungstheorie und retour

Die Erkenntnisse, die er bei der Untersuchung von zunächst 18 Frauen gewinnt, veröffentlicht Freud 1896 unter dem Titel »Zur Ätiologie der Hysterie« und berichtet vor der Fachöffentlichkeit im Wiener Verein für Psychiatrie und Neurologie über seine schockierenden Erkenntnisse. Alle von ihm untersuchten Frauen und Mädchen seien, so Freud, in ihrer Kindheit von Verwandten oder Dienstboten missbraucht worden, hätten dies verdrängt und deshalb Symptome wie Lähmungen oder Sprachstörungen entwickelt. »Die Kindertraumen, welche die Analyse für diese schweren Fälle aufdeckte, mussten sämtlich als schwere sexuelle Schädigungen bezeichnet werden; gelegentlich waren es geradezu abscheuliche Dinge.«[6] Diese Aussagen finden, wie er im Rückblick über sein akademisches Publikum klagt, »bei den Eseln eine eisige Aufnahme«.[7] Die Kollegen, darunter der berühmte Sexualwissenschaftler Richard von Krafft-Ebing, glauben ihm kein Wort.

Freud selbst revidiert seine sogenannte Verführungstheorie anderthalb Jahre später. Er habe erkennen müssen, schreibt er, »diese Verführungsszenen seien niemals vorgefallen, seien nur Phantasien, die meine Patienten erdichtet, die ich ihnen vielleicht aufgedrängt hatte«.[8] Nun stellt er frühkindliche Fantasien und Ängste in den Mittelpunkt seiner Überlegungen: die Kastrationsfurcht der Jungen, den Penisneid der Mädchen sowie den Ödipuskomplex der Söhne, die ihre Mütter begehren und ihre Väter am liebsten aus dem Weg räumen würden. All diese Impulse würden verdrängt und könnten durch Psychoanalyse ins Bewusstsein gehoben werden.

Etwa 100 Jahre später werden Analytiker wie Jeffrey Masson und Alice Miller Freuds Kehrtwende kritisch unter die Lupe nehmen und eine Verschwörungstheorie daraus konstruieren. Der Vater der Psychoanalyse habe seine Erkenntnisse aus Angst vor seinen Kollegen verdrängt, so die Dissidenten – nicht die Sexualität kleiner Kinder, sondern ihr Missbrauch sei die Ursache allen seelischen Leids.

Allerdings lässt sich gegen Freuds Beweisführung durch Fallgeschichten generell einwenden, dass sich seine Theorien auf diese Weise weder beweisen noch widerlegen lassen. Das gilt für seine frühe Verführungshypothese ebenso wie für alle weiteren. Freud deutet, was seine Patienten ihm erzählen, sehr frei; Überzeugungen leiten seine Beobachtungen, man könnte auch sagen: Der von sich überzeugte Forscher sieht das, was er sehen will. Joseph Worthy, ein amerikanischer Psychiater, der sich in den dreißiger Jahren einer Lehr-Analyse durch Freud unterzogen hatte, urteilte, dass der »wie ein Detektiv auf der Lauer lag, bis er auf eine Assoziation stieß, die in sein Interpretationsschema passte«.[9]

Freuds Vorstellungen kommen allerdings nicht von ungefähr – er knüpft an Vordenker an. »Es gab zum Beispiel«, schreibt der Erziehungswissenschaftler Michael Dieterich, »verblüffende Parallelen zu Schopenhauer, der unter anderem vom Primat des Willens sprach, vom Unterbewusstsein und der Sexualität, von Verdrängung, Sublimierung, Rationalisierung, Affekten, Träumen und der freien Assoziation. Freud verstand es, viele Linien zusammenzuführen (…).«[10]

Am 4. November 1899 veröffentlicht Freud mit der *Traumdeutung* ein frühes Hauptwerk – das zu Werbezwecken auf 1900 vordatiert wird. Darin stellt er unser nächtliches Kopfkino vor allem als erotisch motiviert dar; so sei zum Beispiel die Treppe ein »sicheres Koitussymbol«. Träumen bedeute Arbeit, die darin bestehe, peinliche Themen so umzuformen – etwa den Geschlechtsverkehr in das Besteigen einer Treppe –, dass sie den Zensor des Bewusstseins passieren könnten.

Dieser Umgang mit innerem Widerstand ist auch der Kerngedanke weiterer Schriften wie *Zur Psychopathologie des Alltagslebens* (1904) sowie *Der Witz und seine Beziehung zum Unbewußten* (1905). Alltägliche Lapsi wie zum Beispiel der berühmte Freud'sche Versprecher beweisen demnach, dass das Unbewusste seinen Aufpasser – das Ich – immer mal wieder austrickst. Die Freude an saftigen oder bösartigen Witzen erklärt sich aus dem »Lustgewinn«, den sie verschaffen, weil Erzähler und Zuhörer sich »Hemmungs- und Unterdrückungsaufwand« sparen. Im selben Jahr veröffentlicht Freud auch seine Sexualtheorie mit dem Phasenmodell der Lust: von der oralen über die anal-sadistische, phallisch-ödipale und Latenzperiode – in der das Kind lernt, seine sexuellen Energien anders zu kanalisieren, was die Grundlage für »alle kulturellen Leistungen« sei – bis hin zur genitalen Phase.

Die Psychoanalyse ist einerseits eine Provokation, weil Freud mächtige Institutionen und tradierte Überzeugungen infrage stellte. Zum Beispiel die, dass es eine scharfe Grenze zwischen Normalität und Abweichung gebe, zwischen »natürlichem« Sex und Perversionen, zwischen Hetero- und Homosexualität. Freud stellt aber nicht nur das medizinisch-naturwissenschaftliche Weltbild der Ärzteschaft zur Disposition. Er macht mit seiner Redekur auch dem Klerus auf dem Markt fürs Seelenheil Konkurrenz, mit einer nicht moralisierenden, sondern eben analytischen Haltung. Und er irritiert seine Zeitgenossen mit der Botschaft, dass sie nicht mehr Herr ihres eigenen Oberstübchens seien, sondern Gefangene frühkindlicher Triebe.

Das psychoanalytische Credo lautet: Tief in unserem Innern tobt ein Kampf. Das, was wir eigentlich wollen, dürfen wir nicht. Die Folge ist permanente Unzufriedenheit, ein Neurotizismus, der nicht heilbar ist, allenfalls domestizierbar, etwa durch Triebsublimierung in Form von Arbeit. Die Verwandlung von »hysterischem Elend in gemeines Unglück« ist laut Freud das höchste zu erreichende Ziel. Dieses pessimistische Weltbild wird er mit dem Titel seines Spätwerks *Das Unbehagen in der Kultur* auf den Begriff bringen.

Freud stößt sein Publikum also einerseits vor den Kopf, macht ihm andererseits aber auch ein attraktives Angebot, die sich verändernde Welt nach der Jahrhundertwende mit anderen Augen zu sehen. Es ist eine Epoche der Umbrüche: Wissenschaft, Technik und Industrie entwickeln sich in Mitteleuropa, Großbritannien und den USA rasant. Großbanken und Konzerne entstehen, erstmals in der Menschheitsgeschichte wird ein Überschuss in nennenswerter Größe produziert. Die Beziehungen zwischen den Geschlechtern in bürgerlichen Kreisen ändern sich, sie werden zunehmend romantisiert. Junge Leute und Frauen sehnen sich nach größeren Freiheiten, eine privilegierte Avantgarde probiert neue Lebensformen aus. Viele Menschen sind einerseits gespannt darauf, was die neue Zeit ihnen bringen wird, aber auch verunsichert.

Es herrscht sowohl Fortschrittseuphorie als auch -furcht. Der charismatische Freud lockt sein meist städtisches intellektuelles Publikum in diesen aufregenden Zeiten mit einer faszinierenden Botschaft, die Eli Zaretsky so analysiert: »Wie die Elektrizität, der Film und das Automobil – die charakteristischen Neuerungen der zweiten industriellen Revolution – symbolisiert das Freud'sche Unbewusste die Freiheit des Individuums von räumlichen und zeitlichen Begrenzungen.«[11]

Vor allem deutet Freud die Familie neu und bereichert sie um eine spannende Story. Während Marx Wirtschaft und Politik als Kampfzone identifiziert, ist es für Freud das ganz und gar nicht traute Heim mit all den dort unter der Oberfläche brodelnden sexuellen Energien. Diese Vorstellung erscheint vielen unerhört, verleiht dem Alltagsleben aber auch unerwartete Brisanz. Freud lädt das Private enorm mit Bedeutung auf. Seither wird die Seele des Menschen, werden seine Befindlichkeiten, Schwächen, Macken, Störungen, Leiden und Konflikte pausenlos untersucht, behandelt beschrieben und bis zum Überdruss öffentlich ausgebreitet. Man denke nur an all die berühmten und weniger berühmten Leute, die, wie unter Geständniszwang, Intimes von sich preisgeben, nicht auf der Couch des Therapeuten, sondern alltäglich im Fernsehen und in der Annahme, dass sich das Publikum für ihre Bekenntnisse interessiere.

Freuds großes Thema, die Sexualität, liegt nahe und ist noch aus anderem Grund für den Forscher dankbar. Zum einen, schreibt der Sozialphilosoph Karl Reitter, habe es sich um ein Tabuthema gehandelt, »das mit Lügen und Ängsten, mit Unwissenheit und Körperfeindlichkeit, mit Doppelmoral und Entsagung (es gab keine Verhütungsmittel) und oft mit Frigidität und Potenzproblemen gekoppelt war. Vor diesem Hintergrund drängte sich sexuelle Aufklärung als Therapie geradezu auf. Zum anderen füllte die Sexualität theoriestrategisch eine klaffende Lücke. Sie bot sich an als die ideale Brücke (…) zwischen Körper und Seele, die zum naturwissenschaftlich-biologischen Fundament wurde. In der Libido waren Körper und Seele, Energien (Abfuhr) sowie Entwicklungen im Unbewussten und Bewussten (Lust) involviert. Es schien sich eine Lösung abzuzeichnen, Leib und Seele monokausal und physikalisch erklären zu können.«[12]

Allerdings ist es nicht in erster Linie die therapeutische Theorie oder Praxis, der die Psychoanalyse ihren Siegeszug verdankt, sondern die Kulturindustrie. Für sie erweist sich das detektivische Herangehen Freuds, seine Suche nach verborgenen Ursachen für Konflikte, als »ausgesprochen produktiv, da alles und jedes bedeutungsvoll werden konnte«, so die Soziologin Eva Illouz. »Weil ein Gefühl eine wichtige Rolle im eigenen Seelenleben spielen konnte, ohne dass man sich dessen bewusst sein musste, eröffneten sich nahezu grenzenlose Möglichkeiten der Interpretation des Selbst (und der Interpretation anderer).«[13]

Zur Popularisierung des therapeutischen Denkens tragen wesentlich Künstler, Theater- und Werbeleute, Schriftsteller und Filmemacher in der Zeit nach dem Ersten Weltkrieg bei. Mit *Geheimnisse einer Seele* wird von Georg Wilhelm Pabst 1926 der erste abendfüllende psychoanalytische Film in Berlin uraufgeführt. Es ist der Auftakt für viele weitere freudianisch inspirierte Produktionen der Unterhaltungsbranche – von Thrillern des Großmeisters Alfred Hitchcock wie *Vertigo* (1958), *Psycho* (1960) und *Marnie* (1964) bis hin zu David Chases postmoderner TV-Serie *Die Sopranos* um Tony Soprano, den Mafia-Boss, der unter Panikattacken und seiner bösartigen Mutter leidet (1999–2007).

Freuds 1923 erstmals vorgestelltes Strukturmodell der Psyche – mit dem Es, das für die Triebwelt steht, dem Über-Ich als Gewissensinstanz und dem Ich, das diese widerstreitenden Kräfte integrieren soll – ist auf unterschiedliche Weise interpretierbar und regt viele Denker an. Wenn man von der Vorstellung des übermächtigen Eros einmal absieht, hat Freud ein starkes Bild für die inneren Kämpfe des Menschen in für ihn unerfreulichen Verhältnissen gezeichnet. Manche Psychoanalytiker wie Erich Fromm und Wilhelm Reich – später auch die Philosophen und Soziologen Max Horkheimer und Theodor W. Adorno, die am Frankfurter Institut für Sozialforschung die kritische Theorie begründen – versuchen eine Verbindung zum Marxismus herzustellen. Freud selbst hat dafür kein Verständnis: Sein Kosmos ist durch und durch bürgerlich.

Allerdings hat er mit der Erfindung des therapeutischen Diskurses, ohne dies zu ahnen und zu beabsichtigen, einen nicht unerheblichen Beitrag zur Emanzipation der Frauen geleistet – dieser Ansicht ist jedenfalls Eva Illouz. »Die Psychologie«, schreibt sie, »privilegierte mit ihrer Betonung des Sprechens und der Gefühle auf natürliche Weise Fähigkeiten, die gesellschaftlich als typisch weiblich definiert waren, wie beispielsweise die Fähigkeit zur emotionalen Selbstbeobachtung und zur Verbalisierung von Gefühlen; und sie privilegierte ebenso die zentrale Stellung, die Frauen der Sprache in intimen Beziehungen zuerkannten.«[14] Freud ist seiner Zeit in vielerlei Hinsicht voraus. So setzt er auf die heute im Wirtschaftsleben gern bemühten Soft Skills, lange bevor man sie so nannte.

Von der Weltformel zu profaner Lebenshilfe

Der Erfinder der Psychoanalyse hat auch einen Sinn für etwas, das man heute Markenführung nennt: Er schart einen Kreis von Anhängern um sich, die seine Ideen verbreiten – aber ja nicht von ihnen abweichen dürfen. Ab 1902 trifft sich wöchentlich in Freuds Wohnung in der Berggasse 19 im neunten Wiener Bezirk die psychologische Mittwochsgesellschaft, Keimzelle der Bewegung, die bald weltweit Aufmerksamkeit findet. Freud agiert wie ein Glaubenswächter; er duldet keine anderen Propheten neben sich. Die Idee seines Schülers Alfred Adler, das Triebkonzept um soziale Aspekte zu ergänzen, bezeichnet er als »Ketzerei«. Adler gründet mit der Individualpsychologie seine eigene Schule.

Auch der in Zürich praktizierende und lehrende Psychiater Carl Gustav Jung, der aus der sexuellen Energie der Libido Seelenenergie machen möchte, kündigt Freud schon bald die Freundschaft. »Ich erinnere mich noch lebhaft, wie Freud zu mir sagte: ›Mein lieber Jung, versprechen Sie mir, nie die Sexualtheorie aufzugeben. Das ist das Allerwesentlichste. Sehen Sie, wir müssen daraus ein Dogma machen, ein unerschütterliches Bollwerk.‹ Das sagte er zu mir voll Leidenschaft und in einem Ton, als sagte ein Vater: ›Und versprich mir eines, mein lieber Sohn: geh jeden Sonntag in die Kirche!‹«[15]

Doch dieser Appell fruchtet weder bei Jung, der mit der Analytischen Psychologie seinen eigenen Weg geht, noch bei vielen anderen Vertretern des therapeutischen Denkens – vor allem in den USA. Dort erreicht Freud zwar seine größte Wirksamkeit, die Verwandlung seiner Welterklärungstheorie in profane Lebenshilfe aber kränkt ihn. Dabei ist er maßgeblich an der Trivialisierung beteiligt. Freud reist 1909 auf Einladung der Clark University in Worcester, Massachusetts, zu einer Psychologie-Konferenz, bei der er geehrt wird und einige Vorträge hält. Es ist sein erster und zugleich letzter Besuch der USA. Unter den mitreisenden Wissenschaftlern sind viele, die in der akademischen Welt Rang und Namen haben, eben auch William Stern, den die *New York Times*, anders als Freud, in ihren Meldungen über die Ankunft prominenter Passagiere aus Übersee erwähnt.

Freud nutzt seine Chance in der Neuen Welt – passt seine Vorlesungen zu diesem Zweck allerdings »stellenweise bis an die Grenze zur Karikatur« (Eli Zaretsky) dem amerikanischen Geschmack an.[16] So betont er unter anderem den angeblichen Optimismus und die leichte Handhabbarkeit der Psychoanalyse. Sein Auftritt kommt in den USA nicht nur deshalb gut an, sondern auch weil es dort bereits Psychotherapie gibt: in Form einer medizinisch-spirituellen Laienbewegung, die »durch den Geist heilen will«. Auch ist die amerikanische Ärzteschaft offen gegenüber der neuen Methode aus Europa. Sie sieht in ihr nämlich die Chance, den Laien das Geschäft abzugraben.

Als wichtiger früher Multiplikator fungiert Abraham Brill, der Freuds Werk übersetzt und die Psychoanalyse unermüdlich in Fach- und Publikumszeitschriften bewirbt. Bereits 1911 wird die Amerikanische Psychoanalytische Vereinigung gegründet, die sich zu einer einflussreichen Organisation entwickelt. Analytiker machen vor allem als Psychiater Karriere und verändern das Berufsbild. Vor Freud waren sie hauptsächlich in Nervenheilanstalten für sehr kranke Patienten zuständig. Nun kehren sie den »Irrenhäusern« den Rücken und lassen sich mit eigenen Praxen nieder, um weniger kranke Patienten ambulant zu behandeln. In den fünfziger Jahren beherrschen Analytiker das Geschäft mit Psychotherapie in den USA uneingeschränkt. Voraussetzung für die Tätigkeit ist in aller Regel ein abgeschlossenes Medizinstudium.

Geburtshilfe für den psychologischen Menschen

Allerdings entwickeln sich therapeutische Theorie und Praxis in den USA rasch in eine Richtung, die Freud bei aller Geschmeidigkeit missfällt. Er hält es »nämlich gar nicht für wünschenswert, dass die Psychoanalyse von der Medizin geschluckt werde und dann ihre endgültige Ablagerung im Lehrbuch der Psychiatrie finde (…). Sie verdient ein besseres Schicksal und wird es hoffentlich haben. Als ›Tiefenpsychologie‹, Lehre vom seelisch Unbewussten, kann sie all den Wissenschaften unentbehrlich werden, die sich mit der Entstehungsgeschichte der menschlichen Kultur und ihrer großen Institutionen wie Kunst, Religion und Gesellschaftsordnung beschäftigen.«[17]

Psychotherapie allein ist Freud zu wenig, er will mehr, will, wie Marx, den Weltenlauf erklären. Doch in den Vereinigten Staaten herrschen Puritanismus, Pragmatismus und das schon in der Unabhängigkeitserklärung formulierte Versprechen, dass jeder seines eigenen Glückes Schmied sei. Das verträgt sich nicht mit Freuds pessimistischer Weltanschauung und seiner Betonung des Sexuellen. Gegen seinen Willen entsteht eine amerikanische, konservative, medizinisch geprägte Psychoanalyse mit dem Ziel, Symptome zu kurieren und das Individuum an die jeweiligen Verhältnisse anzupassen.

Freud beklagt sich bitter darüber am 7. August 1928 in einem Brief an seinen Weggefährten und Biografen Fritz Wittels: »Diese Wilden haben für Wissenschaft, die sich nicht unmittelbar in Praxis umsetzen lässt, wenig übrig. Das Ärgste an der amerikanischen Art ist ihre sogenannte Broadmindedness, bei der sie sich noch großherzig und uns engherzigen Europäern überlegen vorkommen, in Wirklichkeit nur eine bequeme Verschleierung ihrer vollkommenen Urteilslosigkeit.«[18]

Der Erfinder der Psychoanalyse stirbt am 23. September 1939 im Londoner Exil, wohin er nach der Besetzung Österreichs durch Nazi-Deutschland ausgereist war. Freud hat selbst prophezeit, dass die von ihm begründete Bewegung nach seinem Ableben eines langsamen Todes sterben werde, er hat sich darin nicht geirrt. In gewisser Weise wird sein Werk – wie so manches in Europa erfunden, in Amerika verändert und dann in die alte Heimat reimportiert – erst so richtig erfolgreich, seit es nach Belieben ausgebeutet, angepasst und instrumentalisiert wird. Denn die entschärfte Form der Analyse, die, wie Freud befürchtet hatte, von der Medizin geschluckt wurde, bekommt bald Konkurrenz von noch viel leichter handhabbaren und inhaltlich anspruchsloseren therapeutischen Schulen wie etwa der auf dem Behaviorismus beruhenden Verhaltenstherapie oder der von Carl Rogers aus dem positiven Denken* abgeleiteten Gesprächspsychotherapie. Unter den Psychiatern gewinnen – nicht zuletzt als Folge massiver Beeinflussung durch die Pharmaindustrie – diejenigen die Überhand, die seelische Krankheiten biologisch deuten und mit Medikamenten zu kurieren suchen.

Auch kulturell verliert das psychoanalytische Establishment den Anschluss. Es steht den Protesten der Studenten in den

---

* Mit positivem Denken ist im Kern das Training einer rosigen Weltsicht gemeint. Die britische Komikertruppe Monty Python hat das in ihrem Song »Always Look on the Bright Side of Life« auf den Punkt gebracht.

sechziger Jahren – die Freuds Schriften wiederentdecken – verständnislos gegenüber. Der in dieser Zeit einsetzende Psychoboom geht an den Analytikern im Wesentlichen vorbei. Auch ihrem Versuch, an den Universitäten Fuß zu fassen, ist kein Erfolg beschieden.

Die akademische Psychologie – die sich als streng wissenschaftlich missversteht (siehe dazu Kapitel 3) – grenzt sich seit je streng von Freud ab. So mancher Psychologiestudent wundert sich, dass Psychoanalyse an den meisten Fakultäten nicht einmal auf dem Lehrplan steht. Das ist nicht nur borniert, sondern auch unfair, denn es war Freud, der wesentlich dazu beigetragen hat, die Psychologie »zur populärsten aller Sozial- und Naturwissenschaften« (Illouz) zu machen.[19] Er war der Geburtshelfer des von dem Soziologen Philip Rieff so genannten und heute in den westlichen Gesellschaften dominierenden »psychologischen Menschen«, der im Wesentlichen nicht mehr durch seine sozialen Beziehungen definiert ist. Dieser Mensch ist ständig – und vergeblich – auf der Suche nach sich und dem persönlichen Glück. Seine Religion ist die Psychologie.

Der Vermessungsingenieur

William Stern ist einer der großen Vergessenen der Wissenschaftsgeschichte. Er gehörte zu jener Generation Forscher, die, aus der Philosophie kommend, sich dem jungen Fach Psychologie in universitären Laboren zuwandten und es etablierten. Stern verließ den Elfenbeinturm immer wieder, weil ihn die Lösung praktischer Probleme reizte. Er war der Begründer der differenziellen Psychologie, die Unterschiede zwischen Menschen untersucht. Und er war maßgeblich an der Entwicklung von Methoden beteiligt, die versprachen, verschiedene Fähigkeiten zu erfassen, auch die allgemeinste: Intelligenz.

Sterns Psychotechnik ist eine Art Gegenprogramm zur Psycho-analyse: Über die menschliche Seele soll nicht spekuliert, sie soll vermessen werden. Der Forscher ist auf den ersten Blick eine weniger schillernde Persönlichkeit als Freud, seine Ideen er-scheinen weniger spektakulär – aber sie bestimmen die heutige Gesellschaft mindestens ebenso stark wie der therapeutische Diskurs.

William Stern ließ sich mitreißen von dem Aufbruchsgeist, der um 1900 in Deutschland herrschte. Als liberaler Jude und deutscher Patriot glaubte er an den wissenschaftlich-techni-schen Fortschritt. Er war ungemein produktiv und erfindungs-reich und erschloss mit psychologischen Tests ein bis heute lukratives Geschäftsfeld. »Ein Macher, ein eminent praktischer Mann, einer, der zupackte und die Dinge regelte« – so bezeich-net ihn Martin Tschechne in seiner biografischen Studie.[20] Stern selbst verkündete sein Programm überschwänglich in Form einer Zeitdiagnose: Das Neue an dieser Ära sei »eine weitge-hende Psychologisierung des gesamten menschlichen Lebens. Die nichtpsychologischen Unterscheidungsmerkmale zwischen Mensch und Mensch, die früher ganz überwiegend alles Lebens-schicksal bestimmten: die Verschiedenheit des Besitzes und der Herkunft treten zurück; an ihrer Stelle sollen die psychi-schen Fähigkeiten in früher unbekannter Weise entscheidend wirken.«[21]

Er entwarf also einerseits ein optimistisches Programm für die Zukunft, in der die Menschen aufgrund wissenschaftlicher Vernunft regiert werden sollten. Andererseits war Stern von Skrupeln geplagt, weil er erkannte, dass psychologische Mess-methoden dem Individuum nicht gerecht werden können. Er verstand sich zeit seines Lebens auch als Philosoph und war da-mit einer der letzten Psychologen dieser Art. Stern gehörte zu den Vertretern des Personalismus, einer philosophischen Denk-richtung, die die Entscheidungsfreiheit des Einzelnen betont – während die Experimentelle Psychologie nur »Versuchspersonen« kennt, die auf von außen kontrollierte Reize reagieren sollen. Ein eigentlich unlösbarer Widerspruch, der Stern allerdings nicht von der Psychotechnik abhielt; er warnte nur immer wieder davor, dass sie Selbstzweck werden könnte. Genau das trat ein. So wurde er sehenden Auges zu einem der Väter eines bürokratischen Psychologismus, der mit seinen Testbatterien, Selektions- und Überwachungstechniken Schulen, Universitäten und Unternehmen erobert hat.

Ein Musterknabe macht Karriere

Louis William Stern wird 1871 als einziges Kind des erfolglosen Unternehmers Sigismund Stern und dessen Frau Rosa in Berlin geboren. Ebenso wie in der Familie seines Widerparts Freud ist das Geld bei den Sterns knapp, Bildung aber teuer. William hat ein enges Verhältnis zur Mutter (auch dies eine Parallele zu Freud) und orientiert sich stark am verstorbenen Großvater Sigismund Stern (1812–1867), einem Reformpädagogen und Vordenker der jüdischen Reformgemeinde in Berlin. Dieser bedeutende Mann scheint William Stern eher ein Vorbild als der glücklose Vater gewesen zu sein. Die Schule meistert er mit Bravour, man würde ihn heute wohl als hochbegabt bezeichnen. In der Rückschau auf seine Jugend wird er sich selbst als »altklug« und als »Musterknabe« charakterisieren.

Stern studiert in seiner Heimatstadt Philologie, Philosophie und Psychologie und promoviert 1893 über ein kulturwissenschaftliches Thema: »Die Analogie im volkstümlichen Denken«. Danach wendet er sich den damals sehr beliebten psychologischen Experimenten zu und wechselt an die Universität Breslau, wo er ab 1907 als außerordentlicher Professor lehrt und vom Hörergeld lebt, das die Besucher seiner Vorlesungen zahlen müssen. Um einen Lehrstuhl zu erhalten, hätte er sich taufen lassen müssen, was er ablehnt. In diesem Punkt ist er konsequent.

Es ist die Zeit, in der sich die junge Wissenschaft Psychologie von ihrer Mutter, der Philosophie, emanzipiert. Die akademischen Psychologen setzen auf Methoden aus der Naturwissenschaft: Sie suchen im Labor nach kausalen Ursachen für das, was Menschen ausmacht. Dazu werden vor allem Wahrnehmungsexperimente angestellt. Sterns Habilitationsschrift behandelt das Thema Veränderungsauffassung und untersucht beispielsweise, ab wann Probanden die Verdunkelung eines bestimmten, zu fixierenden Objekts registrieren.

Das ehrgeizige Ziel solcher Experimenten ist, die letzten Elemente zu identifizieren, aus denen die psychische Lebenstätigkeit besteht. Viele der gewonnenen Ergebnisse lassen sich allerdings nicht mit der Vorstellung einer »schablonisierten Menschenseele« (Stern) vereinbaren; sie weisen auf die Unterschiede zwischen Individuen hin.[22] Diese Unterschiede macht er zu seinem Thema.

Im Jahr 1900, kurz nach Freuds *Traumdeutung*, erscheint seine Schrift *Über die Psychologie der individuellen Differenzen*, eine Art Grundlegung des neuen Fachs, die Stern bekannt macht und die in ihrer überarbeiteten Form 1911 zum Standardwerk wird. Sein Thema passt ebenso wie das von Freud in die Zeit der beginnenden Individualisierung. Die Wirtschaft braucht qualifizierte Arbeitskräfte, Bildung bekommt einen höheren Stellenwert, und die Psychotechnik liefert scheinbar exakte Methoden, mit deren Hilfe sich herausfinden lässt, welche Fähigkeiten in Menschen schlummern, für welche Aufgaben sie sich eignen – und für welche nicht.

Stern hat den Anspruch, das mit Respekt vor dem komplexen Gegenstand zu tun. In seinen Büchern und Aufsätzen ist viel von »Selbstbesinnung« des Forschers die Rede; er warnt davor, den Menschen als Untersuchungsgegenstand zu unterschätzen. Später wird er zu der Erkenntnis kommen: »(…) die eigentliche ›Individualität‹, deren Erfassung ich doch als das Endziel hingestellt hatte, ist auf dem differentiell-psychologischen Wege nicht erfassbar.«[23] Stern grenzt sich – jedenfalls rhetorisch – auch scharf von »experimentellen Scheinprüfungen« ab. »Da greift man zehn beliebige Punkte aus dem psychischen Leben heraus, probiert an einem Individuum der Reihe nach durch, wie diese zehn Funktionen auf gewisse Reize hin reagieren, und meint alsdann, ein Schema der Individualität abgesteckt zu haben (…).«[24]

Diese Kritik an der Hybris, mit der Psychologen auf dünner Datengrundlage und ohne Kenntnis der Person Diagnosen stellen, ist heute ebenso aktuell wie vor mehr als 100 Jahren – denn Sterns Argumente verfangen nicht. Der Reiz, mit Tests, die sich in kurzer Zeit durchführen und auswerten lassen, scheinbar Wesentliches über Menschen herauszufinden, ist zu groß. So erobert die Psychotechnik immer mehr Märkte, von der Psychiatrie über Schulen und Hochschulen bis hin zum Berufs- und Liebesleben. Partnerschaftsbörsen suchen anhand von Persönlichkeitstests aus, wer angeblich zum wem passt. Es bildet sich ein psychologisch-bürokratischer Komplex heraus, zu dem Sterns Forschungen wesentlich beitragen.

Die Familie als Forschungsbetrieb

Ganz selbstverständlich integriert der Forscher seine Familie in die Arbeit. So führen er und seine Frau Clara, mit der er – ungewöhnlich für die damalige Zeit – partnerschaftlich zusammenarbeitet, gleich nach der Geburt ihrer Tochter Hilde am 7. April 1900 akribisch Tagebuch über deren sprachliche, intellektuelle, soziale und moralische Entwicklung. Auch die Lebensäußerungen ihres Sohns Günther (1902) – der später seinen Familiennamen ablegen und unter dem Künstlernamen Günther Anders als Lyriker und Essayist auf sich aufmerksam machen wird – und der Tochter Eva (1904) werden penibel über 18 Jahre und viele Tausend Seiten hinweg protokolliert. Ein wissenschaftlicher Familienbetrieb. So heißt es in den Tagebüchern beispielsweise über den Sohn: »Die ersten Schreilaute Günthers klangen wie ä oder ähä. Das Lallen begann in der 10. Woche, sowohl wenn man sich mit dem Kind unterhielt, wie auch nach der Nährung. (…)

An Lallsilben sind aus dieser Zeit notiert: ba ba ba, da da da, tä tä tä, äbuä, hä, pü. Als Ausdruck des Behagens ertönt am häufigsten da da da, öfter auch pa pa pa. Laute des Unbehagens sind äbuä, uwä. (...) Beim Greifspiel (...) stößt er in freudiger Erregung pu pu aus.«[25]

Die Dokumentation ist detailliert, mit Interpretationen halten sich die Sterns – wohl auch mit Rücksicht auf die Kinder, die all das später lesen werden – zurück.

Die zum engeren Kreis um Freud gehörende Psychoanalytikerin Hermine Hug-Hellmuth ist da weniger diskret und nutzt das veröffentlichte Material für ihre im Jahre 1913 publizierte Studie *Aus dem Seelenleben des Kindes*. Dort habe sich Günther Stern, wenn nicht als Hauptdarsteller, so doch in einer Nebenrolle in einem Buch wiedergefunden, »dessen zentrale Begriffe Anal- und Urethralerotik, Masturbation, Onanie, Autosadismus und Sadomasochismus sind«, schreibt Detlef Clemens in der Zeitschrift *Psychologie und Gesellschaftskritik*. »Das eigentliche Studienobjekt, Rolf Otto Hug, der Neffe der Forscherin, der in der Veröffentlichung als koprophiles und ständig Sexualpraktiken verübendes Kind dargestellt wird, bedankte sich auf seine Weise für den publizistischen Ruhm, nachdem er des Lesens mächtig war: er erschlug seine Tante im September 1924, bevor sie ihre neue Studie (›Neue Wege zum Verständnis der Jugend‹) veröffentlichen konnte.«[26]

William Stern empfindet Hug-Hellmuths Vorgehen als empörend und protestiert scharf gegen »die Anwendung der sogenannten Psychoanalyse (Freud) auf kleine Kinder«, die »durch eine fessellose Deuterei in die unbewussten Tiefen der Kinderseele hineinleuchten« wolle, »in denen sie nichts als ›infantile Sexualität‹ zu finden meint«.[27] Seine Abneigung gegen Freud dürfte dies noch verstärkt haben.

Er selbst beackert viele Felder, etliche als Pionier. So ist er als erster Gerichtspsychologe in Deutschland tätig, Mitgründer der Deutschen Gesellschaft für Psychologie und betreibt mit seinem ehemaligen Schüler Otto Lipmann das private Institut für angewandte Psychologie und psychologische Sammelforschung bei Potsdam. Die Ergebnisse veröffentlicht er in einer eigenen Zeitschrift, die bis 1933 erscheinen kann. »Für viele Berufsberater und Coaches, Gerichtsgutachter, Begabungsdiagnostiker, Sprachtherapeuten, Organisations- und Schulpsychologen folgender Generationen liegen in diesen Publikationen die Wurzeln ihrer beruflichen Arbeit«, so die Einschätzung von Martin Tschechne.[28]

Kernkompetenz, auf eine Kennzahl gebracht

Am bekanntesten aber macht Stern die Erfindung des Intelligenzquotienten. Dabei optimiert er eigentlich nur die Vorarbeiten des französischen Psychologen Alfred Binet, der übrigens ebenso wie Stern vor den Gefahren der Psychometrie gewarnt hat. Binet konstruierte mit seinem Kollegen Théodore Simon im Auftrag des französischen Unterrichtsministeriums den ersten als verlässlich geltenden Intelligenztest, um förderbedürftige Schüler zu identifizieren. Binet sucht zu diesem Zweck Aufgaben, die möglichst trennscharf erst ab einem bestimmten Alter gelöst werden können, zum Beispiel rechts von links unterscheiden (ab sechs Jahren) oder rückwärts von 20 bis 0 zählen (ab acht Jahren). Dieses Verfahren ist ein Fortschritt, da man intellektuelle Fähigkeiten zuvor zum Beispiel durch die Vermessung von Schädeln zu erfassen suchte.

Mithilfe des Simon-Binet-Tests wird das sogenannte Intelligenzalter ermittelt, das im Schnitt mit dem Lebensalter übereinstimmen soll: Durchschnittliche Fünfjährige sollen also alle Aufgaben ihrer Altersgruppe lösen können, aber keine für Sechsjährige. Kinder, denen dies gelingt, wird ein höheres Intelligenzalter attestiert, solchen, die weniger Aufgaben lösen, als ihre Altersnorm verlangt, ein niedrigeres. Stern erkennt ein Problem dieses Konzepts: Weil kleinere Kinder größere Entwicklungssprünge machen als Jugendliche, ist ein Vierjähriger auf dem geistigen Stand eines Fünfjährigen nicht ohne weiteres mit einem Elfjährigen auf dem Niveau eines Zwölfjährigen zu vergleichen. Daher schlägt er 1912 eine Formel vor, mit der sich die Intelligenz unabhängig vom Alter messen lassen soll. Zu diesem Zweck relativiert er das Intelligenzalter durch das Lebensalter. Das Ergebnis ist der Intelligenzquotient, oder kurz IQ, einer der bekanntesten psychologischen Begriffe überhaupt. Später wird das Ergebnis des Quotienten mit 100 multipliziert, um Kommazahlen zu vermeiden. Je simpler und praktischer, desto besser:

$$IQ = \frac{\text{Intelligenzalter}}{\text{Lebensalter}} \times 100$$

Der Reiz des IQ besteht darin, aus einem unscharfen Begriff wie Intelligenz – von Stern als »allgemeine geistige Anpassungsfähigkeit an neue Aufgaben und Bedingungen des Lebens« definiert – eine scheinbar exakte Messgröße zu machen. Wer daran glaubt, dass sich eine solche Fähigkeit mit wie auch immer konstruierten Tests erfassen lässt, kann sie mit einer einfachen mathematischen Operation ermitteln und theoretisch alle Menschen auf der Welt anhand der Kennzahl miteinander vergleichen. Mit einem IQ unter 100 ist man unterdurchschnittlich aufgeweckt, mit einem über 100 überdurchschnittlich.

Diese Idee Sterns wird dankbar aufgegriffen, der IQ ein Hit. Seine Apologeten halten sich nicht lange mit der Frage auf, was Intelligenz eigentlich sein soll; sie setzen auf die magische Macht der Zahl und testen, was das Zeug hält. Die Messmanie ist bis heute ungebrochen, eine neue Eskalationsstufe ist mit den PISA-Schulleistungstests erreicht. Sie machen nicht nur Schüler, Lehrer und Eltern verrückt, sondern ganze Länder, in denen alles dafür getan wird, im internationalen Vergleich gut abzuschneiden, nach dem Motto: Nicht fürs Leben lernen wir, sondern für PISA.

»Die Erfolgsgeschichte der Psychologie im 20. Jahrhundert ist in entscheidenden Teilen eine Geschichte ihrer Prüfungstechniken«, schreibt der Philosoph Andreas Gelhard.[29] Aus den Gewissensprüfungen, die die Kirche den Menschen auferlegte, werden Psychotests; aus der Frage nach der Tugend wird die nach der Eignung. Antworten liefert die Psychologie ihren Auftraggebern, ohne deren Motive weiter zu problematisieren; sie macht sich deren Perspektive zu eigen, nicht die des Individuums – was für Wissenschaftler, die »Seelenkunde« (Stern) betreiben wollen, eigentlich erstaunlich ist.

Die Art der psychologischen Messung aller möglichen Facetten von Intelligenz und bald auch Persönlichkeit ändert sich im Laufe der Zeit, aber im Kern geht es stets darum, Abweichungen des Prüflings von einem Durchschnittswert beziehungsweise einer zuvor definierten Norm festzustellen. Die Fixierung einer der psychologischen Hauptströmungen auf Methoden, die nicht nach dem Gegenstand fragen, und eine – wie auch immer definierte – Normalität sind in Sterns IQ auf den Begriff gebracht. Je klarer ihm das wird, desto harscher kritisiert er die »Übergriffe des Zahlenkultus«.[30]

Dass ausgerechnet der Intelligenzquotient Stern bekannt gemacht hat, mute, so Martin Tschechne, »beinahe wie Ironie an«, weil »das wohl erfolgreichste, populärste, das umstrittenste und meistgeschmähte Konzept seiner Wissenschaft nur einen Teilaspekt im Werk des Philosophen und Psychologen darstellt – einen eher marginalen und zudem in den Augen des Erfinders überaus problematischen«.[31] Tatsächlich betont Stern immer wieder, dass Ergebnisse psychologischer Tests nur Momentaufnahmen seien, dass sie Individualität nicht abbilden könnten, dass man Menschen nicht auf bestimmte Eigenschaften reduzieren dürfe. Er warnt vor dem Missbrauch seiner Methoden. Vergeblich, denn das Problem ist ein grundsätzliches – und vielen seiner Fachkollegen sind Zweifel an ihrem Tun ohnehin fremd.

Einer ist Lewis M. Terman. Der ehemalige Lehrer und Professor für pädagogische Psychologie an der Stanford University in Kalifornien ist besessen vom Thema Intelligenz. Er sieht es als seine Aufgabe, mithilfe von IQ-Tests einerseits hochbegabte Kinder zu identifizieren, die die Nation voranbringen, und andererseits Minderbemittelte, die – in seinen Augen – der Allgemeinheit nur zur Last fallen. Terman begründet das Konzept der Besten-und-Schlechtesten-»Auslese« so: »Von den 400 Millionen Dollar, die das Schulwesen in den USA alljährlich kostet, werden mehr als zehn Prozent zum Fenster hinausgeworfen, weil Kinder nicht gelernt haben, was ihr Lehrer ihnen beigebracht hat. Anstatt also Energie damit zu verschwenden, geistig langsame und minderbemittelte Schüler auf das Niveau durchschnittlich Begabter anzuheben, sollten wir die Ungleichheit akzeptieren und jedem Kind die Unterrichtsform zuweisen, in der es seinem eigenen Tempo entsprechend lernen kann.«[32]

Terman ist überzeugt davon, einen wesentlichen Faktor für unterschiedliche Begabung identifiziert zu haben: die Rasse. Schwachsinnigkeit sei in den spanisch-indianischen Familien sowie bei den Schwarzen stark verbreitet. Als Anhänger der damals verbreiteten Eugenik schlägt er deshalb vor, die Schwachsinnigen zu sterilisieren, damit sie sich nicht vermehren und das Land in den Abgrund ziehen können. Eine Idee, mit der er sich glücklicherweise nicht durchsetzen kann.

Auf Terman passt gut die von William Stern gern verwendete Bezeichnung des »Deutungspfuschers«: ein Psychologe, der seine persönlichen Vorurteile in Form scheinwissenschaftlicher Erkenntnisse verbrämt. Allerdings wäre es verkürzt, das Problem der Psychotechnik in ihrem Missbrauch zu sehen. Unabhängig davon, ob sie von wohlmeinenden oder bösartigen Leuten angewendet wird, handelt es sich um ein »Ausleseinstrument« im Dienste mächtiger Instanzen – Ohnmächtige laden nicht zum Intelligenztest ein. Es sind Schule, Militär, Psychiatrie, Wirtschaftskammern und Unternehmen, die bestimmen, wer zu welchem Zweck unter die Lupe genommen wird. Der Prüfling hat sich dem Test zu unterziehen, er hat keinen Einfluss auf ihn, kann sich ihm höchstens verweigern, mit meist negativen Konsequenzen. Das Ergebnis eines Intelligenztests trägt in aller Regel weder zum Glück des Getesteten bei, noch ist es ein Erfolgsindikator, weil das Leben eben doch viel anspruchsvoller als ein Quiz ist.

Stern sieht die Gefahren der Psychotechnik, kann sich ihrem Sog aber nicht entziehen. 1915 bekommt er einen Ruf aus Hamburg: Er tritt dort die Nachfolge von Ernst Meumann an, des Leiters des Psychologischen Laboratoriums am Kolonialinstitut, und wird Ordinarius für Philosophie, Psychologie und Pädagogik. In der liberalen Hansestadt stört man sich weniger an seiner jüdischen Herkunft als anderswo. Dort gibt es damals noch keine Universität. Und dass die 1919 gegründet wird, ist wesentlich Sterns Verdienst, des berühmtesten Psychologen des Landes. Endlich hat er einen Lehrstuhl, ist offiziell in der akademischen Welt angekommen und stürzt sich mit Feuereifer in die Arbeit.

Es gibt allerhand Aufgaben zu lösen, denn es ist Krieg. Stern, der als nicht wehrtauglich gilt und so der Einberufung entgeht, will trotzdem seine patriotische Pflicht tun und hilft bei der Auswahl von Piloten für Kampfflugzeuge. Dazu lässt er in seinem Institut einen Flugsimulator konstruieren, in dem die Kandidaten zeigen sollen, dass sie gleichzeitig die eigene Maschine lenken und feindliche Flugzeuge anvisieren können. Sein Sohn Günther – der sich zu einem überzeugten Pazifisten entwickelt – wird später mit Schaudern berichten, welchen Spaß ihm dieses erste Ballerspiel der Geschichte gemacht habe.

Fällt die Fantasie lebhaft oder stumpf aus?

Neben dieser militärischen gibt es bald auch mehr als genug zivile Aufgaben für Stern und seine Mitarbeiter. Sie helfen bei der »Auslese« von Straßenbahnführern, Maschinenbauern, Verkäufern, Damenschneidern, Zigarettenpackerinnen, Buchhaltern, Möbeltischlern und anderen Berufsgruppen. Das größte Projekt aber ist die Auswahl begabter Volksschüler noch im Kriegsjahr 1917, denen der Hamburger Senat in einem neuen, um ein Jahr verlängerten, F-Zug genannten Ausbildungsgang Fremdsprachenunterricht anbieten will – weil es in der Hafenstadt und weltweit vernetzten Handelsmetropole nicht schaden kann, wenn zum Beispiel Kontoristen ein bisschen Englisch, Französisch oder Spanisch beherrschen.

Stern und seine Mitarbeiter sollen herausfinden, wer von rund 20.000 Viertklässlern für die gehobene Volksschule geeignet ist, 990 Plätze stehen zur Verfügung. Er lässt zunächst die Lehrer eine Vorauswahl treffen. Sie sollen aus den Jungenklassen bis zu sechs, aus den Mädchenklassen bis zu drei Kandidaten benennen. (Von den 22 F-Zug-Klassen sind lediglich acht für Mädchen vorgesehen, offenkundig, weil die weibliche Begabungsreserve als weniger groß gilt.) Stern mahnt die Pädagogen, großzügig zu sein, weil die Vorauswahl »ja endgültig in negativer Hinsicht« sei.[33] Er will verhindern, dass sie Talente vorschnell durchs Raster fallen lassen.

Die von den Lehrern ausgesiebten Kinder werden dann Tests unterzogen, die Intelligenzprüfungen ähneln. So sollen die Jungen und Mädchen Begriffe in eine logische Reihenfolge bringen (Waffenstillstand – Schlacht – Kriegserklärung – Friedensschluss – Ausmarsch der Truppen – Sieg), Lückentexte ergänzen oder aus vorgegebenen Worten einen sinnvollen Satz bilden (Soldaten im Lager – sternlose Nacht – große Verwirrung).

Bei den Testergebnissen allein belässt es der gründliche Stern nicht. Sie werden ergänzt durch Beobachtungen der Lehrer, die mithilfe detaillierter Fragebögen angeleitet werden, damit auch ja nichts dem Zufall überlassen bleibt. Die Pädagogen sollen unter anderem Anpassungsfähigkeit, Denken, Fantasie, Gemüts- und Willensleben, Gedächtnis und Arbeitsart beurteilten. Im Falle der Fantasie geht es etwa darum, festzustellen, ob sie lebhaft oder stumpf ausfällt: »Lebhaft; X pflegt bei der Wiedergabe von Gelesenem oder Gehörtem phantasievolle Zusätze zu machen; malt gern bis ins Kleinste aus; stumpf.«[34]

Diese Kombination aus Tests und Verhaltensbeobachtung, schreibt Andreas Gelhard, »ist noch heute maßgeblich für zahlreiche Prüfungsverfahren, wobei die umfassende Beurteilung der Persönlichkeit, die Stern als Ergänzung zur ›exakten Fähigkeitsprüfung‹ eingeführt hatte, allmählich zum Hauptanliegen der Tests geworden ist«.[35]

Gegen diese Tendenz zur Übergriffigkeit der Psychotechnik regt sich bereits zu Sterns Zeit Widerstand. Siegfried Kracauer schreibt in seinem berühmten Werk *Die Angestellten*, das erstmals 1930 erschien:

Der gleiche Wirtschaftsverstand, der den Betrieb immer rationeller gestaltet, erzeugt zweifellos auch das Bestreben, die bisher ungefügte Masse der Menschen durchzurationalisieren. Als sein sozialpolitisch nicht durchaus geschulter Verfechter hat sich Professor William Stern unlängst in einer erweiterten AfA-Konferenz (AfA steht für den Berufsverband Allgemeiner freier Angestelltenbund, Anmerkung des Autors) über Angestellten-Prüfungen geäußert. (…) Nach seinen Darlegungen zu schließen, ist ein kaufmännischer Angestellter ein unendlich viel komplizierteres Ding als ein Arbeiter. Genügt bei diesem in der Regel die einfache Funktionsprüfung, so ist jener der höheren Anforderungen wegen, die kaufmännische Berufe stellen, nur in einer ›Totalschau‹ zu ergründen; auch wenn allein seine arbeitswichtigen Eigenschaften herauskristallisiert werden sollen. Man macht Experimente mit ihm: Buchungsproben, Telephonproben usw. Man beobachtet ihn: Wie legt der Kandidat die Rechnungen hin, die er zu ordnen hat? Man studiert ihn physiognomisch und graphologisch. Kurzum, der kleinste Angestellte ist für den Berufspsychologen ein Mikrokosmos. Trotz dieser an sich erfreulichen Hochschätzung fremdseelischen Lebens haben sich die in der Konferenz anwesenden Gewerkschaftspolitiker einstimmig gegen die hier verübte Totalschau ausgesprochen. Sie bezweifeln mit Recht ihre unbedingte Zuverlässigkeit, bekämpfen mit demselben Recht die von Charakteranalysen her drohende Gefahr eines Übergriffs in die Privatsphäre und behaupten eine mindestens unbewusst vorhandene Bindung der im Betrieb tätigen Prüfer an den Unternehmer.[36]

Sterns Auftraggeber sehen das naturgemäß anders. Ihm verschaffen seine Dienstleistungen, die er akribisch dokumentiert, Anerkennung und Ressourcen. Sein Institut expandiert enorm. Er gehört wie erwähnt zu den Mitgründern der Hamburger Universität, für die er sich beim damaligen Bürgermeister Werner von Melle eingesetzt hat. Die Philosophie spielt am Institut nur noch eine untergeordnete Rolle, Psychologie ist moderner, praktischer, gefragter.

In Schule, Wirtschaft und Verwaltung bedient man sich gern der neuen Sozialtechnik. Psychologen lösen die Aufgaben, die die Auftraggeber formulieren. Ihnen gegenüber bringt Stern seine Zweifel nicht zum Ausdruck. Kritik an der Obrigkeit ist seine Sache nicht. Und wie viele assimilierte Juden ist er geschockt, als die Nationalsozialisten 1933 die Macht übernehmen und Ernst machen mit ihrem mörderischen Antisemitismus. »Vaters Kritiklosigkeit«, schreibt Günther Anders, »namentlich sein naiver Patriotismus, geht mir durch den Kopf. Wie ist dieser Mangel an Urteil mit seiner Intelligenz und wie seine politische Ängstlichkeit mit seiner sonstigen Integrität zu vereinbaren?«[37]

Traurige Bilanz

Aufgrund des sogenannten Gesetzes zur Wiederherstellung des Berufsbeamtentums verlieren William Stern und 56 weitere jüdische Wissenschaftler von einem Tag auf den anderen ihre

Stellung an der Hamburger Universität. Im April 1933 teilt man ihm kühl telefonisch mit, dass er sein Institut nicht mehr betreten dürfe. Fortan wird er von Fachvertretern in Deutschland totgeschwiegen. 1934 emigriert er mit seiner Frau zunächst in die Niederlande, dann in die USA, wo er als Gastprofessor an der Duke University in Durham, North Carolina, lehrt. Eines seiner letzten Projekte ist die Lehre zur »personalistischen Psychologie«, die den Menschen als Persönlichkeit in seinem Verhältnis zur Welt erfassen will. Mit diesem ganzheitlichen Ansatz habe Stern versucht, so sein Schüler und Freund Gordon W. Allport, dem »schädlichen Einfluss seiner früheren Erfindung, des IQ, entgegenzuwirken«.[38]

Dieser Versuch ist besonders in den USA, wo die Testpsychologie bis heute so populär ist wie nirgendwo sonst, zum Scheitern verurteilt. Einer, der die Sache deutlich nüchterner – man könnte auch sagen: ehrlicher – sieht, ist der ebenfalls aus Deutschland stammende Harvard-Professor Hugo Münsterberg, einer der Begründer der Organisationspsychologie. Er ist mit sich und seiner Rolle als Psychoingenieur im Reinen und weiß auch, auf welcher Seite er steht: »Die angewandte Wirtschaftspsychologie ist (…) vollkommen von der Vorstellung der wirtschaftlichen Ziele beherrscht.«[39]

Ganz anders Stern, der aus dem Exil enttäuscht auf sein Lebenswerk zurückschaut. So erinnert sich jedenfalls sein Sohn an das letzte Treffen mit seinem Vater im Jahr 1937, ein Jahr vor dessen Tod. Günther Anders schildert es 1986 in einem Brief an den Stern-Biografen Tschechne so: »Zu seiner Ehrenrettung verrate ich nun, wie tief er gelitten hat. Unfähig, das Gewesene auszulöschen oder es, wie es heute so scheinheilig heißt, zu ›bewältigen‹, bezweifelte er nun tief, nein: bestritt unser Recht, ad libitum Menschen und deren Fähigkeiten einzustufen, um dann die von uns als ›befähigt‹ Eingestuften – fast hätte ich geschrieben: zu selektieren – auszuwählen und den Mächtigen auszuhändigen, da es ja nicht feststehe, nein, richtiger, nicht in unserer Macht stehe zu kontrollieren und mitzuentscheiden, wofür die von uns Ausgewählten verwendet würden.«[40]

Ist William Stern tatsächlich so hart mit sich als Dienstleister ins Gericht gegangen? Oder ist das eher die Sichtweise des Sohnes, der sich fast 50 Jahre danach auf seine Weise an die Bilanz des Vaters erinnert? Für Letzteres spricht, dass William Stern offenbar zeit seines Lebens ein treuer Staatsbürger geblieben ist – selbst nachdem man ihn aus seiner Heimat vertrieben hat. Noch im Juni 1935 macht er, der Verfemte, dessen Bücher von den Nazis verbrannt worden sind, aus dem Exil eine hochriskante Reise zurück nach Hamburg: um dort seine Steuererklärungen auszufüllen.

William Sterns Geschichte erinnert an die des Zauberlehrlings, der die Geister, die er rief, nicht mehr loswird. Er hat nicht nur wie kein anderer deutscher Psychologe zum Erfolg seines Fachs beigetragen, sondern auch die Risiken und Nebenwirkungen erkannt und benannt. Seine Kritik ist nach wie vor treffend. Der Versuch der Psychologie, mit aus den Naturwissenschaften geborgten Methoden menschliche Individualität zu erfassen, ist zum Scheitern verurteilt. Ihre Zahlenfixiertheit und ihr Machbarkeitswahn schaffen einen Markt, auf dem »die Angst vor der Dummheit immer enormere Dummheiten hervorbringt«, wie Hans Magnus Enzensberger diagnostizierte. Dies wird jedoch von den führenden Fachvertretern geflissentlich ignoriert: Sie sind an ihrem eigentlichen Gegenstand – der menschlichen Subjektivität – offenkundig ebenso desinteressiert wie an ihren eigenen Problemen.

Licht an, Licht aus

Freuds Theorie des persönlichen Lebens, aus der sich das therapeutische Denken entwickelte, und Sterns Psychotechnik, in Form des IQ auf den Punkt gebracht, sind die bis heute einflussreichsten psychologischen Strömungen. Die ihnen zugrunde liegenden Vorstellungen und mit ihnen verbundenen Anwendungsmöglichkeiten scheinen sehr verschieden, ja unvereinbar zu sein. Doch es gibt schon früh Berührungspunkte beider Denkrichtungen: in der Arbeitswelt. Dort stellt sich in den zwanziger Jahren ein Problem, das sich weder von Ingenieuren noch von Betriebswirten lösen lässt.

Die Arbeiter wollen nicht so, wie sie sollen, die Produktivität in den Großunternehmen sinkt. Das ist eine Folge des Taylorismus, der nach ihrem Erfinder, dem Ingenieur Frederick Winslow Taylor (1856–1915), benannten wissenschaftlichen Betriebsführung – die eigentlich zu mehr Output führen soll. Taylors Konzept, das sich in der Industrie allgemein durchsetzt, besteht darin, Arbeitsabläufe in kleinste Teile zu zerlegen, sodass sie rasch und ohne geistige Anstrengung in ständiger Wiederholung erledigt werden können. Was in welcher Zeit zu schaffen ist, wird von der Arbeitsvorbereitung ermittelt und der Belegschaft vorgegeben. Um die Leute zu mehr Leistung anzuhalten, als die Norm verlangt, gibt es Lohnanreize. »Eine kapitalistische Erfindung«, so der britische Verleger und Sozialdemokrat Victor Gollancz, »die zum Ziel hatte, den letzten Tropfen Gewinn nicht nur aus den Körpern, sondern auch aus dem Charakter und den Seelen der Industriearbeiter zu quetschen.«[41]

Nur geht der Plan auf Dauer nicht auf, weil Monotonie ermüdet, Menschen sich ungern entmündigen lassen und Unterforderung ungesund ist. Die Fehlzeiten häufen sich, in den Betrieben läuft es trotz – beziehungsweise wegen – der wissenschaftlichen Führung nicht rund. Das ist der Hintergrund einer Serie von Experimenten, die in die Geschichte der Sozialwissenschaften eingehen werden. Sie werden zwischen 1924 und 1932 in der Hawthorne-Fabrik der Western Electric Company durchgeführt, der Industriesparte des Telefonriesen AT&T. In dem Werkskomplex in Cicero in der Nähe von Chicago arbeiten zeitweise mehr als 40 000 Menschen.

Western Electric war Vorreiter bei Taylors Scientific Management; nun sucht man das durch ihn mit verursachte Motivationsproblem zu lösen. Es wird von einflussreichen Leuten als so gravierend eingeschätzt, dass bei dem groß angelegten Forschungsvorhaben in einer frühen Public Private Partnership Wirtschaft, Wissenschaft und Staat kooperieren.

Die Versuche beginnen mit einer klassisch-psychotechnischen Anordnung: Man ändert Umweltbedingungen, in diesem Fall die Beleuchtung, und schaut, wie sich das auf die Arbeitsergebnisse auswirkt. Über drei Jahre hinweg wird in drei Abteilungen mit unterschiedlichen Lichtverhältnissen experimentiert, bis die Verantwortlichen zu der für sie enttäuschenden Erkenntnis kommen, dass es keinen Zusammenhang zwischen Beleuchtung und Output gibt. Es folgen Experimente in der Relaismontage. Western Electric produziert etwa sieben Millionen dieser Bauteile pro Jahr und möchte die Produktivität steigern. Die Forscher stellen eine Versuchsgruppe mit sechs jungen Frauen zusammen und verbessern in einem mehrstufigen Programm deren Arbeitsbedingungen in homöopathischen Dosen. Mal wird der Arbeitstag etwas verkürzt, mal gibt es Kaffee oder Suppe. Die Produktivität steigt. Dann werden alle Vergünstigungen rückgängig gemacht – und der Output bleibt hoch.

Weil man sich darauf keinen Reim machen kann, wird der Managementexperte Elton Mayo von der Harvard Business School ins Boot geholt. Der gebürtige Australier hat einen weiten Horizont. Er lehrte Philosophie an der University of Queensland, behandelte sogenannte Bomb Shell Victims (in Deutschland wegen ihres Tremors Kriegszitterer genannt), Soldaten, die psychisch krank aus dem Ersten Weltkrieg zurückkehrten. Mayo ist ein Kenner der Schriften Freuds und Jungs, sein Blick auf die Wirtschaft ist ungewöhnlich.

Für den unternehmerischen Erfolg, so seine Überzeugung, sind vor allem die zwischenmenschlichen Beziehungen (Human Relations) der Arbeiter untereinander sowie zu ihren Vorgesetzten entscheidend. Das ist zu Hochzeiten des Fordismus noch eine exotische Ansicht, aber auch eine vielversprechende Aussicht für

Manager: Allein durch Kommunikation, so Mayos Versprechen, sollen sich Konflikte lösen und Gewinne steigern lassen. Mit seinem Human-Relations-Konzept gerät die Persönlichkeit der Arbeiter und Manager in den Fokus sowie deren Beziehungen untereinander – zu deren Analyse man psychologisch ausgebildete Fachkräfte braucht.

Die Geburt des Teams

Mayo und sein Assistent Fritz Roethlisberger, der als psychologischer Berater für Harvard-Studenten tätig und als guter Zuhörer bekannt ist, beginnen 1928 mit ihrer Arbeit in den Hawthorne-Werken. Sie ergänzen die psychotechnischen Experimente durch Interviews, harte Daten durch weiche. Das Duo setzt auf eine indirekte Gesprächsführung, die in mancher Hinsicht an Freuds Redekur erinnert. Die Arbeiter sollen über alles sprechen, auch über ihr Privatleben, schließlich könnten Konflikte mit Ehegatten oder Freunden ihre Arbeit und das Verhältnis zu Vorgesetzten beeinflussen. Innerhalb von zwei Jahren werden von Mayo und seinen Mitarbeitern mehr als 21 000 Gespräche geführt, protokolliert und ausgewertet. In Mayos Vorgaben für diese Gespräche erkennt Eva Illouz »alle Merkmale eines therapeutischen Interviews«:

1. Wenden Sie Ihre gesamte Aufmerksamkeit der Person zu, mit der Sie sprechen, und lassen Sie sie Ihre Aufmerksamkeit erkennen.
2. Sprechen Sie nicht, sondern hören Sie zu.
3. Streiten Sie nicht; geben Sie keine Ratschläge.
4. Passen Sie darauf auf,
   a) was die Person sagen will,
   b) was sie nicht sagen will,
   c) was sie nicht ohne Hilfe sagen kann.
5. Machen Sie sich beim Zuhören versuchsweise und unbeschadet späterer Abänderungen ein Bild von dem Men-

schen, der vor Ihnen sitzt. Um dieses Bild zu überprüfen, fassen Sie von Zeit zu Zeit das, was er gesagt hat, zusammen und geben Sie ihm Gelegenheit, sich noch deutlicher auszudrücken (zum Beispiel: »Habe ich Sie so richtig verstanden?«).

6. Denken Sie daran, dass alles, was Ihnen gesagt wird, vertraulich zu behandeln ist und nicht weitererzählt werden darf.[42]

Die sechs jungen Frauen im Test Room nutzen die Gelegenheit zum Gespräch. Noch nie hat sich jemand so sehr für sie interessiert, die Atmosphäre ist speziell, die Freiheit viel größer als anderswo in der Fabrik. »Seitdem wir im Testraum waren, waren wir beste Freundinnen«, erinnert sich eine von ihnen später. »Wir waren ein sympathischer Haufen.«[43] Und deswegen auch fleißiger als andere Arbeiter, so der Schluss von Elton Mayo – weil »aus sechs Einzelnen eine Gemeinschaft geworden« sei, die sich »vorbehaltlos und spontan zur Zusammenarbeit« bekannt habe.[44]

Die richtige mentale Einstellung, gute Aufsicht und informelle soziale Beziehungen, so Mayos Quintessenz, sind der Schlüssel zu Produktivität und Arbeitszufriedenheit. »Betrachtet man den inflationären Gebrauch des Ausdrucks ›Team‹ in aktuellen Stellenanzeigen«, schreibt Andreas Gelhard, »so wird die langfristige Wirkung dieser Einsicht in die Bedeutung der Arbeitsgruppe unmittelbar deutlich.«[45]

Der Hawthorne-Effekt

Mayo verbindet das Denken des Betriebswirts mit dem des Therapeuten. Gute Manager sollen auch gute Psychologen, Kommunikatoren und Kontaktpfleger sein. Sie sollen sich selbst unter Kontrolle haben, immer ein Ohr für ihre Mitarbeiter und ein Gespür für die Dynamik ihres Teams. Mayo formuliert damit bereits vor fast 100 Jahren einen heute weithin anerkannten

Anspruch – und öffnet einer neuen Berufsgruppe therapeutisch denkender Berater die Tür zur Industrie. Allerdings ist die Zeit für dieses Geschäft noch nicht reif. Wirtschaft und Gesellschaft müssen sich noch weiter entwickeln.

Die Experimente auf dem Werksgelände in Cicero werden Anfang der dreißiger Jahre durch die Wirtschaftskrise und Massenentlassungen jäh beendet. Bis heute wird der Firmenname mit dem von Fritz Roethlisberger so genannten Hawthorne-Effekt verbunden: Menschen, die zu wissenschaftlichen Zwecken beobachtet werden, ändern durch diese Beobachtung ihr Verhalten. Man könnte auch von einer Heisenberg'schen Unschärferelation der Sozialforschung sprechen. Oder von einem Kernproblem der Psychologie, die es – zum Leidwesen vieler ihrer Vertreter – mit einem zum Selbstdenken fähigen Untersuchungsgegenstand zu tun hat.

Mayos Human-Relations-Konzept wird sowohl von eher therapeutisch als auch eher technisch denkenden Psychologen aufgegriffen. Zu ihnen zählt Kurt Lewin, der am Massachusetts Institute of Technology (MIT) – inspiriert durch Norbert Wieners Kybernetik – mit Trainingsgruppen an geplanten Verhaltensänderungen durch Feedbackschleifen arbeitet. Aus dieser Forschung entstehen auf Initiative der Wirtschaft die National Training Laboratories in Washington zur Fortbildung von Führungskräften.

Ein anderer ist Carl Rogers, Erfinder der Gesprächspsychotherapie und Mitbegründer der sogenannten Humanistischen Psychologie. Er nutzt Gruppen erstmals zum Training von Betreuern von Kriegsopfern nach dem Zweiten Weltkrieg, ist beeindruckt von den Emotionen, die dort frei werden, und wird mit seinem Encounter-Konzept zum Psychoboom der siebziger Jahre beitragen.

Das Berufliche wird privat

You say you'll change the constitution
Well, you know
We all want to change your head
You tell me it's the institution
Well, you know
You'd better free your mind instead

»Revolution«, John Lennon, 1968

Die sogenannten 68er rufen bis heute starke Reaktionen hervor, werden bewundert oder gehasst, für Fortschritt oder Niedergang verantwortlich gemacht. Fest steht, dass diese mythenumwehte Generation zunächst in den USA und dann in Westeuropa wie keine andere zuvor die allgemeine Psychologisierung der Gesellschaft vorangetrieben hat, nachdem man von dem ursprünglichen Ziel, der Weltrevolution, Abstand genommen hatte.

Danach zerfielen die 68er hierzulande, wie der Zeithistoriker Sven Reichardt in einer aufwendigen Dokumentation des linksalternativen Lebens in den siebziger und frühen achtziger Jahren darstellt, in vier Milieus: in gewerkschaftsnahe und mit der SPD verbundene linke Organisationen wie die Jusos; in meist maoistische K-Gruppen, Kleinstparteien, die jeweils davon überzeugt waren, der einzig richtigen Linie zu folgen; in die radikale Minderheit der Stadtguerilleros und ihrer Unterstützer; sowie in die deutlich größere linksalternative Bewegung, deren Kern Ende der siebziger Jahre hierzulande auf 300 000 bis 600 000 Aktivisten geschätzt wurde.[46]

Diese Leute wollten nicht warten, bis die Welt sich ändert, sondern hier und jetzt ihr eigenes Ding machen. Man lebte in Kommunen, arbeitete in selbstverwalteten Betrieben, kaufte im Bioladen ein, gründete Kinderläden und eigene Schulen zur antiautoritären Erziehung des Nachwuchses, las alternative Presse, reiste alternativ, ging ins Programmkino und Off-Theater, pflegte seinen eigenen, stark psychologisierenden Jargon, Kleidungs-, Ernährungs-, Musikstil, seine eigene Erotik (freie Liebe) und nicht zuletzt seine Religion, gern eine mit Guru. Wer wollte, konnte alle seine Bedürfnisse im alternativen Biotop befriedigen und Kontakte zur Welt der anderen auf ein Minimum reduzieren.

Umgekehrt war das Milieu für Außenstehende – anders als etwa die K-Gruppen – durchaus reizvoll; Meinungsforschungsinstitute bezifferten die Zahl der Sympathisanten des alternativen Lebensstils in Deutschland Ende der Siebziger auf 5,6 Millionen. Die Szene erinnert in mancherlei Hinsicht an die der Bohemiens des späten 19. und frühen 20. Jahrhunderts, hatte aber nicht zuletzt dank massenmedialer Aufmerksamkeit eine viel größere Ausstrahlung.

Zudem war diese dem Konsum nicht grundsätzlich abgeneigte Zielgruppe – hauptsächlich junge, gebildete Menschen aus der Mittelschicht – für die Wirtschaft interessant. Etliche würden es auf dem Weg durch die Institutionen recht weit bringen. So wurde die Bewegung deutlich über ihren Kern hinaus wirkmächtig. Viele ehemals alternative Vorstellungen, Begriffe und Rituale sind Mainstream geworden, das gilt vor allem für die Art, in der wir heute über uns denken und sprechen.

Das ursprüngliche Milieu hatte, so Reichardts Quintessenz, zwei Ideale: Authentizität und Gemeinschaft. Man wollte nicht in der Masse aufgehen, kein Spießer sein, nicht angepasst, und man wollte sein Leben mit Gleichgesinnten leben. Nur lässt sich über einen nebulösen Begriff wie Authentizität trefflich streiten – was auch in aller Ausführlichkeit geschah. Noch nie hatten Menschen so viel über sich und ihre Befindlichkeiten gesprochen.

Therapie für alle

Diese Reise in die Innerlichkeit wurde unter anderem durch die feministische Parole »Das Private ist politisch« gerechtfertigt und schuf einen neuen Markt. Der Psychoboom begann in den

USA, wo es Ende der sechziger Jahre bereits 200 therapeutische Schulen gab, und erfasste bald die gesamte westliche Welt. Fast alle diese Schulen gingen aus der Humanistischen Psychologie hervor. Deren Begründer, darunter Ruth Cohn, Abraham Maslow, Fritz Perls und Carl Rogers, verstanden sich als dritte Kraft. Sie grenzten sich sowohl von dem die akademische Psychologie dominierenden Behaviorismus ab, der den Menschen als »größere weiße Ratte oder langsameren Computer« verstehe, ebenso wie von Freuds pessimistischer Weltanschauung.[47]

Die Humanistische Psychologie geht davon aus, dass der Mensch prinzipiell gut ist und sich selbst verwirklichen möchte, man muss ihm dabei nur ein bisschen auf die Sprünge helfen. Eine sehr amerikanische Vorstellung: Das Grundrecht des Menschen, nach seinem Glück zu streben, steht dort sogar in der Unabhängigkeitserklärung. Nebenbei weiteten die Verfechter der Humanistischen Psychologie ihr Betätigungsfeld maximal aus, da persönliches Wachstum ja im Interesse von jedermann sein müsse. So bot man konsequenterweise Psychotherapie für Gesunde an – von denen sich manche danach allerdings nicht mehr wirklich wohlfühlten. Denn die Psychowelle war, so Reichardt, »nicht bloß Ausdruck der Angst, nicht ›in Ordnung‹ zu sein, sie erzeugte diese auch. Sie wies auf bislang unbeachtete Macken hin, dynamisierte die Selbstsorge und weckte nicht nur bei den linken, jungen Akademikern, sondern auch bei den aufstiegsorientierten Managern psychologische Beratungsbedürfnisse.«[48] Die Arbeit an sich selbst wurde zur Pflicht.

Eine zentrale Figur war Carl Rogers, der bereits in den vierziger Jahren die klientenzentrierte Gesprächspsychotherapie als Alternative zur Psychoanalyse entwickelt hatte. Rogers setzte auf Encounter-Gruppen (Begegnungsgruppen). Die Teilnehmer sollten dort unter Anleitung lernen, ihre Gefühle zum Ausdruck zu bringen, auf die anderen in der Gruppe einzugehen, Feedback zu geben und zu empfangen, um nach all diesen Erfahrungen persönlich weiterzukommen. Der Effekt beruht wesentlich auf den starken Emotionen, die entstehen, wenn jeder jedem sagt, was ihm so durch Kopf und Bauch geht. Hier eine von Rogers 1970 protokollierte Szene:

> Norma (seufzt laut): Also, ich habe überhaupt keine Achtung vor dir, Alice. Nicht die geringste. (Pause.) Mir gehen hundert Dinge durch den Kopf, die ich dir sagen möchte, und ich hoffe, dass ich sie alle loswerden kann. Zunächst einmal – wenn du von uns respektiert werden willst, warum konntest du gestern abend Johns Gefühle nicht respektieren? Warum musstest du ihn heute schon wieder angreifen? (…) Das war einfach gemein! Ich hätte dich am liebsten geohrfeigt!!! Ich zittere heute noch vor Wut auf dich – ich bin so wütend, dass ich dich verprügeln könnte! Ich möchte dir so auf den Mund schlagen, dass du … und dabei bist du einige Jahre älter als ich, und ich habe Respekt vor dem Alter, ich achte Leute, die älter sind als ich, aber dich respektiere ich nicht, Alice. Überhaupt nicht! (Verwirrtes Schweigen.)[49]

Normas Gefühlsausbruch wirkt erstaunlich aktuell, erinnert er doch an das Trash-TV von heute, in dem zum Beispiel die Insassen des *Dschungelcamps* angehalten werden, ganz offen über sich zu plaudern und darüber, wie sie die anderen so sehen. Für den Historiker Sven Reichardt sind das »Schrumpfformen«, also Verfallsformen, des linksalternativen Habitus.[50] Mit ihm begann die Ära des allgemeinen Narzissmus, der heute unter anderem von den sogenannten sozialen Medien befeuert wird, den Begegnungsgruppen des 21. Jahrhunderts.

Fließender Übergang zur Esoterik

Mit der entsprechenden Steuerung eignet sich Gruppendynamik gut, Menschen zu manipulieren und zu disziplinieren, ein Effekt, den die in den siebziger Jahren auf den Markt kommenden Psychosekten gern nutzten. Zum Beispiel die von Bhagwan (später Osho), der im indischen Poona westliche Aussteiger um sich scharte und nach Strich und Faden ausnahm. Einer seiner Jünger war der ehemalige *Stern*-Reporter Jörg Andrees Elten. Er berichtete dem *Spiegel* 1979 über seine Erfahrung mit einer von dem englischen Therapeuten Paul Lowe, Ashram-Name Teertha, geleiteten Encounter-Gruppe, in der es munter zuging:

> Kaum im Gruppenraum, stürzt sich der Konditor aus Kansas City auf den bärenstarken Argentinier. Weiß der Teufel, warum er sich wie ein Selbstmörder benimmt. Der Argentinier hebt ihn hoch und schleudert ihn gegen die Schaumgummipolsterung, dass buchstäblich die Wände wackeln. ›Auf ihn!‹, schreit Teertha und hetzt die ganze Gruppe auf den Südamerikaner.
>
> Eine wüste Schlägerei beginnt. Keuchen, Schreien, das dumpfe Klatschen von Schlägen auf nackter Haut. Stöhnen. Endlich geht der Mann aus Buenos Aires wie ein verwundeter Elefant zu Boden. Schon sind alle über ihm, schreien, kreischen. Ein Höllenspektakel! Ich bleibe auf der Matratze sitzen. Auch die Japanerin beteiligt sich nicht. Mir ist elend.
>
> Teertha schreit: ›Los, mitmachen!‹ Der Argentinier stößt entsetzliche Schreie aus. Er kann sich nicht rühren. Die Gruppenmitglieder sitzen auf seinen Armen und Beinen, auf der Brust, auf dem Bauch. Einer drückt ihm ein Kissen aufs Gesicht. Er kriegt kaum noch Luft, versucht, sich mit verzweifelten Zuckungen Luft zu machen. Ich rücke näher, kann mich nicht entschließen mitzumachen, folge aber auch nicht meinem Impuls, ihm zu Hilfe zu kommen. Ich bin wie gelähmt: Erinnerungen an mein Nazi-Internat steigen plötzlich auf. Da gab es auch diese Gruppenkeile als Härtetest für neu eintretende Schüler. Es waren sadistische Riten.[51]

Elten alias Swami Satyananda blieb der Osho-Bewegung – die er unter anderem durch sein Buch *Ganz entspannt im Hier und Jetzt* einer breiten Öffentlichkeit bekannt machte – trotz dieser gruseligen Erfahrung treu. Seit Ende der neunziger Jahre betreibt er im mecklenburgischen Stellshagen ein Institut für Kreativität und Meditation, wo es deutlich gesitteter zugeht als in Poona. Die damals durch ihn und andere ins Rollen gekommene Psychowelle hat in domestizierter und zeitgemäßer Form längst die Mitte der Gesellschaft erreicht.

Einen wichtigen Beitrag dazu leistete eine weitere Erfindung des alternativen Milieus: Selbsthilfegruppen. Sie entstanden aus der Not, weil es zum Beispiel für Drogenabhängige keine adäquaten Betreuungsangebote gab, und aus dem Impetus, die Dinge selbst in die Hand zu nehmen. Die Gruppen hatten außerdem die Funktion, Ansprüche bestimmter Personengruppen wie etwa Homosexueller zu artikulieren. Die Laienbewegung trug wesentlich dazu bei, das Thema Psychologie zu popularisieren.

Aus den Selbsthilfegruppen entwickelte sich die heute blühende Selbstverbesserungsindustrie mit Ratgeberliteratur, Coaches und Gurus, die uns dazu anhält, uns in allen Lebenslagen selbst zu optimieren, vor allem um des beruflichen Erfolgs willen. Die in der Praxis entwickelten verschiedenen Do-it-yourself-Psychologien wurden in der Folge – zum Leidwesen der akademischen Fachvertreter – übermächtig, auch weil sie relevanter und interessanter zu sein schienen als das, was sich jene an den Hochschulen ausdachten.

Denn etliche der von den 68ern erprobten Praktiken taugten zur Modernisierung des Kapitalismus, der immer stärker auf Wissen und Austausch beruht. Teamarbeit, Verzicht auf formelle Hierarchien, offene Diskussionen, Selbstreflexion, indirekte Kontrolle durch die Gruppe – all dies wurde im linksalternativen Milieu erprobt, bevor es (jedenfalls rhetorisch) in Konzernen ankam. Der dort heute gepflegte, softe Jargon erinnert frappierend an das Alternativmilieu: Da werden Konzepte eingebracht, Strukturen hinterfragt, Lösungen angedacht, Mitarbeiter eingebunden, da wird aufs Bauchgefühl gehört, und wenn mal etwas schiefläuft, ist das nicht gleich schlecht, sondern höchstens suboptimal. Viele Manager lassen sich heute ganz selbstverständlich coachen, und manche sprechen öffentlich über ihr Seelenleid, ja, es scheint, als seien sie stolz auf das in ihren Kreisen fast schon als Statussymbol geltende Burnout-Syndrom.

Ob das Private wirklich politisch ist, darüber lässt sich streiten; unbestreitbar ist, dass das Berufliche mittlerweile recht privat erscheint. Die heute in der Wirtschaft allgemein gefragten Schlüsselqualifikationen und sozialen Kompetenzen hätte vor einigen Jahrzehnten noch kaum jemand dieser Sphäre zugerechnet. »So haben die Psychologen in einer ironischen Wendung der Kulturgeschichte Adam Smith' eigennützigen Homo oeconomicus in einen Homo communicans verwandelt, der die Welt und seine Gefühle reflexiv überwacht, sein Selbstbild kontrolliert und den Perspektiven der anderen Anerkennung zollt«, schreibt Eva Illouz.[52] Dazu dienen unter anderem Managementtools wie das weit verbreitete 360-Grad-Feedback, das nicht zufällig an Encounter-Gruppen erinnert: Angestellte werden von Kollegen, Untergebenen, Vorgesetzten, Kunden und Lieferanten beurteilt, auch im Hinblick auf ihre Persönlichkeit. Allerdings nicht von Angesicht zu Angesicht, sondern anonym, mithilfe standardisierter Fragebögen.

So treffen sich das therapeutische Denken und die Psychotechnik in der modernen Arbeitswelt. William Sterns Prophezeiung von der Psychologisierung des gesamten menschlichen Lebens ist wahr geworden. Auch wenn er sich bestimmt nicht vorstellen konnte, welche Formen sie annehmen würde.

Das Geschäftsmodell

Sozialtechnik für alle und alles

»Ihr EQ liegt im Durchschnitt. Ihre Antworten zeigen, dass Ihre emotionale Intelligenz gut entwickelt ist. Es gibt allerdings noch einige Punkte, die Sie verbessern könnten.

Sie erkennen meist die eigenen Gefühle und wissen diese auch zu deuten. Sie sollten versuchen, diesen persönlichen Erfolg dadurch zu steigern, dass Sie noch mehr als bisher in sich hineinhorchen.

Sie bringen zusätzlich die besonders wichtige Fähigkeit mit, Ihre Gefühle nicht nur zu erkennen, sondern auch noch ›managen‹ zu können. Die Kontrolle der Gefühle gelingt Ihnen eigentlich sehr gut, solange es sich um besonders starke Gefühle wie etwa Angst handelt.

Allerdings kommt es schon öfter einmal vor, dass Sie die Fassung verlieren. Und das seltsamerweise gerade bei Kleinigkeiten, etwa wenn der Parkscheinautomat zwar das Kleingeld annimmt, aber keinen Parkschein dafür ausspuckt. Sie sollten daher mit besonderer Aufmerksamkeit versuchen, diese Ausreißer in den Griff zu bekommen.«

Auszug aus dem Ergebnis eines aus hundert Fragen bestehenden Online-Persönlichkeitstests (»Wie lebensklug sind Sie?«), dem sich der Autor auf sueddeutsche.de unterzogen hat

Die Psychologie erwies sich nach der Emanzipation von ihrer Mutter, der Philosophie, von der sie bald nichts mehr wissen wollte, als ebenso ehrgeizige wie pragmatische Wissenschaft. Sie versprach ihren Auftraggebern – häufig handelte es sich um staatliche Einrichtungen oder Unternehmen – Antworten auf

Fragen, die sie nicht hinterfragte. Oder, um es mit den Worten der Historikerin Miriam Gebhardt auszudrücken: Psychologische Theorie und Praxis seien immer dort zur Stelle gewesen, »wo die Gesellschaft am meisten Modernisierungsbedarf hatte: in der Fabrik, an der Front, in der Familie, in der Sexualität, am Ende in jedem selbst«.[1]

Der Eindruck, die Psychologie betreibe ihr Geschäft zum Wohle des einzelnen Menschen, täuscht. Die Vertreter des Fachs legten sich rasch eine Art Tunnelblick zu, schauten weder rechts noch links, sondern immer nur nach vorn. Die Beschäftigung mit für ihr Gebiet grundlegenden Problemen – Was ist das Psychische? Wie hat es sich entwickelt? Warum ist der Mensch geworden, was er ist, und was macht ihn aus? – geriet im Laufe der Zeit immer weiter aus dem Fokus. William Stern war einer der letzten einflussreichen Ordinarien in Deutschland, der sich über das Menschenbild der Psychologie den Kopf zerbrach, auch wenn dies kaum Auswirkungen auf seine praktische Arbeit hatte.

Heute bedeutet universitäre Psychologie das Bohren dünner Bretter. Die Vertreter des Fachs bleiben gern unter sich, das Interesse an anderen Disziplinen, die zum Verständnis des komplexen Gegenstands beitragen könnten, ist gering. Wenn diskutiert wird, dann vor allem über Fragen der Methodik. Die vorherrschenden, auf statistisch auswertbaren Experimenten beruhenden Methoden, hat man der Einfachheit halber aus den Naturwissenschaften übernommen – weil die für Exaktheit und gesellschaftliche Anerkennung standen. Ausgerechnet diese geborgten Methoden haben mittlerweile eine »identitätsstiftende Funktion«, wie Elfriede Billmann-Mahecha, Psychologie-Professorin an der Leibniz Universität Hannover, in einem Aufsatz zum Thema schreibt. Ihre Begründung für das seltsame Selbstverständnis der Psychologie: Das Fach definiere sich weniger durch seinen Gegenstand als andere Wissenschaften.[2]

Erstaunlich. Sollte die Wahl der Methode nicht grundsätzlich vom Gegenstand abhängen? So wie der Handwerker erst darüber entscheidet, ob er einen Nagel ins Holz treiben oder ein Loch in die Wand bohren will, und dann sein Werkzeug wählt? In der akademischen Psychologie sieht man das skurrilerweise anders. Die dort verbreitete Haltung erinnert an die des Betrunkenen, der auf die Frage, warum er seinen Schlüssel ausgerechnet unter der Laterne suche, antwortet: weil man da so schön sehen kann. Mehr zu diesem Thema in Kapitel 3.

Zur Sonne, an die Futtertröge

Der Weg zur wissenschaftlichen Anerkennung des Fachs war steinig. Sie gelang nicht dank intellektueller Glanzleistungen der Psychologen, sondern dank ihres Fleißes und ihres ausgeprägten Machtinstikts. Als ehrgeizige Emporkömmlinge wurden sie von der akademischen Welt zunächst nur geduldet. Die Anfänge waren bescheiden, an den Universitäten hatten die Psychologen lange keine eigenen Fakultäten, sondern waren Teil der Philosophie oder Pädagogik, in deren Schatten sie standen. Abschlüsse waren nur in Form von Promotionen möglich und oft auch nicht mit Psychologie als eigenständigem Fach, weshalb etliche Absolventen den Titel Dr. phil. führten.

Jenseits des Hochschulbetriebs gab es mit Ausnahme der Eignungsdiagnostik in Arbeitsämtern und beim Militär keine Jobs, für die Psychologen prädestiniert gewesen wären. Anfang der dreißiger Jahre arbeiteten in Deutschland weniger als 50 hauptberuflich tätige.

Heute verzeichnet die Statistik in Deutschland rund 104 000 Erwerbstätige mit einem Hochschulabschluss in Psychologie. Hinzu kommen andere Berufsgruppen wie Sozialarbeiter, Pädagogen, Ärzte, Betriebswirte, Pastoren, Publizisten, Talkmaster oder Künstler, die sich psychologischer Methoden bedienen. Außerdem selbsternannte Therapeuten, Heiler und Gurus, die auf dem grauen Markt tätig sind. Nicht zu vergessen zahllose Küchenpsychologen, die ihren Teil zur Psychologisierung der Welt beitragen. Wir alle also.

Die Expansion gelang einerseits dank der Erfindung neuer Tätigkeitsfelder wie Psychodiagnostik, Psychotherapie, Coaching oder Motivationstraining. Andererseits drangen Psychologen in Sphären vor, die zuvor anderen Professionen vorbehalten gewesen waren: zum Beispiel – gegen den erbitterten Widerstand der Ärzte – in die Psychiatrie; in Schulen und Erziehungsberatungsstellen, die Domäne der Pädagogen und Sozialarbeiter; außerdem in die Personal-, Marketing- und Marktforschungsabteilungen von Unternehmen, wo sie Betriebswirten den Platz streitig machten. An Nachwuchs mangelt es bis heute nicht: Das Interesse an Psychologie ist ungebrochen, das Studienfach gehört seit Jahrzehnten zu den beliebtesten. Nur Abiturienten mit sehr guten Noten oder langen Wartezeiten werden zugelassen; der Numerus clausus an deutschen Universitäten liegt fast überall zwischen 1,1 und 1,7.

Als ein entscheidender Faktor für die Erfolgsgeschichte erwies sich die bereits von Wilhelm Wundt, dem Begründer der Experimentellen Psychologie, empfohlene Popularisierungsstrategie. Das Fach eignet sich dazu wie kein anderes, weil es Einsichten über das verspricht, was Menschen am meisten interessiert: das eigene Innenleben und jenes anderer Menschen. So gingen Psychologen mit ihren Erkenntnissen beziehungsweise Pseudoerkenntnissen schon früh an die Öffentlichkeit.

Die enge Beziehung zu den Medien erwies sich für beide Seiten als vorteilhaft: Psychologen können Werbung für sich machen und der Allgemeinheit Kompetenz demonstrieren, die Medien ihrerseits mithilfe von sogenannten Experten Seriosität. Besonders beliebt sind solche, die bereit sind, sich zu nahezu allem und jedem zu äußern. Zu ihnen zählt Erich H. Witte, emeritierter Professor für Sozialpsychologie an der Universität Hamburg, der sich allem Anschein nach bei vielen Themen kompetent fühlt. So äußerte er sich zum Beispiel in der *Frankfurter Allgemeinen Zeitung* über Macht: »Machtbeziehungen gibt es überall, in jedem sozialen Gefüge. Und nur in den seltensten

Fällen kann jemand Machtmissbrauch widerstehen.« In der *Hamburger Morgenpost* benannte er die Zutaten für ein Erfolgsbuch:»Zu 90 Prozent ist ein Bestseller machbar. Man nehme einen Autor, der sich gut und gern inszenieren lässt. Einen Stoff, der oberflächlich genug ist, um die Massen zu interessieren – idealerweise leicht autobiografisch. Und eine Werbung, die in die Zeit passt.« Den Lesern des *Hamburger Abendblatts* erklärte er, warum so viele Leute auf klobige Autos abfahren:»Die Geländewagen ermöglichen es dem Fahrer, sich so zu fühlen, als sei er im Gelände. Er kann sich als frei Reisender empfinden, der Großstadt entflohen – ohne dass er wirklich entflohen ist. Er tut das auf eine symbolische Weise. All die Wünsche, die wir haben nach Freiheit, Unabhängigkeit, in der Natur zu sein, raus aus den Zwängen des Alltags, werden durch diesen Wagentypus symbolisiert und damit indirekt befriedigt.«

Dank des engen Schulterschlusses zwischen Wissenschaftlern, Praktikern aller Couleur und Medien gibt es kein anderes Fachgebiet, dessen Botschaften so tief ins kollektive Bewusstsein eingegangen sind wie die der Psychologie. Unsere Sprache und unser Denken sind getränkt mit psychologischen Begriffen und Konzepten wie unbewusst (gern auch *unter*bewusst), Depression, Trauma, Burnout, Motivation, Selbstwertgefühl, emotionale Intelligenz, Achtsamkeit, Resilienz. Unser Blick auf die Welt ist psychologisch. Unter den vielen Medien, die dazu beigetragen haben, ist *Psychologie Heute* hervorzuheben. Das Zentralorgan zur Popularisierung psychologischer Themen erscheint seit 1974 nach amerikanischem Vorbild, um, so das Editorial der Nullnummer, die »Sprachbarriere« zwischen Wissenschaftlern und Bürgern abzubauen.

Diese Mission kann als erfüllt gelten. In den siebziger Jahren nahm auch die Zahl der Bücher mit einschlägigem Inhalt um mehr als das Dreifache von 1,5 Prozent auf 5 Prozent aller Titel zu und ist seither auf diesem Niveau stabil.[3] Wer in der Buchabteilung des Versandhändlers Amazon das Stichwort Psychologie eingibt, erhält fast 87 000 Treffer (Stand: 30.12.2014). Die Themen folgen den Moden: von der Erfindung der sogenannten multiplen Persönlichkeit* (siebziger Jahre) über Welterklärungsliteratur à la Alice Miller, die alles Unglück auf die Misshandlung von Kindern zurückführt, den Kommunikationsratgeber *Miteinander reden* von Friedemann Schulz von Thun, Thorwald Dethlefsens esoterisches Machwerk *Krankheit als Weg*, das jedes Leiden auf psychische Ursachen zurückführt (alle in den achtziger Jahren erstmals erschienen), die Erfindung der emotionalen Intelligenz (neunziger Jahre) bis hin zur aktuellen Coaching-(*Simplify your life*), Burnout-, Resilienz- und Achtsamkeits-Welle.

Psychologen segeln seit jeher hart am Zeitgeist und wissen ihre Chancen bei den herrschenden Instanzen zu nutzen. Als besonders geschmeidig erwiesen sich die deutschen Standesvertreter während des Nationalsozialismus, als sie einen entscheidenden Schritt nach vorn machten.

Der Führer schenkt den Psychologen das Diplom

Dass neben vielen anderen Personen und Institutionen auch die Psychologie vom NS-Staat profitierte ist nicht weiter erstaunlich. Bemerkenswert ist, wie lange die Verantwortlichen dies verschweigen beziehungsweise ihre eigene Rolle schönlügen konnten. Erst Anfang der achtziger Jahre wurden diese Mythen

---

* Der Hype um das Thema begann 1973 mit dem Bestseller *Sybil* der Wissenschaftsjournalistin Flora Rheta Schreiber. In dem Buch wurde der Fall einer 31-jährigen bei der Psychoanalytikerin Cornelia Wilbur in Behandlung befindlichen Patientin geschildert. Die Frau verfügte angeblich über 16 verschiedene Persönlichkeiten. Ein Vierteljahrhundert später enthüllte der New Yorker Gerichtspsychologe Robert Rieber, dass es sich um einen Schwindel gehandelt hatte. Der Beweis waren Tonbänder, die dokumentieren, wie die Therapeutin und die Autorin die Story konstruiert und die Patientin manipuliert hatten. Bei dem vermeintlichen Paradefall Sybil handelte es sich in Wahrheit um ein, so Rieber, »riesiges Lügengebäude«.

durch Studien von Wissenschaftlern wie Ulfried Geuter und Carl-Friedrich Graumann zerstört.

Nach 1945 knüpfte die Psychologie in Westdeutschland nahtlos und mit Erfolg an ihre Praxis während der NS-Zeit an, ohne sie auch nur einen Moment zu hinterfragen. Das Schweigen wurde lediglich gebrochen, wenn es darum ging, eine andere Schule zu diskreditieren, indem man ihr Nähe zum Nazi-Regime vorhielt. So legten, wie Geuter schreibt, »manche Verfechter einer Mathematisierung psychologischer Forschung nahe, dass die Leipziger Gestaltpsychologie dem NS-Regime intellektuell und politisch nahegestanden habe; der damalige Wortführer der Ganzheitspsychologie im Methodenstreit, Albert Wellek, wiederum verteidigte die Ganzheitspsychologie und erklärte die ganze Psychologie zum Opfer des NS-Systems.«[4]

Dabei war das Gegenteil richtig. Die Psychologie profitierte von den neuen Machthabern. Tatsächlich zum Opfer wurde dagegen die Psychoanalyse, die die Nationalsozialisten kurzerhand abschafften, weil sie – so jedenfalls die Deutung des Schriftstellers Thomas Mann – Freuds Erkenntnisse des antisemitischen Sündenbockprinzips fürchteten. Das Psychoanalytische Institut in Berlin wurde aufgelöst und durch das Deutsche Institut für psychologische Forschung und Psychotherapie ersetzt, das »deutsche Seelenheilkunde« betreiben sollte. Die Psychoanalyse hat sich hierzulande von diesem Schlag nicht mehr erholt.

Der universitären Psychologie und besonders den Vertretern der Psychotechnik ging es dagegen genau umgekehrt. Sie erlebten einen enormen Aufschwung, nachdem jüdische Kollegen wie William Stern 1933 vertrieben worden waren. Insgesamt wurden aufgrund des Gesetzes zur Wiederherstellung des Berufsbeamtentums 5 von 15 Universitätsprofessoren ihres Lehrstuhls enthoben. 1937 wurde zudem der Münchner Ordinarius Aloys Fischer in den Ruhestand versetzt, weil dessen Frau Jüdin war. Auch eine Reihe außerordentlicher Professoren verlor die

Lehrerlaubnis; Kurt Lewin, einer der bekanntesten deutschen Psychologen, kam dem Berufsverbot zuvor, legte sein Amt nieder und emigrierte in die USA.

Einer der wenigen, die öffentlich dagegen ihre Stimme erhoben, war Wolfgang Köhler (1887–1967), Direktor des Psychologischen Instituts der Friedrich-Wilhelms-Universität Berlin, die seit 1949 nach Humboldt benannt ist. Köhler ist einer der Köpfe der Gestalttheorie, die die menschliche Fähigkeit, Strukturen in Sinneseindrücken zu erkennen, in den Mittelpunkt ihrer Überlegungen stellte. Nach der Entlassung seines Kollegen Max Wertheimer als Professor in Frankfurt am Main wandte Köhler sich in einem Beitrag in der *Deutschen Allgemeinen Zeitung* vom 28. April 1933 (»Gespräche über Deutschland«) gegen die »Arisierung« des Wissenschaftsbetriebs. In dem patriotisch-diplomatisch formulierten Text (»Keiner von den Deutschen, die ich meine, leugnet das Vorhandensein eines Judenproblems in Deutschland ...«) verwies er auf »unentbehrliche Träger im Haus der deutschen Kultur, welche von Juden stammen«. Die Folge waren Übergriffe auf sein Institut und Repressalien gegen seine Mitarbeiter. 1934 bat Köhler um seine Entlassung und wanderte in die USA aus, wo er am Swarthmore College in Pennsylvania lehrte.

Eine beeindruckende kollektive Verdrängungsleistung

Die Nazis hatten allerdings nichts gegen Psychologen als solche – und das galt auch umgekehrt: Die große Mehrheit von Köhlers Kollegen diente sich den neuen Machthabern an. So heißt es in einem ebenso devoten wie großspurigen Papier der Deutschen Gesellschaft für Psychologie vom 24. September 1940 für das Reichsministerium für Wissenschaft, Erziehung und Volksbildung – lange nachdem die renommiertesten Mitglieder ausgestoßen worden waren und das Land verlassen hatten: »Die deutsche Psychologie steht mitten in einer Entwicklung, die alle Voraussagen ihrer Gegner widerlegt. Das Ausland, soweit es nicht zum Judentum und zur angelsächsischen Welt gehört, besinnt sich wieder auf den rein deutschen Ursprung des Fachs und bekennt sich zu den Leistungen deutscher Psychologen. Im Innern hat die nur durch grobe Unkenntnis zu entschuldigende Gleichsetzung von Psychologie und jüdischer Psychoanalyse, die eine Zeit lang oberflächliche Werturteile über die Psychologie bestimmte, ihre Schlagwortwirkung verloren, nachdem das Bedürfnis nach Freilegung, Lenkung, Stärkung und Pflege der gesunden seelischen Kräfte unseres Volkes sich durch falsche Schlagwortparolen nicht abspeisen ließ. Wehrmacht, Politik, Propaganda, Wirtschaft, Technik, Erziehung und Medizin verlangen heute nachdrücklicher als je zuvor psychologisch wirksame Denk- und Arbeitsmethoden.«[5]

Eine Art Bewerbungsschreiben, das an den maßgeblichen Stellen wohlwollend aufgenommen wurde. Die Psychologie konnte ihren Einfluss während der NS-Zeit enorm ausweiten: An 13 von 23 Universitäten wurden neue Lehrstühle eingerichtet oder zugunsten des Fachs umgewidmet. Die Inhaber taten das Ihre, um sich der Obrigkeit gefällig zu erweisen. »Es gab«, so Geuter, »eine Fülle von Versuchen, die Psychologie zur Legitimation rassistischen Denkens einzusetzen, die Forschung auf Fragestellungen und Gebiete zu orientieren, die man für politisch erwünscht halten konnte, oder bestehende psychologische Theorien mit nationalsozialistischen Grundüberzeugungen zu verbinden wie mit dem Antisemitismus, der Vorstellung von der Überlegenheit einer nordischen Rasse, der von der Notwendigkeit der Eroberung von Raum durch diese Rasse oder der von der Organisation der Gesellschaft nach der sogenannten Rassenzugehörigkeit oder dem Führerprinzip. Solche Versuche kamen vonseiten der Psychologen, ohne dass es seitens der Partei eine ausformulierte Vorstellung davon gegeben hätte, was man sich als ›ideologisch korrekte‹ Psychologie wünschte.«[6]

Lohn des vorauseilenden Gehorsams war die offizielle Anerkennung des Berufsstandes: Mit der Diplom-Prüfungsordnung vom 1. April 1941 erhielten die Psychologen mit Segen der Staatsführung erstmals einen eigenen Abschluss. Der ursprünglich aus den Ingenieurswissenschaften stammende Titel verweist auf das Selbstverständnis der Disziplin als Sozialtechnik. Die Prüfungsfächer – Psychologische Diagnostik, Angewandte Psychologie, Pädagogische Psychologie, Psychagogik sowie Kultur- und Völkerspsychologie (heute Sozialpsychologie) – spiegeln den praktischen Anspruch wider.

Die Psychologen versprachen, sich nützlich zu machen, und der NS-Staat dankte es ihnen durch gesellschaftliche Aufwertung. Andere Disziplinen wie die Soziologie oder Politologie waren in dieser Beziehung weit weniger erfolgreich. Oswald Kroh, Vorsitzender der Deutschen Gesellschaft für Psychologie, zeigte sich hochzufrieden mit dem Statusgewinn und schrieb an seine Mitglieder – mitten im Krieg, der immer mehr Menschen das Leben kostete –, man dürfe auf das vergangene Jahr »mit Genugtuung zurückblicken«.[7]

Der größte Arbeitgeber für Psychologen war die Wehrmacht. Dort testeten sie vor allem Offiziersbewerber und Spezialisten für bestimmte militärische Aufgaben in einem zweieinhalb Tage dauernden Verfahren auf ihre Eignung. Und da wegen des von Nazi-Deutschland vom Zaun gebrochenen Krieges immer mehr Offiziere gebraucht wurden, stieg auch die Zahl der Psychologen entsprechend. Auf dem Höhepunkt, Anfang 1942, dürften laut Geuter etwa 450 beim Militär beschäftigt gewesen sein. Noch im selben Jahr wurde die Heeres- und Luftwaffenpsychologie allerdings aufgelöst: Angesichts der großen Verluste, besonders an der Ostfront, gab es nun einen Mangel an Offiziersanwärtern und damit keinen Bedarf mehr an Eignungstests und »Auslese«. »Doch war die Universitätspsychologie durch die Diplomprüfungsordnung so gefestigt«, schreibt Geuter, »dass sie die Auflösung derjenigen Organisation schadlos überstand, deren Nachfrage gerade ihr Vorwärtskommen wesentlich ermöglicht hatte.«[8]

Nach Kapitulation und Befreiung im Mai 1945 machte man an den westdeutschen Hochschulen weiter, ohne sich mit der eigenen Rolle in der Vergangenheit auseinanderzusetzen – eine beeindruckende kollektive Verdrängungsleistung. Der Lehrbetrieb wurde – meist mit demselben Personal – rasch wieder aufgenommen. Die Prüfungsordnung mit dem Schwerpunkt auf Diagnostik blieb in entnazifizierter Form bis in die siebziger Jahre ebenso erhalten wie die in der NS-Zeit bewährte Serviceorientierung des Fachs insgesamt. Und die 1942 um ihr Betätigungsfeld gebrachten Wehrmachtspsychologen bekamen 1955 mit dem Aufbau der Bundeswehrpsychologie adäquaten Ersatz.*

Auch in den folgenden Jahrzehnten stellten die Psychologen ihr Geschick unter Beweis, sich den wandelnden Erfordernissen geschmeidig anzupassen, und dachten sich immer neue Anwendungen für ihre Sozialtechniken aus. Ihre Botschaft hieß: Es gibt sehr viele Probleme – wir können sie lösen.

Pseudowissenschaftliche Einblicke ins Seelenleben

»Unsere Philosophie spiegelt sich in den Begriffen ›Sinn‹, ›Liebe‹ und ›Qualität‹. Für die damit verbundenen *Werte* und *4-fache Kompetenz* steht das Institut für Organisationspsychologie.

Die Werte sind uns ein Anliegen bei unserer Arbeit. Zudem sind sie für Organisationen und Menschen der Schlüssel zum Erfolg, denn die davon berührten Aspekte hängen nachweislich mit besserer Führung und Kooperation, weniger Stress und Burnout, höherer Motivation, Engagement und Mitarbeiterbindung, Kompetenzentwicklung, Kreativität, Arbeitsleistung, Kundenzufriedenheit uvm. zusammen.

---

*   Die Entwicklung der Psychologie in der DDR, auf die hier nicht näher eingegangen werden soll, zeigte übrigens – trotz (Lippen-)Bekenntnissen zum Marxismus – erstaunliche Parallelen zu der in der Bundesrepublik. Vgl. dazu Stefan Busse: »Gab es eine DDR-Psychologie?«, in: *Psychologie und Geschichte*, 5. Jg., Heft 1/2.

Deshalb sind sie auch Innovationen und Veränderungen sowie dem Projektmanagement förderlich. Wir kennen diese Zusammenhänge und wissen, wie man sie in der Praxis sinnvoll nutzt.«

Selbstdarstellung des »Instituts für Organisationspsychologie« der Diplom-Psychologin Monika Wastian
in München. Hervorhebungen wie im Original

Die Psychologie ist eine Wohlstandsgewinnerin: Je reicher und offener Gesellschaften sind, desto mehr Optionen bieten sie ihren Bürgern. Man kann dieser, jener oder keiner Religion, Weltsicht oder Partei anhängen, hat die Wahl zwischen vielen verschiedenen Ausbildungen, Berufen und Lebensmodellen. So viel Freiheit ist einerseits erfreulich, andererseits anstrengend. Viele tun sich schwer damit, Entscheidungen zu treffen, zweifeln an oder hadern mit sich. Noch nie gab es so viel seelisches Leid wie heute, noch nie so viele Psychologen und Therapeuten (was Ursache und Wirkung ist, lässt sich nicht eindeutig sagen). Die Psychologie hat hierzulande die Kirchen – die sich den therapeutischen Diskurs in weiten Teilen zu eigen gemacht haben – auf dem Markt der Sinnsuche abgehängt. Sie verspricht Antworten auf eine Frage, die viele Menschen bewegt und die der Humorist Karl Valentin so formuliert hat: »Können Sie mir sagen, wohin ich will?«

Psychologen helfen gern dabei, eine Antwort zu finden. Sie geben vor, in unser Innerstes schauen und es bewerten zu können, und sie halten uns zur Selbstveränderung an. Die Vordenker der Disziplin sind gut darin, Themen zu besetzen, die in der Luft liegen, und entsprechende Begriffe zu prägen. Diese Begriffe klingen einerseits vielversprechend, sind aber andererseits so unscharf, dass sie nach Belieben operationalisiert werden können. Intelligenz ist das Paradebeispiel für einen solchen psychologischen Begriff. Wie dargestellt, kam er in Mode, als die Unterschiede im geistigen Leistungsvermögen von Menschen für Wirtschaft, Verwaltung und Militär relevant wurden.

Psychologen nahmen sich der Aufgabe mit Feuereifer an und konstruierten Tests zum Zweck der möglichst ökonomischen – also objektiv erscheinenden und mit wenig Zeitaufwand verbundenen – »Auslese«. Psychodiagnostik, also des Versprechen, Intelligenz, später auch Persönlichkeit, Kreativität und allerlei andere Kompetenzen exakt erfassen zu können, wurde zum Alleinstellungsmerkmal der Disziplin. Zu solchen Einblicken ins Seelenleben, so die Behauptung der Psychologen, sind nur sie in der Lage.

Das erklärt, warum dieses Feld so fleißig beackert wird und die Psychodiagnostiker weitgehend immun gegen Kritik sind. Welche Branche stellt schon freiwillig ihr Kerngeschäft zur Disposition? Auf offenkundige Schwächen bei Definitionen, Theorien und Methoden reagiert man reflexartig mit der Produktion neuer Definitionen, Theorien und Methoden, die meist unvermittelt neben den alten stehen. So gehen manche Psychologen von einem Generalfaktor für Intelligenz aus, andere von vielen verschiedenen (insgesamt sind mehr als 200 definiert worden), wieder andere unterscheiden kristalline (erlernte) und fluide (angeborene). Und alle reden munter aneinander vorbei.

Adolf Otto Jäger, Erfinder des Berliner »Intelligenzstrukturmodells« – ein Versuch, die verschiedenen konkurrierenden Theorien zu vereinen –, stellte bereits in den sechziger Jahren fest: »So gut wie alle Schulen und Arbeitsrichtungen der psychologischen Forschung sind sich jedenfalls heute darin einig, dass man sich über eine verbale Definition der Intelligenz zur Zeit nicht einigen kann.«[9] Und dass man von einer »befriedigenden Theorie des mit ›Intelligenz‹ intendierten Sachverhaltes noch sehr weit entfernt« sei.[10]

Daran hat sich bis heute nichts geändert.

Man weiß also nicht, was es ist, aber glücklicherweise lässt es sich messen: Nach diesem Prinzip gehen die Fachvertreter bienenfleißig zu Werke, ohne eigentlich interessanten Fragen auch nur nahezukommen. So kann die Psychologie »weder erklären, wie, warum und unter welchen Bedingungen Intelligenz entsteht, noch wie ihre unterschiedlichen Ausprägungen und Abstufungen zustande kommen«, schreibt die Philosophin Sabine Müller.[11]

Stattdessen stochert die Psychodiagnostik im selbst erzeugten statistischen Nebel.

Beim Thema Intelligenz versucht man, durch die Messung bestimmter Leistungen – meist in Form von Papier-und-Bleistift-Tests wie bei Prüfungen in der Schule – auf die ihnen zugrunde liegenden Fähigkeiten zu schließen. Um diese Konstrukte in eine gefällige Ordnung zu bringen, wird gern die sogenannte Faktorenanalyse bemüht. Das sind statistische Analysemethoden, mit deren Hilfe sich etwa Muster in vielen verschiedenen Testergebnissen erkennen lassen, die dann zum Beispiel als Intelligenzfaktoren gedeutet werden. In Wahrheit handelt es sich allerdings um Intelligenz*test*faktoren, weil sie von den dort gestellten Aufgaben abhängen: Was nicht abgefragt wird, kann auch nicht erfasst werden. Womit wir wieder beim Zirkelschluss der Psychotechnik wären: Intelligenz ist das, was Intelligenztests messen.

Die zahlreichen Widersprüche im eigenen Tun nehmen Forscher und Praktiker, wenn überhaupt, achselzuckend zur Kenntnis. Beispielsweise wird der IQ eines Menschen gern absolut gesetzt, also als feststehender Wert für dessen geistige Kapazität interpretiert – obwohl es sich nur um eine Momentaufnahme handelt, worauf schon William Stern hinwies. Menschen können sich entwickeln, ändern, dazulernen; es spricht sogar einiges dafür, dass die Menschheit insgesamt klüger wird. Außerdem erscheint es grotesk, so Sabine Müller, ausgerechnet die Fähigkeit, in einer komplexen, widersprüchlichen Welt zurechtzukommen, »in einer künstlichen, fremdbestimmten Testsituation« zu messen, »statt in der Umgebung, in der sich die Intelligenz eines Individuums normalerweise zu bewähren hat«.[12]

Die eigentliche Leistung der Psychotechniker bestand darin, ihr Werkzeug trotz offenkundiger Schwächen auf dem Markt zu etablieren und für eine allgemeine Testgläubigkeit zu sorgen.

In den USA kann der fragwürdige Intelligenzquotient sogar über Leben und Tod entscheiden. Nachdem der Oberste Gerichtshof dort 2002 entschieden hatte, dass die Verhängung der Todesstrafe gegen geistig behinderte Menschen gegen die Verfassung verstößt, haben einige Bundesstaaten geistige Behinderung durch einen Intelligenzquotienten von weniger als 70 definiert. Diese willkürliche Grenzziehung zwischen »normal« und »debil« entscheidet, ob ein verurteilter Straftäter auf den elektrischen Stuhl kommt.

Geheimniskrämerei plus Zahlenhuberei

Mit ebenso viel Chuzpe wie beim Thema Intelligenz nehmen Psychologen auch andere, noch intimere Aspekte menschlichen Lebens ins Visier. Dazu zählt das, was uns ausmachen und unverwechselbar machen soll: Persönlichkeit.

Ein Pionier bei dem Versuch, sie zu fassen, ist der von dem Psychoanalytiker C. G. Jung beeinflusste Schweizer Psychiater Hermann Rorschach. Ein Mann, der seine Leidenschaft zum Beruf macht. Als er sich als Student für das Fach Medizin entscheidet, schreibt er seiner geliebten Schwester Anna: »Ich will nie mehr (…) nur Bücher lesen, sondern Menschen.« Und: »Am liebsten würde ich Irrenarzt.«[13]

Er setzt seinen Wunsch in die Tat um und entwickelt zwischen 1911 und 1922 in psychiatrischen Kliniken ein Instrument, das weltberühmt wird: den nach ihm benannten Tintenkleckstest, die Deutung zufällig mit Wasserfarben erzeugter, symmetrischer Bilder. Rorschach wählt aus einer Vielzahl von Motiven schließlich zehn aus, auf die seiner Ansicht nach sowohl gesunde als auch kranke Menschen spontan und unbeschwert reagieren. Er legt ihnen die Tafeln vor und fordert sie auf zu sagen, was sie in den auf vielerlei Weise interpretierbaren Klecksen erkennen, ohne dabei Vorgaben zu machen. Die Probanden, so die Idee, sollen ihre Gefühle und Gedanken auf die Bilder projizieren und so ihr Innerstes offenbaren, ohne dies zu merken. Registriert wird nicht nur, was die Leute sehen, sondern auch, wie sie es wahrnehmen, ob sie Farbe, Form, bestimmte Details oder Bewegungen hervorheben.

Rorschach nutzt dieses Verfahren, um psychisch kranke Menschen von gesunden Menschen zu unterscheiden. Der Maßstab, den er dabei anlegt, ist vage: Es geht darum, »die gute Form« zu erkennen. Was eine gute Form ist, gibt nicht der Versuchsleiter vor, sondern er lässt darüber die häufigsten Antworten einer größeren Zahl »vollsinniger Versuchspersonen« entscheiden. Als normal gilt mithin, was die Mehrheit sieht.

Mit der Zeit weitet sich allerdings Rorschachs Blick. Er unterscheidet nicht mehr nur zwischen guter und schlechter Form, sondern auch zwischen Stereotypie und Originalantwort, also zwischen konventionellen und ungewöhnlichen Deutungen der Kleckse. Damit führt er »ohne dass er sich dessen bewusst war und letztlich gegen seine Absicht (…) die ersten psychologischen Kreativitätstests durch«, wie der Kultursoziologe Andreas Reckwitz feststellt.[14] Rorschach ist damit auch einer der ersten Psychologen, der Kreativität, also die Fähigkeit, Neues zu schaffen, auf ungeahnte Lösungen zu kommen, schöpferisch zu sein, positiv sieht. Ursprünglich stand der Begriff für abweichendes Verhalten – Stichwort Genie und Wahnsinn –, war also negativ konnotiert. Das hat sich bekanntlich nicht nur in diesem Fach geändert. Kreativität ist heute ein Gütesiegel, Werber adeln sich mit dem Titel »Kreative« selbst, und Großstädte versuchen, die sogenannte kreative Klasse anzulocken.

Von dieser Entwicklung ahnt Rorschach nichts, und er erkennt auch nicht, dass er, indem er die Originalität der Antworten seiner Probanden bewertet, seine Grundannahme infrage stellt: Die Grenze zwischen Normalität und Wahnsinn ist nun nicht mehr so leicht zu ziehen. So stellt Rorschach selbst bei schizophrenen Patienten sowohl ihm absurd scheinende als auch »ganz hervorragend treffende Deutungen« fest.

Dieser Widerspruch hindert Rorschachs Nachfolger – er selbst stirbt 1923 nach Fertigstellung seine Werkes *Psychodiagnostik* – allerdings nicht, den Test massenhaft zur Ausleuchtung der Oberstübchen von Abermillionen Menschen zu verwenden, um Labile, Maniker, Drogenabhänge, Depressive, Psychopathen oder einfach nur geeignete Bewerber für einen Job zu identifizieren. Ein großer Fan des Verfahrens ist der junge Michel Foucault, der später den psychologischen Diskurs kritisch sehen wird. Als Student an der Elite-Universität École Normale Supérieure in Paris aber ist er Rorschach-Enthusiast und hat stets ein Test-Set dabei, um seine Kommilitonen unter die Lupe zu nehmen. »Damit werde ich herauskriegen, was in ihren Köpfen so vor sich geht.«[15]

Davon träumen nicht nur Psychologen, was – neben den ästhetischen Qualitäten des Rorschachtests, der viele Künstler inspiriert – seine Karriere erklärt. Das Verfahren wird sowohl in den USA als auch in Europa massenhaft eingesetzt und im Laufe der Zeit immer stärker formalisiert und mathematisiert. Die Aussagen der Probanden werden nach einem bestimmten Raster gedeutet (»Lokalisierung«: Auf welche Teile der Tafel deutet die Person?; »Determinanten«: Auf welche Aspekte – Farbe, Form, Schattierung, Bewegung, Zwischenfiguren – bezieht sich die Antwort?), bewertet und dann mithilfe mehr oder weniger komplizierter Formeln weiterverarbeitet. Ohne Zahlenhuberei geht es in der Psychodiagnostik nicht.

Erste Zweifel an der Aussagekraft des Verfahrens tauchen in den fünfziger Jahren auf, als Kandidaten für eine Pilotenausbildung bei der US-Air-Force bei den Kleckstests nicht besser abschneiden als gleichaltrige Psychiatriepatienten. Außerdem versagen namhafte Rorschach-Diagnostiker bei einer Blindstudie: Sie stufen Probanden durchweg als psychisch krank ein, obwohl die keinerlei Anzeichen seelischen Leidens aufweisen.

Diesen Problemen begegnet John E. Exner, ein ehemaliger Offizier, der sich bereits in seinem Psychologiestudium mit der Analyse der Klecksmethode befasst hatte, mit einer weiteren Aufblähung des Normierungs- und Auswertungsapparats. Er und seine Mitarbeiter stellen eigenen Angaben zufolge mehr als 1000 Studien für ihr sogenanntes Comprehensive System an, das unter anderem einen Depressions- und Egozentrik-Index enthält. Ein eigens gegründetes Institut erarbeitet eine Vielzahl von Normtabellen, und Exners Methode setzt den neuen Standard.

Als sich vier Wissenschaftler für die statistischen Grundlagen interessieren, bekommen die Anhänger der Kleckstesterei einen weiteren Dämpfer. Die meisten von Exners Daten sind nicht in Fachzeitschriften veröffentlicht worden, und er weigert sich strikt, sie herauszurücken. Solche Verstöße gegen die Spielregeln des Forschungsbetriebs kommen häufiger vor. In diesem Fall aber ist die Begründung außergewöhnlich, ja, man könnte mit Hermann Rorschach sagen, dass es sich um eine »Originalantwort« handelt. »Daten«, postet ein Mitstreiter Exners im Internet, teile man nicht so einfach mit anderen wie »Kartoffelchips«. Man hüte sie eher wie »eine Tochter«, die man keinem Mann anvertraue, der sie »misshandelt oder glaubt, er könne sie an jeden anderen Kerl weiterreichen, der danach fragt«.[16]

Mittlerweile ist der Rorschachboom – der Test dürfte ungefähr so zuverlässig sein wie Tarot-Karten – abgeklungen. Andere, allerdings nicht minder fragwürdige, Instrumente dominieren den Markt. Vor einigen Jahren erregte das Tintenklecksverfahren noch einmal größere Aufmerksamkeit: Die Online-Enzyklopädie Wikipedia hatte die zehn Originaltafeln samt Standarddeutungen veröffentlicht, worüber sich die Rorschach-Gemeinde empörte. Die Geschäftsgrundlage sollte nur Eingeweihten zugänglich sein, die dafür Lizenzgebühren zu zahlen haben. Und überhaupt: Wo führte es hin, wenn sich jedermann ein Bild von den Methoden machen könnte, mit denen die Psychodiagnostiker sich ihr Bild von uns machen?

Diese Haltung ist durchaus verständlich, denn Persönlichkeitstests beruhen darauf, dass diejenigen, die ihnen unterzogen werden, nicht merken, woran sie sind. Nur so, das ist die feste Überzeugung der Konstrukteure, kann man Menschen auf den Grund gehen. Erschwerend kommt hinzu, dass sich bei Persönlichkeitstests viel leichter schummeln lässt als bei Leistungstests. Man kann versuchen, sich selbst so darzustellen, wie es vermutlich wünschenswert ist. Das wollen die Erfinder und Anwender dieser Tests unbedingt vermeiden. Zu diesem Zweck versuchen sie, ihre Deutungsmuster geheim zu halten, und verwenden sogenannte Lügenskalen, Fragen, die als Indikator dafür gelten, ob jemand frank und frei seine Gedanken und Empfindungen äußert oder trickst. Hier zwei typische Beispiele:

- Sind Sie jemals zu spät zu einer Verabredung oder zur Arbeit erschienen?
- Haben Sie in Ihrem Leben manchmal gelogen?

Wer diese Fragen verneint, macht sich verdächtig, weil es als extrem unwahrscheinlich gilt, stets und ständig pünktlich und ehrlich zu sein. Für pfiffige Leute beziehungsweise Leser von sogenannten Testknackern sind diese Kontrollfragen allerdings leicht zu erkennen, sodass begabte Schwindler darauf nicht hereinfallen dürften.

Wie auch bei Intelligenztests steht die Bedeutung, die die Persönlichkeitstests zugemessen wird, und ihre massenhafte Verwendung in einem eklatanten Widerspruch zu den fragwürdigen Annahmen, die ihnen zugrunde liegen. Persönlichkeit ist ein noch viel schwammigerer Begriff als Intelligenz. Und die Vorstellung, es gebe ein Wesen unserer selbst, das wie irgendein Ding gemessen und gewogen werden könnte, ist bei näherer Betrachtung weltfremd. Menschen nehmen je nach Situation verschiedene Rollen ein. Diese Situationen haben großen Einfluss darauf, wie sie sich geben, selbst beurteilen und von anderen beurteilt werden. Mancher ist bei der Arbeit zurückhaltend und blüht in seiner Freizeit auf, bei anderen ist es umgekehrt. Und viele von uns haben schon die Erfahrung gemacht, dass man Bekannte in ungewohnter Umgebung ganz neu kennenlernen kann.

Wir Menschen sind komplexe Lebewesen in einer komplexen Umwelt. Wir nehmen unterschiedliche Rollen ein, verfügen sozusagen über mehrere Identitäten (ohne unter multiplen Persönlichkeiten zu leiden). Dementsprechend existieren auch vielfältige, changierende Bilder von uns, an denen ständig gearbeitet wird. Persönlichkeit ist eine Zuschreibung, eine Konstruktion, an der viele mitwirken, nicht zuletzt wir selbst. »Jeder Mensch«, heißt es in dem Roman *Mein Name sei Gantenbein* von Max Frisch, »erfindet sich früher oder später eine Geschichte, die er für sein Leben hält.«[17]

Von diesem Leben sind die Persönlichkeitstester sehr weit entfernt. Sie lösen den Prüfling aus seinem gesellschaftlichen Kontext und vermessen ihn in steriler Umgebung mit ihren standardisierten Verfahren.

Hier zwei typische sogenannte Items des nach dem einflussreichen Psychologen Hans Jürgen Eysenck benannten Eysenck-Persönlichkeits-Inventars (EPI):

- »Fühlen Sie sich manchmal ohne Grund einfach miserabel?«
- »Wenn Sie etwas Wichtiges getan haben, haben Sie dann oft das Gefühl, dass Sie es eigentlich besser hätten machen können?«[18]

Wer zweimal »Ja« antwortet, sammelt Punkte auf der »Neurotizismus-Skala«. Das geht ganz flott.

Die Tests sind trotz – beziehungsweise gerade wegen – der holzschnittartigen Ergebnisse, die sie liefern, sehr beliebt. Aus demselben Grund mögen die Leute Horoskope oder hängen der Humoralpathologie an, die den Menschen aus dem Verhältnis der vier Körpersäfte Blut, Schleim, gelbe und schwarze Galle erklärt und die Menschheit in Sanguiniker, Phlegmatiker, Choleriker und Melancholiker einteilt. Solche Stereotypen entsprechen nämlich weitgehend unseren Alltagsvorstellungen: Der Mensch erscheint als ein Produkt seiner Eigenschaften. Weil einer mutig oder feige, offen oder verschlossen, Optimist oder Pessimist, Choleriker oder Melancholiker ist, verhält er sich entsprechend und nicht anders. Seine Persönlichkeit ist die Ursache für sein Verhalten. Die Umstände und wie er sie wahrnimmt, seine subjektiven Gründe, spielen keine Rolle. Und wenn einer zu sehr aus der Norm fällt, braucht er eine Therapie.

Solches Denken ist weit verbreitet. Es scheint praktisch zu sein und den Umgang miteinander zu erleichtern. Wir mögen es, das Wesen unserer Mitmenschen auf einen einprägsamen Begriff zu bringen. Es macht Spaß und ist mit dem schönen Gefühl der Überlegenheit verbunden, Diagnosen zu stellen, gern auch aus der Ferne: Kollege X ist ein Zwängler, Y traumatisiert, im Bekanntenkreis gibt es Borderliner, Suchtpersönlichkeiten sowie Maniker, und die Kanzlerin Angela Merkel ist eben »Mutti«.

Psychotests bedienen solche Alltagsvorstellungen, statt sie infrage zu stellen. Sie sind nicht in der Lage, Entwicklungen abzubilden, und bleiben auch in dieser Beziehung hinter der Realität zurück – in der wir ja gelegentlich zu unserer Überraschung feststellen, dass eine Person facettenreicher ist als gedacht, sich von einer ganz anderen Seite zeigt oder unser Selbstbild Risse bekommt. Persönlichkeitstests tragen zu solchen Erkenntnissen nicht bei, sollen sie auch nicht. Ihr Zweck ist es, Menschen zu etikettieren und einzuordnen. Und all das pseudowissenschaftliche Brimborium, das die akademische Psychologie darum macht, ist dabei ganz offenkundig gar nicht notwendig.

Das lässt sich gut in den USA erkennen, wo rund 2500 Persönlichkeitstests auf dem Markt sind. Schauen wir uns zwei von ihnen näher an. Einer der verbreitetsten ist das sogenannte Minnesota Multiphasic Personality Inventory (MMPI). Es enthält in der aktuellen Version mehr als 500 Fragen. Gesunde Personen brauchen etwa eine Stunde, um alle zu beantworten. Das MMPI wurde nach allen Regeln der Psychotechnik entwickelt, mit einer großen Zahl von Versuchspersonen »geeicht« und mehrfach überarbeitet. Zunächst für klinische Zwecke gedacht, hat sich der Test dann – wie viele psychologische Methoden und Instrumente – über die Psychiatrie hinaus verbreitet. Er wird für Gerichtsgutachten ebenso verwendet wie zur Bewerberauswahl.

Zwar gab es immer wieder mal Widerstand gegen die massenhafte Persönlichkeitstesterei mithilfe des MMPI und ähnlicher Verfahren. So brachte Sam J. Ervin junior, Senator aus North Carolina, 1966 einen Gesetzesentwurf in den Senat ein, der der amerikanischen Regierung verbieten sollte, öffentlich Bedienstete mit Persönlichkeitstests zu durchleuchten. Ervin sah darin einen »mutwilligen Eingriff in die Privatsphäre«, vergleichbar den Gesinnungsprüfungen zur Zeit des Kommunistenjägers Joseph McCarthy. Doch Ervin scheiterte mit seinem Vorstoß, und das MMPI, das in seiner deutschen Version auch hierzulande weit verbreitet ist, wurde noch populärer.

Sowohl die Gegner als auch die Anhänger des Verfahrens glauben daran, dass es funktioniert. Denn nach den Kriterien der Testtheorie gilt das MMPI als valide, es misst also angeblich das, was es messen soll. Und soll dabei auch zuverlässig sein – im Fachjargon: reliabel. Qualitäten, auf die es bei psychologischen Instrumenten nach Ansicht der akademischen Vertreter des Fachs generell ankomme.

Die Kundschaft aber schert sich wenig darum, wie sich an dem noch deutlich beliebteren Myers-Briggs-Typenindikator (MBTI) illustrieren lässt. Aus den Vereinigten Staaten kommend, wurde er in 24 Sprachen übersetzt, Millionen Menschen unterziehen sich ihm – auch freiwillig. Auf die Idee zu dem Test kam Katharine Briggs, eine Hausfrau aus Philadelphia, Anfang der vierziger Jahre. Der Anlass: Sie wunderte sich über den

Mann, in den sich ihre Tochter verliebt hatte. Der ebenso praktische wie penible Clarence Myers scheint das genaue Gegenteil
ihrer eher intuitiven Tochter zu sein. Die Mutter beschließt, der
Sache auf den Grund zu gehen, stößt auf C. G. Jungs Archetypen,
findet »Das ist es!« und begeistert ihre Tochter über die Analyse
deren künftigen Ehemanns hinaus für das Thema.

Fortan durchleuchten die beiden Frauen jeden Menschen,
der ihnen über den Weg läuft, auf Basis der C. G. Jung'schen Ty-
pologie, und Isabel Myers entwickelt daraus einen Test, der Probanden 16 verschiedenen Kategorien zuordnet. Unterschieden
wird unter anderem zwischen extro- und introvertierten, rationalen und emotionalen, offenen und entschiedenen Personen.
Die Fragen, die darüber Aufschluss geben sollen, sind einfach:
Langweilen Sie sich manchmal bei Partys, oder amüsieren Sie
sich meist? Zeigen Sie Ihre Gefühle gewöhnlich offen, oder behalten Sie sie für sich?

Zu Briggs Leidwesen wird der Test von der akademischen
Psychologie – nicht zuletzt wegen seiner tiefenpsychologischen
Grundierung – nie anerkannt. Robert Hogan, ein ehemaliger
Psychologie-Professor, der mittlerweile eine Testfabrik in Tulsa,
Oklahoma, betreibt, attestiert dem MBTI »den intellektuellen
Gehalt eines Glückskekses«.[19] Auch mit der Zuverlässigkeit ist es
nicht weit her. So ändert sich bei drei Vierteln der Getesteten
der Persönlichkeitstyp, wenn sie sich dem MBTI ein weiteres
Mal unterziehen.

Interessanterweise scheint das die Anwender überhaupt
nicht zu stören. Der MBTI ist vor allem in der amerikanischen
Wirtschaftswelt allgegenwärtig. Fast neunzig Prozent der hundert größten Konzerne dort verwenden ihn, schreibt Annie
Murphy Paul in ihrem Buch *The Cult of Personality Testing*.
Warum aber vertrauen Unternehmen – in denen ja vermeintlich
Vernunft, Zahlen und Effizienz regieren – auf Myers 16 Typen,
bei denen sich nicht belegen lässt, »dass sie mehr Gültigkeit
besitzen als die zwölf Sternzeichen«?[20]

Weil sich mit den Tests eine Scheinrationalität erzeugen lässt, die die Willkürlichkeit der Stellenbesetzung kaschieren kann. Der MBTI ist schnell absolviert, und die Ergebnisse kann man den Probanden gut verkaufen, weil Myers' 16 Typen nicht mit Wertungen verbunden sind. Kein Typ ist also per se besser als der andere oder »normaler« (Isabel Myers hatte offenbar keine Psychopathen in ihrem Bekanntenkreis). Auch weckt die Sprache des MBTI keine Assoziationen zur Psychiatrie, das ist ein weiterer Grund für seine Popularität im Wirtschaftskontext.

Das Ergebnis, also die jeweilige Persönlichkeit, »passt« entweder zum Anforderungsprofil des jeweiligen Jobs oder auch nicht – wobei die Frage, ob bestimmte Stellen tatsächlich bestimmte Persönlichkeiten voraussetzen, zumal in einer sich rasch ändernden Arbeitswelt, nicht weiter problematisiert wird. Paul schreibt: »Die Anwendung von Persönlichkeitstests wird häufig als Geste des guten Willens seitens des Unternehmens dargestellt, als großzügige Berücksichtigung der Einzigartigkeit des Angestellten. Dieser scheinbare Respekt vor der Individualität versetzt das Unternehmen in die Lage, die Verantwortung für die Zufriedenheit am Arbeitsplatz dem obligatorischen Schuldigen zuzuschieben: der ›Eignung‹. Es gibt keinen schlechten Arbeiter und keinen schlechten Arbeitsplatz, nur eine schlechte ›Eignung‹ des einen für den anderen.«[21]

Für die Übermittlung dieser Botschaft eignen sich die Tests – deren Reiz sowohl in ihrer Scheinobjektivität als auch in ihrer Undurchschaubarkeit liegt. Sie kommen einerseits den Anforderungen bürokratischer Institutionen entgegen, in denen mit Standardverfahren alles fein säuberlich geregelt werden soll. Und andererseits auch dem Wunsch vieler Menschen, mehr über sich zu erfahren, mal einen Blick in die Kristallkugel zu tun – und sei es bei einem Bewerber-Test.

Wer allerdings auf seine eigene Individualität besteht, wird sich dem Regime der Psychotechnik nur unwillig unterwerfen. So ging es jedenfalls der Soziologin und Bestsellerautorin

Barbara Ehrenreich, die sich für ihr Buch *Qualifiziert & arbeitslos in Zeiten der Krise* in den USA verdeckt auf Jobsuche begab. Sie suchte Hilfe bei Vermittlungsagenturen, Beratern und Karrierecoaches, die vorgaben, zum Kern ihrer Persönlichkeit vordringen zu können. Eine dieser Coaches, eine gewisse Kimberly, betreute sie länger und verkündete Ehrenreich bei einem Hausbesuch das Ergebnis des Myers-Briggs-Tests. Hier ein Auszug aus dem Dialog der beiden, den Ehrenreich so schildert:[22]

»Sie sind eine ENTJ*. (…) Ich war ganz aus dem Häuschen, als ich das feststellte!« (…) »Jeder Buchstabe bedeutet etwas, und zusammen ergeben sie eine Art Obstsalat! Das *E* steht für *extrovertiert*. Sie kennen das Wort?«
»Mhm.«
»Es bedeutet, dass Sie Ihre Energie nach außen richten.« (…)
Ich habe nicht die leiseste Idee, wie ich darauf reagieren soll, was bei Kimberly offenbar einen seltenen Moment des Selbstzweifels hervorruft. (…) Sie geht weiter die Buchstaben durch, wobei sie zwischendurch Pausen einlegt, damit ich bestätigen kann, dass die Eigenschaft jeweils auf mich zutrifft. »*N* steht für *intuitiv*, im Gegensatz zu *S*, einer eher pedantischen Persönlichkeit. Die Gefahr für ein *N* besteht darin, dass solche Menschen meist desorganisiert sind.« Oh ja, das bin ich. *T* steht für »Denker im Gegensatz zu Gefühlsmensch«, was sehr gut ist, obwohl sie selbst laut Test auf der Gefühlsseite steht, und *J* bedeutet, dass ich gerne »Dinge abschließe«. Hier besteht die Gefahr, dass ich »voreilig« bin, aber sie kann mir helfen, eine etwas langsamere Gangart einzulegen. Ich vermute, dies ist ein verdeckter Hinweis darauf, dass ich kürzlich auf einem Zeitrahmen für

---

* E steht im Myers-Briggs-Typenindikator für Extraversion, N für Intuition, T (Think) für Denken, J (Judgement) für Entschiedenheit.

unseren Coachingprozess bestanden habe oder zumindest eine Schätzung wollte, wann ich als lebensfähige Kandidatin in die Welt entlassen würde – eine Forderung, auf die sie ausweichend reagierte.

»Und jetzt das Allerbeste«, verkündet sie. »ENTJ wird auch als *Kommandeur* bezeichnet. Die entsprechende Person erreicht in der Regel die höchsten Ebenen in einer Organisation. Sie sind die geborene Führungspersönlichkeit!«

»Dann sollte ich mich also auf Posten für leitende Angestellte bewerben?«

»Nein, aber Sie können den Leuten sagen, dass Sie wirklich starke Führungsqualitäten besitzen. Fühlen Sie sich wohl bei diesem Gedanken?«

Ich sage ihr, dass ich mir nicht sicher bin und, stets taktvoll, wie ich bin, dass ich nicht sehe, was für einen Vorteil das haben soll. (…) »Ich glaube nicht, dass ich eine neue Stelle antreten und einfach so verkünden kann, ich sei in der Lage, Verantwortung zu übernehmen, oder ich sei die geborene Führungspersönlichkeit.«

»Warum denn nicht?«

»Weil es prätenziös klingt.«

Jetzt kann sie ihre Verärgerung nicht mehr zügeln und reagiert nur mit einem spöttischen: »Wie bitte?«

Sofern es mir nicht gelingt, einen Bombenangriff auf mein Haus vorzutäuschen, haben wir noch 25 Minuten vor uns, und ich möchte sie nicht damit verbringen, mich von Kimberly einschüchtern zu lassen, bis ich meinen inneren Kommandeur »als mein wahres Ich anerkenne«, wie Kimberly sich ausdrückt.

Dies fiel Ehrenreich auch deshalb schwer, weil bei einem anderen Test, dem sie sich zuvor bei einem Karriereberater unterzogen hatte, eine ganz andere Diagnose herausgekommen war. Laut den Wagner Enneagram Personality Style Scales

(WEPSS) handelte es sich bei ihr um eine emotionale, künstlerische, schwermütige und eifersüchtige Neurotikerin. Außerdem brachte der Test ans Licht, dass der Erfolgsautorin das Talent zum Schreiben fehle.

Schöne Belege für die Absurdität der Persönlichkeitstesterei, die dennoch immer weiter um sich greift. Dazu tragen unter anderem die Kuppelbörsen im Internet bei, die Millionen Menschen nutzen. Parship und der Nahezu-Klon Elitepartner, die Marktführer hierzulande, locken die Kundschaft mit der großen Auswahl an potenziellen Partnern der gehobenen Sozialauswahl – von Elitepartner unfreiwillig komisch so angepriesen: »Für Akademiker & Singles mit Niveau« – und dem Versprechen, für jede und jeden den Richtigen oder die Richtige zu finden. Zu diesem Zweck muss man allerdings erst einmal gründlich durchleuchtet werden.

Angehende Kunden füllen zunächst online einen Multiple-Choice-Test aus, der verraten soll, wie sie ticken. Den für Parship – wo unter anderem abgefragt wird, wie man reagierte, wäre man auf einer Bananenschale ausgerutscht, und was einem zu bestimmten Bildern einfällt – hat der emeritierte Hamburger Psychologie-Professor Hugo Schmale konstruiert. Er war hierzulande einer der Ersten in diesem Business. Persönlich ist Schmale laut eigenem Bekunden Freud-Verehrer, was ihn aber nicht vom ebenso profanen wie einträglichen Geschäft mit populärer Psychotechnik abhielt. So entwickelte er Anfang der sechziger Jahre mit Redakteuren der damaligen Zeitgeistzeitschrift *Twen* einen Test mit anschließender Partnerschaftsanbahnung, der im Heft so angepriesen wurde: »Seien Sie kein Rendezvous-Muffel! Machen Sie mit!« Bis zu 60 000 Leser ließen sich überzeugen, schickten die Ergebnisse ihrer Tests ein, die auf Lochkarten übertragen und in einem Rechenzentrum ausgewertet wurden. »Und wir«, sagte Schmale dem *Spiegel*, »suchten dann aufgrund der theoretischen Basis die zehn idealen Paare.«[23]

Was damals noch exotisch anmutete und vielen auch anrüchig schien – sich in Liebesdingen auf eine Maschine zu verlassen –, ist heute gang und gäbe. Laut dem Marktforschungsunternehmen Nielsen soll jeder zweite Single in Deutschland auf Online-Dating-Plattformen aktiv sein. Der Umsatz der Branche hat sich zwischen 2003 und 2013 auf rund 220 Millionen Euro verzehnfacht. Dank moderner Technik lassen sich heute zum Beispiel mit dem Parship-Test – der teilweise noch Schmales Original aus den sechziger Jahren entspricht – beliebig viele angeblich günstige Konstellationen errechnen.

Der sogenannte Matching-Algorithmus ist natürlich Geschäftsgeheimnis des Unternehmens. Aber prinzipiell funktioniert die Sache so: Aus den 74 Fragen des Persönlichkeitstests ergeben sich mehr als 400 Antwortmöglichkeiten, aus denen wiederum 32 »beziehungsrelevante Persönlichkeitsmerkmale« wie Pragmatismus, Häuslichkeit, Konventionalität abgeleitet werden. Dieses Profil wird dann nach 136 »Matching-Regeln« mit den anderen in der Datenbank vorhandenen – und laut Kundenwunsch grundsätzlich infrage kommenden Profilen – verglichen. In die Matching-Punkte gehen die Persönlichkeitsmerkmale mit 75 Prozent ein, Hobbys und Interessen mit 13 Prozent und Vorlieben und Gewohnheiten mit 12 Prozent.

Dem Autor, der sich der Prozedur vor einigen Jahren für eine Recherche probehalber unterzog, stellte die Maschine folgende Diagnose:»Sie verfügen über ein gutes intuitives Gespür (30 Prozent). Zusammen mit Ihrem rationalen Sachverstand (57 Prozent) ermöglicht es Ihnen, Menschen und Vorgänge in Ihrer Umgebung meist spontan richtig einzuschätzen. Dabei neigen Sie dazu, Ihre Gefühle (13 Prozent) vollkommen auszuklammern.«[24] Es folgte der Ratschlag:»Sie brauchen eine ausgeglichene Partnerin, die es versteht, Herzlichkeit und Verstand miteinander zu verbinden.« Trotz meines nicht ganz einfachen Profils – nur 13 Prozent Gefühlsanteil! – kamen 7573 Frauen für mich infrage. Sie wurden, geordnet nach »Matching-Punkten«, auf der persönlichen Parship-Seite präsentiert – je mehr Punkte, desto aussichtsreicher. Ab 54 wird eine Kontaktaufnahme empfohlen, ab 70 Punkten gilt eine Passung als sehr vielversprechend. Eine riesige Pralinenschachtel.

Die vom Computer als grundsätzlich verbandelungswürdig erachteten Personen können dann per E-Mail Bekanntschaft schließen. Auch hier muss man nichts dem Zufall überlassen und kann sich zum Beispiel an die Tipps des Anbieters zur optimalen Anbahnung halten: »So kommt die erste Mail gut an«.

Parship & Co haben das alte Flirt-Prinzip umgekehrt: Nicht einfach so verlieben, erst einmal gründlich kennenlernen, lautet die Devise. Das ist nach Ansicht von Hugo Schmale zeitgemäß: »Die Menschen wollen ihr Leben rationalisieren, kontrollieren, sie wollen sich nicht verlieben und nach 14 Tagen wieder in den Keller fallen, dafür haben sie heute gar keine Zeit mehr.« Die Romantik sei am Ende, die »sehen sich die Menschen im Film bei ›Rosamunde Pilcher‹ an«.[25]

Man muss allerdings kein Romantiker sein, um an der Logik der Dating-Plattformen zu zweifeln. Sie beruht, wie so vieles in der Psychologie, auf Alltagstheorie, im konkreten Fall ist es das Prinzip der Ähnlichkeit. Weil, wie schon der Volksmund sagt, Gleich und Gleich sich angeblich gern gesellt, ordnet die Software Menschen mit ähnlichen Neigungen, Vorlieben und Einstellungen einander zu. Lediglich beim Dominanzstreben wird auf sich ergänzende Eigenschaften geachtet, nach dem Motto: Vollblut-Macho braucht Heimchen am Herd.

Nur ist die Liebe eine individuelle Angelegenheit, geglückte Partnerschaften sind eine große Kunst – und über das Prinzip der Ähnlichkeit lässt sich streiten. Die amerikanische Psychologin Portia Dyrenforth von den Hobart and William Smith Colleges in Geneva, New York, kam nach einer Analyse von Daten aus einer Befragung von mehr als 20 000 verheirateten Paaren in Australien, Großbritannien und Deutschland jedenfalls zu dem Ergebnis, dass ähnlich gestrickte Partner nicht zufriedener mit ihrer Ehe waren als solche, die unterschiedliche Persönlichkeitseigenschaften aufwiesen.[26]

Unabhängig davon, ist die Vorstellung, man müsse Mr. und Mrs. Right nur zusammenbringen, dann werde alles gut, recht mechanistisch, um nicht zu sagen naiv. In gelungenen Verbindungen, die länger halten, haben Partner gelernt, sich aufeinander einzustellen oder auch mal aus dem Weg zu gehen. Sie haben gemeinsame Erfahrungen gemacht, Konflikte und Probleme gelöst, erkennen den jeweils anderen in seiner Andersartigkeit an. Sie haben sich in dieser Beziehung verändert, haben sie vielleicht zu ihrem persönlichen Projekt gemacht, das mit landläufigen Vorstellungen von Romantik nicht unbedingt etwas zu tun haben muss.

Für solche Entwicklungsmöglichkeiten von Menschen sind Persönlichkeitstests aber, wie dargestellt, prinzipiell blind – ob sie nun nach allen Regeln der Kunst konstruiert sind oder auch nicht. Daher ist es nicht angebracht, ihnen mehr Bedeutung beizumessen als dem Lesen im Kaffeesatz.

Dass dies trotzdem passiert, liegt daran, dass viele Leute weder sich selbst noch anderen trauen und die Anbieter von Psychotechnik diese Unsicherheit ausnutzen, ohne sich durch moralische Bedenken unnötig zu belasten. So werden mit dem Versprechen, jungen Leuten bei der Berufswahl zu helfen, damit sie auf ihrem Lebensweg auch ja keine Zeit verlieren, mittlerweile reihenweise Profile von Schulabgängern erstellt – obwohl deren Persönlichkeit auch nach landläufiger Meinung noch nicht ausgereift sein dürfte.

Einer der Anbieter ist die Gesellschaft für psychologische Eignungsdiagnostik und Unternehmensberatung aus Egmating bei München, die mit ihren »wissenschaftlich fundierten Verfahren« wirbt. Dazu zählt unter anderem ein Berufsorientierungstest für Schüler, der online absolviert werden kann. Für eine ausführliche Auswertung muss man 23,80 Euro bezahlen. Dieses maschinell erzeugte Ferngutachten enthält erstaunliche Urteile über die getestete Person, die sich vermutlich weder der Klassenlehrer noch die Eltern zutrauen würden. Zum Beispiel detaillierte Prozentangaben darüber, inwieweit Frustrationstoleranz, Belastbarkeit, Selbstvertrauen und Selbstbewusstsein, Teamfähigkeit, Einfühlungsvermögen, Konfliktstärke, Kritikfähigkeit und Begeisterungsfähigkeit über- oder unterdurchschnittlich ausgeprägt sind.

Begleitet wird dieses Zeugnis der Persönlichkeit für junge Leute von der Empfehlung: »Achten Sie auf die Ergebnisse, bei denen Sie besonders große Abweichungen von der Vergleichsgruppe haben. Versuchen Sie, sich ein Bild Ihrer persönlichen Stärken und Schwächen herauszuarbeiten. Erfolgreiche Bewerberinnen und Bewerber kennen Ihre Stärken und Schwächen oft ganz genau. Sie sind nicht unbedingt besser als andere Bewerber, können sich aber aufgrund guter Selbstkenntnis besser darstellen. Auch suchen sie sich von vorneherein die Stellen- oder Ausbildungsangebote heraus, die am besten zu ihrem Profil passen und daher die besseren Erfolgsaussichten bieten.«

Mit der Selbstbefragung und -problematisierung, das ist die Botschaft, kann man nicht früh genug anfangen.

Der Tanz ums Ich

»Karriereträume habe ich keine mehr. Nach meinem Burnout musste ich einen kompletten Reload meines Wertesystems und Lebenskonzepts vornehmen. Bis dahin war ich in einem extrem funktionalen Lebenszusammenhang gefangen, das hat sich grundlegend geändert. Ich schaue anders auf mein Leben und die Welt. Zum Beispiel bin ich häufig sehr ruhebedürftig. Ich genieße es, nur dazusitzen und vor mich hin zu träumen. In meinem schönsten Tagtraum sitze ich irgendwo in der texanischen Wüste an der Grenze zu Mexiko in einem 200-Seelen-Ort auf der Veranda eines kleinen Häuschens und sehe in den Himmel. Diese Gegend habe ich vor einigen Jahren für mich entdeckt und mich auf Anhieb in sie verliebt. Es gibt dort Wüste und Berge, alles ist sehr karg und reizreduziert. Ich stelle mir gern vor, dort zu leben und ein Buch zu schreiben. Kein Sachbuch, sondern einen Roman.«

Die Medienwissenschaftlerin
Miriam Meckel
über ihren Lebenstraum[27]

Die Faszination der Psychologie beruht auf großen Versprechungen. Sie lauten: Du kannst dich selbst und andere durchschauen. Du kannst dich selbst verwirklichen. Und du kannst alle Probleme lösen, die dir dabei im Weg stehen. Diese Verheißungen sind zeitgemäß und attraktiv: Unser Zeitalter ist bekanntlich das der Individualisierung – und wer möchte kein schönes Leben führen?

Nur sind diese Versprechungen aus verschiedenen Gründen unerfüllbar. Der wichtigste: Es gibt kein Ich als solches. »Das menschliche Wesen«, erkannte schon Karl Marx, »ist kein dem einzelnen Individuum inwohnendes Abstraktum. In seiner Wirklichkeit ist es das Ensemble der gesellschaftlichen Verhältnisse.«[28] Was nicht bedeutet, dass Menschen vollständig aus den Bedingungen, unter denen sie leben, zu erklären wären, wie Vulgärmarxisten und Behavioristen behaupten. Wir alle haben die Wahl zwischen verschiedenen Handlungsmöglichkeiten, aber wir sind nicht autonom, sondern von bestimmten persönlichen und anderen Umständen abhängig. Selbst wer sich dazu entscheidet, als moderner Eremit ganz für sich allein zu leben, braucht einen Bäcker, der ihm die Brötchen backt.

Für diesen Zusammenhang sind die Propagandisten der Selbstverwirklichung blind. Das aber schadet ihrem Geschäft nicht. Denn bei den Problemen, die beim Versuch, das unrealistische Ziel zu erreichen, notwendigerweise auftreten, bieten sie gleich wieder ihre Psychologie an, die nichts anderes kennt als das Ich. Ein unendlicher Zirkel und ein dankbares Betätigungsfeld für Erfolgstrainer, Coaches, Berater, Gurus und Ratgeberautoren, die ihre immergleichen Botschaften in immer neuen Variationen unters Volk bringen.

Der Philosoph Abdelwahab Elbina hat diesen Diskurs in seiner kulturpsychologischen Untersuchung *Was macht die Psychologie eigentlich so interessant?* näher untersucht und versucht, Ordnung in die zahllosen Psychobotschaften zu bringen. Die von ihm daraus destillierten Vorstellungen, Fantasien und Bilder bezeichnet er als Träume. Dazu zählt er unter anderem:

- den Traum von der Unverwundbarkeit: (»Werden Sie Kränkungen los, gewinnen Sie neue Freiheiten«),[29]
- den Traum von der Selbstkontrolle (»Wie Sie Ihrer Gefühle Herr werden«),[30]
- den Traum von der Machbarkeit (»Das Glückstraining. Probleme in Erfolg verwandeln«),[31]
- den Traum von Macht (»Emotionen: Die Macht positiver Gefühle«)[32]
- und den Traum von der Vollkommenheit (»Der Absolvent des GKTI (Gustav-Käser-Training-International) soll ›Freude an der eigenen Vervollkommnung‹ haben«).[33]

Dieser Tanz ums Ich erscheint, distanziert betrachtet, albern, aber er kommt nicht von ungefähr. In der postindustriellen Gesellschaft haben sich viele traditionelle Bindungen gelöst: an Parteien, Gewerkschaften, Kirchen, an die Klasse, aus der jemand stammt, an die Familie, Heimat, an den Betrieb. Die Angehörigen der bürgerlichen Mittelschichten in den wohlhabenden Gesellschaften hatten noch nie so viele Freiheiten wie heute und noch nie so wenige Gewissheiten. Viele haben das Gefühl, ganz auf sich selbst zurückgeworfen zu sein. »Das Erzählen des eigenen Lebens mit der damit verbundenen Deutungsarbeit wurde wesentlich wichtiger als zu früheren Zeiten«, schreibt die Historikern Miriam Gebhardt.[34] Das ist ein Grund für den vom damaligen Münchner Psychologieprofessor Heiner Keupp einmal so genannten »verrückten Hunger nach Psychologie«.[35]

Es gibt aber auch handfeste ökonomische Gründe. Denn das therapeutische Denken hat – unter anderem im Gepäck der 68er, von denen etliche später in Personalabteilungen großer Unternehmen landeten – auch die Wirtschaft erfasst und wird dort in spezieller Weise gepflegt. Manch einer kommt überhaupt erst im Beruf mit Psychotechniken und -technikern in Berührung – und ist von ihren Übergriffen womöglich unangenehm berührt.

Von der Psychiatrie in die Vorstandsetage

Der moderne, flexible Kapitalismus, der auch als Wissensgesellschaft bezeichnet wird, braucht für qualifizierte Tätigkeiten einen neuen Typus Arbeitnehmer. Der sprichwörtliche Organization Man, der loyal zu seinem Unternehmen stand, gewissenhaft tat, was man ihm auftrug, seine Kompetenzen nie überschritt, zwischen Dienst und Schnaps streng trennte und hoffen durfte, die Karriereleiter Stufe für Stufe emporzuklettern, entspricht nicht mehr dem Ideal. In Zeiten von Globalisierung, Digitalisierung und sich rasch wandelnder Märkte ist ein anderer Typus gefragt: die kreative unternehmerische Persönlichkeit, kommunikativ, gut vernetzt, im Zweifel ohne Rücksicht auf den Dienstweg agierend, zur Projektarbeit mit wechselnden Teammitgliedern in der Lage.

Hochqualifizierte dürfen, ja sollen sich mit ihrer gesamten Persönlichkeit ins Unternehmen einbringen und können sich, so der Arbeitsmediziner Klaus Scheuch von der Technischen Universität Dresden, »beruflich stärker selbst verwirklichen, als es die 68er je zu träumen wagten«.[36] Und eine Frau aus der Praxis, Martina Bruder, Geschäftsführerin des Partnerportals Friendscout24, beschwört im typischen Managerjargon eine schöne, neue Arbeitswelt: »Wir haben es mit einer klaren Demokratisierung und Enthierarchisierung durch moderne Arbeits- und Managementmethoden zu tun. ›Lean Management‹, ›Lean Thinking‹, ›Lean Production‹ werden großgeschrieben – und damit die Kernprinzipien Eigenverantwortung, ›Empowerment‹, Teamarbeit, die Implementierung offener Informations- und Feedbackprozesse, Führen als Service am Mitarbeiter und Wandel als Teil der Unternehmenskultur. Dadurch kann der Mitarbeiter seinen eigenen Beitrag als Wert erfahren.«[37]

Allerdings ist der Arbeitsalltag in vielen Firmen, die High Potentials das Blaue vom Himmel versprechen, von solchen Verheißungen weit entfernt. Denn die Unternehmen – das gilt vor allem für große – hinken organisatorisch der Zeit weit hinterher. Flache Hierarchien, Offenheit und Flexibilität werden zwar allerorten beschworen, aber wenn es darauf ankommt, gelten in den Konzernen noch die Regeln des Industrialismus. Es wird top down entschieden und Unterordnung verlangt, Firmenpolitik und die richtigen Netzwerke sind oft wichtiger als fachliche Leistungen, es herrscht Abteilungs- beziehungsweise Silo-Denken, und wer aus der Reihe tanzt, lebt gefährlich. Das führt bei Mitarbeitern, die die Vorstellung verinnerlicht haben, sie seien Unternehmer ihrer selbst, zu Frust. Hier eine typische Stimme einer ehrgeizigen Nachwuchsführungskraft aus einem Konzern:

Wenn ich eine Idee habe – ich möchte sie umsetzen. Und ich möchte dann nicht Anträge auf Anträge für irgendwelche Gremien und Ausschüsse schreiben, sondern ich möchte mich mit meinem Team zusammensetzen und möchte sagen: »Glaubt ihr, dass es funktioniert? (…) Hände hoch von denen, die denken es funktioniert, konstruktive Gegenargumente gerne gehört.« Aber es betrifft meinen Bereich und sonst niemanden. Wenn ich dort etwas ändern will, dann muss ich nicht erst sonst wen fragen. (…) Die Zeit, in der wir leben, ist sehr, sehr schnelllebig (…) und täglich kommt es zu irgendwelchen Änderungen, zu irgendwelchen Neuerungen und man steuert eigentlich durch diese, durch diese ganzen Verwaltungsakte, steuert man dermaßen dem entgegen, dass es eigentlich für alle nicht wirklich (…) zum Vorteil ist.[38]

Die Organisation ist stärker als die Ideologie, die in ihr beschworen wird. Das sollte auch nicht verwundern: Selbst in einem idealen Unternehmen können die Mitarbeiter nicht Unternehmer sein – sonst bestünde die Gefahr, dass sie den Laden sprengen. Das Gleiche gilt für die viel beschworene Kreativität, die Angestellte heute angeblich ausleben dürfen und sollen. Zum einen lässt sich Kreativität schlecht mit den in vielen Firmen vorherrschenden Routinen vereinbaren, denn der Einfall kommt, schrieb Max Weber, »wenn es ihm, nicht, wenn es uns beliebt«.[39] Zum anderen ist Kreativität, wie der Soziologe Ulrich Bröckling feststellt, »in ihrer Unkalkulierbarkeit in hohem Maße ambivalent – gleichermaßen wünschenswerte Ressource wie bedrohliches Potenzial«.[40] Daher ist das Ausleben eigener schöpferischer Impulse für die meisten Angestellten in großen Betrieben ebenso illusorisch, wie sich dort als Unternehmer zu betätigen.

Gemeint ist mit der Beförderung des Mitarbeiters zum Subunternehmer auch etwas anderes, nämlich: Er soll sich freiwillig und mit großem Eifer auf möglichst intelligente Weise für die Firma reinhängen. Das kann befriedigend sein, wenn das Umfeld stimmt, wenn solches Engagement geschätzt und honoriert wird. Und sehr enttäuschend, wenn dies nicht der Fall ist. Nach Untersuchungen des Meinungsforschungsinstituts Gallup haben mehr als 80 Prozent der Beschäftigten hierzulande eine geringe oder keine emotionale Bindung an den eigenen Arbeitsplatz. Nur 16 Prozent zählen demnach zu den Engagierten.[41] Und unter ihnen dürfte wiederum die Gefahr des Ausbrennens groß sein, denn Burnout ist das Leiden des Angestellten, der sich als Unternehmer wähnt und in seinem Hamsterrad heiß läuft.

Die Probleme, die durch den Einzug des therapeutischen Denkens in die Wirtschaftswelt entstanden sind, werden dort wiederum mit therapeutischen Methoden behandelt. Dabei achtet man meist peinlich genau darauf, nicht bis zu den Wurzeln vorzudringen, sondern es bei der Symptombehandlung zu belassen.

Jammerst du noch, oder wirst du schon gecoacht?

Dass sich gehobene Angestellte auf Firmenkosten an ihrem Arbeitsplatz einer Redekur unterziehen, wäre Sigmund Freud sehr seltsam vorgekommen; er sah das Leiden seiner Patienten allein in ihrem Privatleben begründet. Heute ist Therapie für Manager business as usual, sie heißt nur anders: Coaching. Neben dem sogenannten Executive Coaching gibt es noch viele andere Spielarten bis hin zur umfassenden Lebensberatung, dem Life Coaching, von dem hier aber nicht die Rede sein soll. Für die Personalabteilungen großer Unternehmen gehört es zum Tagesgeschäft; sie haben Pools mit Coaches, die Topmanager und zunehmend auch mittlere Führungskräfte über einen gewissen Zeitraum hinweg beraten. Für manchen ist das Anrecht, den – vergleichsweise teuren – psychologischen Dienst in Anspruch nehmen zu dürfen, ein Privileg, ebenso wie die schwere Dienstlimousine oder das Eckbüro.

Ein Lobbyist des Berufsstandes hierzulande ist Christopher Rauen, Inhaber eines Coaching-Unternehmens in Goldenstedt bei Osnabrück, Vorsitzender des Deutschen Bundesverbandes Coaching, Ausbilder von Coaches und Herausgeber einiger Publikationen zum Thema. Seine Rolle beschrieb er gegenüber der Zeit einmal als »Hofnarr von heute, der Idealfall eines neutralen Feedback-Gebers«.[42] Über seine Geschäftsgrundlage sagte er: »Der ökonomische Rahmen wird jedes Jahr brutaler.« Und durch die allgemeine Psychologisierung der Gesellschaft habe »die Konflikt- und Kommunikationsfähigkeit in starkem Maße zugenommen«.

Es gibt also objektive Probleme, und sie dürfen besprochen werden. Bezeichnend ist der Terminus Coaching für diese Art der Intervention. Der Begriff stammt aus dem Sport, was signalisieren soll: Hier geht es nicht um die Behandlung Kranker, sondern darum, Leistungsträger noch fitter zu machen, als sie es ohnehin schon sind. Der 2011 verstorbene Horst-Eberhard Richter, Deutschlands bekanntester Psychoanalytiker, erkannte darin einen Etikettenschwindel:»Coaches und Psychotherapeuten sind verschiedene Berufsgruppen. Aber die Coaches sagen selbst, dass ihre Manager-Klienten meist nicht weniger gesundheitlich beeinträchtigt sind als Psychotherapie-Patienten.«[43] Nur sollten, so Richter weiter,»Coaches ihre Manager nicht primär gesünder, sondern samt ihrer Firmen *erfolgreicher* machen. Wenn das klappt, kommen geschäftliche Sieger und Künstler des fortwährenden sozialen Wandels heraus, oft aber aalglatte Typen, die ihr Selbst weitgehend wegtaktiert haben und darunter nicht einmal bewusst leiden, zumal Leiden nicht zum Sieger-Image passt. Jedenfalls bildet sich hier unter anderem Namen eine neue Gruppe von Privattherapeuten heraus, die dafür bezahlt werden, dass sie der flexiblen Wirtschaft elastisch verformbare Manager liefern sollen.«

Das klingt ein bisschen eifersüchtig und nach Verschwörungstheorie. Nüchtern betrachtet, lässt sich am Executive Coaching eine bestimmte Logik des therapeutischen Denkens im Allgemeinen und seiner Funktion für institutionelle Auftraggeber im Speziellen erkennen:

• Der Einzelne steht im Mittelpunkt. Seine Probleme werden, so scheint es jedenfalls, ernst genommen. Der Manager und sein Coach treffen sich zur vereinbarten Zeit allein und vertraulich. Nichts, was sie bereden, soll nach außen dringen. So wird die Privatsphäre der Führungskraft geschützt – und auch die Firma. Denn aus der Konstellation ergibt sich, dass es beim Coaching allein um die Veränderung des

Gecoachten gehen kann und nicht um die des Unternehmens. So kommt es auch nicht von ungefähr, dass Christopher Rauen bei der Darstellung seiner Arbeit auf seiner Ansicht nach problematische *Typen* von Managern abhebt: »die einen, ewige Grübler mit struktureller Entscheidungsschwäche, wollen zu viel; die anderen, rein handlungsfixiert, reflektieren wenig«.[44] Wenn beide dank Coaching besser über sich Bescheid wissen und sich etwas mehr zur jeweils anderen Seite orientieren, wird alles besser, so das Versprechen. Das Unbehagen in der Organisation darf zwar auch thematisiert werden, aber es soll keine Folgen für sie haben.

- Das Problem wird ausgelagert: Allein die Entscheidung, Herrn X oder Frau Y coachen zu lassen, signalisiert, dass das Problem bei X oder Y liegt – und auf keinen Fall mit der Unternehmenskultur, Hierarchie, unklaren Aufgabenstellungen, zu hoher Arbeitsbelastung oder anderen von der Firma zu verantwortenden Gründen zu tun hat.
- Wer zahlt, schafft an. Weil die Executive Coaches vom Unternehmen honoriert werden, liegt es nicht sehr nahe, dass sie ihren Klienten Tipps geben, die gegen die Interessen ihres Auftraggebers verstoßen. Zum Beispiel zu kündigen.

Da es sich bei den Coaches häufig um intelligente Menschen handelt, erkennen sie die Widersprüchlichkeit ihres Tuns durchaus. So kommentierte Fritz B. Simon, der als Therapeut und Psychiater gearbeitet hatte, bevor er das lukrativere Berufsfeld Wirtschaft für sich entdeckte, den Coachingboom im Gespräch mit dem Wirtschaftsmagazin *brand eins* nüchtern so: »Ich verdiene mit solcher Arbeit zwar auch mein Geld – aber ich halte die Entwicklung für hochproblematisch. Früher gab es Organisationsmuster, Spielregeln, Routinen. Wenn dann der Druck erhöht wurde, die Leute überlastet waren und Schwierigkeiten bekamen, hat man darüber geredet: Was können wir auf der

Organisationsebene verändern? Heute wird alles personalisiert: Man sagt, der hat ein Problem – den schicken wir erst mal zum Coach oder gleich in die Burnout-Klinik. Das heißt, die Organisation beraubt sich der Chance, zu lernen und intern etwas zu verändern.«[45]

Für Organisationen, die nicht lernen wollen, bietet sich die Psychologie als Mittel der Wahl an.

Magisches Denken

Wie beschrieben, kommt in Unternehmen sowohl als seriös geltende Psychotechnik zum Einsatz als auch offenkundig unseriöse. Es drängt sich sogar der Eindruck auf: je unseriöser, desto erfolgreicher. Anders ist es kaum zu erklären, dass das sogenannte Neuro-Linguistische Programmieren (NLP) zu den beliebtesten Methoden von Coaches, Personalentwicklern, Motivations- und Verkaufstrainern gehört. NLP stammt aus den USA und wurde hierzulande in den Neunzigern populär – als Geheimwaffe für Manager, die ihre Performance verbessern, mehr verkaufen und Konkurrenten ausstechen wollten. Seminaranbieter, die mit den magischen drei Buchstaben warben, verdienten sich eine goldene Nase. Und noch immer ist NLP ein Riesending: Wer den Suchbegriff »Neuro-Linguistisches Programmieren« bei Google eingibt, erhält rund 117 000 Treffer angezeigt, »Neurolinguistic Programming« führt zu etwa 743 000 Fundstellen (Stand: 3. 1. 2015). Mittlerweile hat es Business-NLP sogar bis ins Angebot von Einrichtungen wie der Hamburger Volkshochschule geschafft: 40 Unterrichtsstunden zum Preis von 242 Euro, als Bildungsurlaub anerkannt.

NLP ist ideal für ehrgeizige Leute, die schnell und nach Schema F zum Ziel kommen möchten und anfällig für Marketing-Blabla sind. Allein den Namen der vermeintlichen Wundertechnik muss man sich auf der Zunge zergehen lassen: »Neuro« verspricht direkten Zugriff aufs Gehirn, »Linguistisch« bedeutet im Deutschen sprachwissenschaftlich (gemeint ist aber, dass mit dem Mittel der Sprache gearbeitet wird), »Programmieren« soll suggerieren, dass man sich selbst und vor allem andere in gewünschte Richtungen lenken kann. Die manipulative Computermetapher kommt bei Möchtegerns gut an: Was nicht wie gewünscht funktioniert, wird einfach umprogrammiert.

Einen unfreiwillig komischen Einblick in dieses Denken gab Joschka Fischer Ende der neunziger Jahre mit seinem Selbsterfahrungsbuch *Mein langer Weg zu mir selbst* über seinen – nur vorübergehend erfolgreichen – Kampf gegen die Pfunde. Zunächst bekennt Fischer in seiner Jogging-Fibel sein Problem: »Am Ende dann, mit meinem 112 Kilogramm Lebendgewicht, war mein Aktionsradius auf die Größe eines Bierdeckels geschrumpft, und das war eine bittere Erkenntnis für mich, von der optischen Erscheinung ganz zu schweigen!« Er ändert sein Leben, lässt sich scheiden, isst und trinkt weniger, wird zu einem fanatischen Dauerläufer und speckt ab. Das wirkliche Geheimnis seines Erfolgs aber sei das »Auswechseln und völlige Umschreiben meiner persönlichen Programmdiskette« gewesen.[46]

Ein persönlicher Reset also. Schöner hätte das ein NLP Practitioner, so der Jargon für diejenigen, die die erste Stufe der Ausbildung absolviert haben, auch nicht ausdrücken können. Entwickelt haben die auch als Kurzzeittherapie beworbene Methode der Psychologe Richard Bandler und der Linguist John Grinder, die sich Anfang der siebziger Jahre an der University of California in Santa Cruz kennengelernt hatten und später in eine Kommune zogen. Die beiden behaupteten, die Arbeit verschiedener Therapeuten – Fritz Perls (Gestalttherapie), Virginia Satir (Familientherapie) und Milton H. Erickson (Hypnosetherapie) – analysiert und daraus, sozusagen als Destillat, NLP entwickelt zu haben. Allerdings liegt der Verdacht einer Legendenbildung nahe, weil es keine Aufzeichnungen über diese angeblichen Analysen gibt – die Namen der prominenten Therapeuten machen sich in jedem Fall gut als Referenz.

Der Kern ist eher schlicht: NLP beruht auf der Annahme, man könne innere Selbst- und Weltbilder mit den Mitteln der Sprache ändern. Im Werkzeugkasten befinden sich allerhand vielversprechende technizistische Begriffe. So bedeutet etwa »Kalibrieren« die Analyse der Körpersprache des Gegenübers, »Pacing«, sich dessen Ausdrucksverhalten anzupassen, um einen »Rapport« herzustellen und durch »Leading« in die gewünschte Richtung zu lenken.

NLP, das ist recht grobe Rhetorik und die Behauptung, man könne sein Gegenüber durchschauen, indem man dessen Redeweisen und auch seine Augenbewegungen analysiert. So soll, wer nach oben schaut, mit inneren Bildern beschäftigt sein, wer nach unten rechts blickt, mit Gefühlen, und unten links bedeutet, dass ein innerer Dialog abläuft. »Damit«, so die Eigenwerbung des NLP & Coaching Instituts Berlin, »haben Sie eine Erfolg versprechende Orientierung für die angemessene Art der Reaktion auf Ihren Gesprächspartner. Sie wissen, wann er mit Gehirnaktivitäten absorbiert ist, wann er Ihnen zuhören kann und wie Sie ihn am besten ansprechen können.«[47] Sogar Lügner sollen sich so entlarven lassen: Wer seinen Blick nach oben rechts richtet, schwindele.

Einer der eifrigsten Propagandisten solcher Weisheiten ist nach wie vor Richard Bandler. Der Verkäufer einer vermeintlich magischen Steuerungstechnik hatte sich selbst zeitweise nicht im Griff. Er war drogenabhängig und stand wegen Mordes vor Gericht. Im Jahr 1986 war Corine Christensen, eine Prostituierte und NLP-Schülerin, mit Bandlers Waffe erschossen worden. Bei der Tat waren nur er und ein Freund, angeblich sein Kokain-Dealer, anwesend. Bandler wurde 1988 freigesprochen. Danach stürzte er sich wieder in sein Business, mit dem er in jener Zeit bereits mehr als 800 000 Dollar Jahresumsatz machte.

Bandlers Markenzeichen ist eine große Klappe. So sagt er von sich selbst, traumatische Erinnerungen »löschen« und Schizophrene heilen zu können. Viele psychisch Kranke hätten, so Bandler, »schlicht und einfach keine angemessene Strategien«.[48]

Als Kritik am manipulativen Charakter der Methode aufkam, konterten Bandler und Grinder, es sei ohnehin nicht zu vermeiden, andere Menschen zu manipulieren – NLP ermögliche es, sich darüber bewusst zu werden und die Art der Manipulation zu kontrollieren. Auf die Frage nach wissenschaftlichen Belegen antworten die beiden keck, sie seien keine Wissenschaftler, betrieben keine Wissenschaft und müssten deshalb auch keine Belege liefern. Außerdem funktioniere NLP schlicht und einfach, ein Argument, das bei Scharlatanen generell sehr beliebt ist. Seit 1997 gehen Bandler und Grinder getrennte Wege – nach erbitterten juristischen Auseinandersetzungen um Urheberrechte. Der britische *Independent* scherzte, damit habe man »den Beweis, dass selbst NLP-Experten keine Lösung für alles haben«.[49]

Allerdings muss bezweifelt werden, ob sie überhaupt eine Lösung für irgendetwas haben. So fehlt bis heute jeder stichhaltige Beweis, dass NLP funktioniert. Dagegen sind Behauptungen wie zum Beispiel jene, dass die Blickrichtung den Lügner verrate oder dass es im Gehirn zwei Hemisphären mit grundsätzlich verschiedenen Aufgaben gebe, mittlerweile widerlegt. Der Psychologe Christoph Bördlein resümiert in einem Essay: Bei NLP handele es sich »um eine Mischung aus Plattitüden (›Geist und Körper sind Teile des gleichen kybernetischen Systems und beeinflussen sich wechselseitig.‹), komplettem Blödsinn (›Es gibt ein Unterbewusstes, das mehr kann und weiß als das Bewusstsein. Beide (…) haben positive Absichten.‹) – und nur halb verstandenen Bruchstücken aus echten psychologischen Theorien.«[50]

Aber da es sich bei den NLPlern ganz offenkundig um eine Glaubensgemeinschaft handelt – unter anderem zu erkennen an ihrem missionarischen Eifer –, verfangen solche Argumente bei ihnen nicht. Ebenso gut könnte man versuchen, Katholiken davon zu überzeugen, dass die Heilige Dreifaltigkeit ein Ding der Unmöglichkeit ist. Bei NLP handelt es sich, wie Viktor Lau in seinem *Schwarzbuch Personalentwicklung* schreibt, um ein Paradebeispiel für »Managementesoterik«. Sie funktioniert dank einer pseudowissenschaftlichen Fassade, mit der man vor allem Leuten imponieren kann, die von Sozial- und Geisteswissenschaften im Allgemeinen und Psychologie im Besonderen wenig Ahnung haben. In der von Betriebswirten, Juristen und Ingenieuren dominierten Unternehmenswelt dürfte das die Mehrheit sein.

Die NLP-Gemeinde bedient sich einer technizistischen Imponiersprache, die Eingeweihte vom Rest der Welt scheidet und ihnen ein Gefühl der Überlegenheit vermittelt. Ihre Botschaft lautet: Es gibt kein Problem, das nicht durch NLP gelöst werden kann. Ihre Ideologie ist schlicht, sie macht den Einzelnen, seine »Ressourcen«, »Kompetenzen« und »Strategien«, für Erfolg oder Misserfolg verantwortlich und klammert soziale Zusammenhänge weitgehend aus. Die einzig relevante Frage ist: Haben die Menschen sich dank NLP schon optimal entwickelt oder nicht? Da für die meisten Letzteres gilt, gibt es noch unendlich viel zu tun und zu verdienen.

Das Konzept ist so simpel, das es sich in kurzer Zeit auch Laien vermitteln lässt. Bereits nach wenigen Wochen kann man NLP-Practitioner, dann -Master und -Trainer oder -Coach werden, sofern man die entsprechenden Kursgebühren zahlt. Das Versprechen, jeden schnell in die Lage zu versetzen, seine Mitmenschen durchleuchten und manipulieren zu können, ist das stärkste Verkaufsargument. Während die Humanistische Psychologie die Zielgruppe für Therapien massiv ausgeweitet hat – jedem soll ja geholfen werden, sich selbst zu verwirklichen –, hat NLP die Zahl der Psychotrainer inflationiert.

Lasst euch aufstellen!

Die Erfahrung zeigt, dass all das, was Therapeuten, Heiler oder Gurus an ihren Klienten und Gläubigen erproben, irgendwann auch in Unternehmen praktiziert wird. Denn dort gibt es einen Bedarf an psychologischer Problemlösungskompetenz. Außerdem lässt sich mit Managern mehr Geld verdienen als mit Kassenpatienten.

Als erstaunlich erfolgreich dabei erwies sich eine besonders schillernde Szene: Anbieter von sogenannten Aufstellungen. Bekannt gemacht hat die Methode der ehemalige Priester und Familientherapeut Bert Hellinger. Sie geht unter anderem auf die Familienskulptur von Virginia Satir zurück. Klienten sollen ihre jeweiligen Familienkonstellationen durch die Anordnung von anderen Personen – Stellvertretern – im Raum darstellen. Nüchtern denkende Menschen können darin eine Form der Veranschaulichung erkennen, die es ermöglicht, von außen auf ein Beziehungsgeflecht zu schauen.

Doch das allein war Hellinger zu profan. Er lud seine Methode esoterisch auf: Die Aufstellung, so seine Behauptung, bringe etwas Verborgenes zutage, die Stellvertreter empfänden ebenso wie die Personen, die sie darstellen. Diese starken Gefühle ließen sich zu therapeutischen Zwecken nutzen. Auf dem Höhepunkt seiner Karriere trat Hellinger vor großem Publikum auf, um nach diesem Muster Blitzbehandlungen am laufenden Band vorzunehmen. Zum Beispiel 2005 in der Stuttgarter Liederhalle. Dort kam unter anderem ein jüngeres Paar zu ihm auf die Bühne:

»Wir haben Probleme in der Sexualität, in der Intimität«, sagt der Mann. »Soll ich was machen, ohne es zu benennen?«, fragt Hellinger. Beide nicken. Hellinger stellt die Frau in die Mitte der Bühne und postiert gegenüber einen »Stellvertreter« ihres Mannes. Die Frau verschränkt die Hände, blickt angespannt zu Boden. Dorthin legt Hellinger eine zweite Frau; im Saal weiß jeder, dass ein liegender Mensch einen Toten repräsentiert. Die »Tote« dreht sich sofort von der jungen Frau weg. »Es genügt schon, dank euch«, sagt Hellinger. »Das Bild ist, dass du ihn verlassen wirst.« Die Frau schluchzt. Ihr Freund murmelt ins Mikro: »Ich kann dazu nix sagen.« Hellinger macht noch zwei kurze »Aufstellungen«, an deren Ende sie sich voneinander abwenden. »Euch beide zieht es woandershin«, resümiert er.[51]

Familiengeheimnisse, Gefühlsausbrüche, direktives Gehabe des Aufstellers, so funktioniert die Masche. Über die seiner Ansicht nach natürliche Ordnung der Dinge hatte der allem Anschein nach sehr von sich überzeugte Hellinger starke Meinungen. So habe die Frau dem Mann zu folgen und er der Weiblichkeit zu dienen. Die Sippe sah Hellinger als Schicksalsgemeinschaft, zu deren Seele auch verstorbene Verwandte zählten. Und in seinem Buch *Gottesgedanken* hielt er Zwiesprache mit Adolf Hitler: »Ich schaue auf dich als einen Menschen wie mich: mit Vater und Mutter und einem besonderen Schicksal. (…) Wenn ich dich achte, achte ich auch auf mich. Wenn ich dich verabscheue, verabscheue ich auch mich.«[52]

Hellingers »protofaschistische Umtriebe« (so der Psychologe Colin Goldner) führten dazu, dass sich viele seiner Jünger von ihm abwandten. Bei seiner Technik aber blieben sie und übertrugen sie von Familien auf vieles andere. Mittlerweile wird so gut wie alles »aufgestellt«: Organisationen, Probleme, Glaubenspolaritäten, Marken. Und die Regisseurin und Professorin Doris Dörrie verriet, dass sie ihre Studenten an der Münchner Filmhochschule Drehbücher aufstellen lasse.

Diese Psychotechnik verspricht, Probleme in Windeseile zu erkennen, zu lösen und die Dinge in eine schöne Ordnung zu bringen. Ein attraktives Angebot für autoritäre Charaktere. Und solange keine Menschen Gegenstand der Aufstellungen sind, können sie als harmloser Hokuspokus gelten, bei dem niemand

zu Schaden kommt. Das gilt vermutlich auch für die Homö-
opathische Systemaufstellung zur Untersuchung der Wirkung
von Globuli, die ja nach medizinischer Fachmeinung gar keine
wirksamen Substanzen enthalten.

Allerdings wird die Methode auch im Personalwesen und
zur Organisationsentwicklung eingesetzt. Gunthard Weber, eine
einflussreiche Figur in der Szene, empfiehlt Aufstellungen zur
»Personalauswahl z. B. bei Einstellungen; Abschätzung der Eignung für bestimmte Positionen; für Assessments; im Rahmen
von Nachfolgeregelungen; zur Überprüfung der Folgen mög-
licher personeller Versetzungen oder geplanter Kündigungen«
sowie für die »Personalauswahl im Rahmen von Personalent-
wicklungsmaßnahmen«.[53]

Ein wissendes Feld

Ich hatte Gelegenheit, mir sogenannte Unternehmensaufstellun-
gen anzuschauen. Ein Therapeut und Anbieter des Verfahrens
bot an, ihm bei seiner Arbeit zuzuschauen. Die Aufstellungen
mit etwa zwei Dutzend Geschäftsleuten und Managern verschiedener Firmen, darunter namhafte, fanden im Konferenzraum
eines Hamburger Hotels statt. Nennen wir den Therapeuten,
der ein wenig an Luis Trenker erinnerte und ein wissendes Dau-
erlächeln zur Schau trug, der Einfachheit halber Guru.

Seine Klienten saßen in einem großen Stuhlkreis, der Guru
stand in der Mitte und erläuterte sein Konzept, Probleme aus
dem Unternehmensalltag mit Stellvertretern darzustellen. Als
Stellvertreter könnten im Prinzip irgendwelche Leute fungieren,
Vorwissen sei nicht nötig, sie müssten nichts über das darzu-
stellende Problem wissen. Diese Stellvertreter würden dann im
Raum so zueinander angeordnet (»aufgestellt«), wie es der jeweiligen Konstellation entspreche. So entstehe ein »wissendes
Feld«, in dem die Stellvertreter die Probleme und mögliche Lösungen erspürten. Das Verfahren sei rational nicht zu erklären,
wirke aber: »Machen Sie sich am besten selbst ein Bild!«

Eine Zuhörerin wollte noch wissen, ob die Stellvertreter auch wirklich neutral sein könnten – schließlich seien es Menschen mit ihren eigenen Sorgen, die ihre Rolle möglicherweise beeinflussen könnten. Der Guru gab seiner Freude über »diese ausgezeichnete Frage« Ausdruck. Er selbst habe auch eine Zeit lang am Stellvertreterprinzip gezweifelt, sei aber durch seine langjährige Praxis eines Besseren belehrt worden: »Das wissende Feld irrt sich nicht!«

Der Guru hatte fünf Stellvertreter gleich mitgebracht, darunter eine dralle, mittelalte Frau, einen jungen schlaksigen Mann und einen Herrn im Rentenalter. Dann begannen die Aufstellungen. Die Klienten stellten ihr jeweiliges Problem dar; der Guru verteilte die Rollen; die Stellvertreter nahmen ihre Positionen ein und schilderten ihre Empfindungen; schließlich gruppierte der Therapeut die Stellvertreter um – und das Problem war gelöst. Da die vom Guru mitgebrachten Stellvertreter bei allen Aufstellungen mitwirkten und ihr Repertoire nicht allzu groß war, neigten sie allerdings zu Wiederholungen. So sagte die dralle Frau mehrmals: »Es fühlt sich an, als ob mir jemand einen Gewehrkolben in den Bauch stößt.«

Irgendwann traten zwei Herren auf, die sich als Geschäftsführer einer mittelständischen Firma vorstellten. Insgesamt seien sie drei Chefs, der dritte war aber nicht anwesend. Mit dem, sagten die beiden, gebe es Probleme. Der Guru ordnete die Stellvertreter, die dralle Frau und der junge Mann fungierten als die beiden anwesenden Geschäftsführer, für den abwesenden dritten wurde der Rentner im Konferenzraum platziert. Dann wurde das Trio aufgefordert, seinen Empfindungen Ausdruck zu verleihen.

»Es fühlt sich an, als ob mir jemand einen Gewehrkolben in den Bauch stößt«, sagte die Frau.

»Ich habe ein Ziehen im Rücken, das immer stärker wird«, sagte der junge Mann.

»Mir ist schon ganz schwummrig«, sagte der Rentner.

Daraufhin trat der Guru hinzu, deutete eine imaginäre Linie zwischen der Frau, dem jungen Mann auf der einen und dem Rentner auf der anderen Seite an und stellte fest: »Hier gibt es starke Spannungen.«

Dann schob er den Rentner – also den abwesenden Geschäftsführer – beiseite, ins Abseits.

Das war die Lösung. Nun ging es den Stellvertretern urplötzlich besser, Bauch-, Rückenschmerzen und Schwummrigkeit waren im Nu verflogen. So einfach kann Psychologie sein. Jetzt mussten die beiden anwesenden Geschäftsführer ihrem störenden Kollegen die Antwort, die das »wissende Feld« gegeben hatte, nur noch übermitteln.

»Familien- und Organisationsaufsteller«, schreibt Viktor Lau, »gruppieren und sortieren und demontieren Ambivalenzen und Uneindeutigkeit. Einer höheren Ordnung zu Ehren.« Es scheine »die unheilvolle Ideologie des positiven Denkens durch: der pseudo-humanitär kaschierte Furor des Normierens und Optimierens. Die fiktiven Ordnungskrititerien der (…) Aufstellung erweisen sich als das, was sie sind: als sozialtechnologische Verirrungen.«

Gerade das macht sie so sexy.

Die Kunst, Krankheiten zu erfinden, die in die Zeit passen

»Jede Zeit hat, wie ihre sonstigen Moden, so auch ihre Modekrankheiten. Unter den modernsten dieser Letzteren begegnen wir mit am häufigsten der Neurasthenie, Nervosität, Nervenschwäche, einer Affection, über welche Jung und Alt Klage führt und sich recht unglücklich und elend fühlt, ohne gerade krank in des Wortes gebräuchlichem Sinne zu sein.«

Der Bonner Psychiater Carl Pelman 1888 im
Zentralblatt für allgemeine Gesundheitspflege[54]

Wie viele erfolgreiche Unternehmer war der New Yorker Nervenarzt George Miller Beard kein großer Erfinder, dafür aber ein Marketinggenie. Er erkannte als einer der Ersten das Potenzial der Neurasthenie (Nervenschwäche). Diese Bezeichnung für diffuse psychische Störungen war während des amerikanischen Bürgerkriegs aufgekommen. Beard eröffnete gemeinsam mit einem Studienkollegen 1866 am quirligen Broadway in New York eine Praxis. Die Neurologie war ein neues medizinisches Fach, seine Vertreter mussten sich ihren Platz in der Wissenschaft und auf dem Markt erst noch erobern. Beard nutzte dazu die Neurasthenie. Sie sei, so die These des jungen Arztes, die Folge des Großstadtlebens. Die allgemeine Hektik und Eile, der zunehmende Verkehr, die vielen Reize – all das greife das Nervenkostüm des modernen Menschen an.

Beard argumentierte geschickt. »Schon in seiner Erstpublikation zum Thema Neurasthenie«, schreibt der Historiker Hans-Georg Hofer, »stellte der junge Nervenarzt ein Konglomerat an Symptomen zusammen, mit denen sich ein jeder identifizieren konnte.«[55] Dazu zählten unter anderem Schlaflosigkeit, Appetitlosigkeit und Kopfschmerzen, weit verbreitete Befindlichkeitsstörungen also. Zudem betonte Beard, dass es sich bei der Neurasthenie nicht um eine Geisteskrankheit handele und auch keine Gefahr bestehe, dass sich eine solche aus ihr entwickle. Kein Patient musste also befürchten, als irre zu gelten. Schließlich veredelte Beard das Leiden noch mit einem ordentlichen Schuss Patriotismus. Bei der Neurasthenie handele es sich nämlich um eine amerikanische Krankheit, weil kein anderes Volk seine Gehirne und Nerven so beanspruche – womit er allerdings nur die städtische Mittel- und Oberschicht meinte. Arbeiter und Bauern waren vor der Zivilisationskrankheit gefeit.

Die Schwelle, Beards Praxis aufzusuchen, war also niedrig, sofern die finanziellen Mittel für die Behandlung vorhanden waren. Und sein Konzept ging auf: Die Patienten, darunter die Wirtschafts- und Finanzelite der Stadt, strömten ihm zu, jeder zehnte war übrigens Arzt, eine offenbar besonders anfällige Berufsgruppe. Für sein Klientel hatte Beard ein schlüssiges und modernes Behandlungskonzept: die Elektrotherapie. Denn die Ursache der Krankheit war seiner Überzeugung zufolge Energiemangel durch übermäßige Beanspruchung der Nerven. Diese Energie musste in Form von Strom lediglich wieder zugeführt, die Batterie sozusagen wieder aufgeladen werden.

1880 veröffentlichte Beard sein Buch über Neurasthenie, das international zum Bestseller wurde und auch in Europa eine Debatte über die gesundheitlichen Risiken des modernen Lebens auslöste. Das war insofern bemerkenswert, als Beard keine besondere wissenschaftliche Reputation genoss und man sich in der Alten Welt gewöhnlich nicht an den damals auf dem Gebiet der Medizin rückständigen USA orientierte. Zudem handelte es sich bei der Neurasthenie ja laut ihrem Entdecker um eine amerikanische Krankheit. Dass sie sich dennoch auch in Europa epidemisch ausbreitete, zeigte, wie gut dieses Leiden in die Zeit passte. Es lieferte eine plausible Erklärung für die Folgen, die die damaligen Umbrüche für die bürgerliche Mittelschicht hatten.

Bald sprach alle Welt über die Krankheit; in der Zeit vor dem Ersten Weltkrieg zählte Neurasthenie zu den häufigsten Diagnosen. Es erschienen zahllose Studien über das Thema, es fand Eingang in die Literatur und den Alltagsdiskurs. »Raste nie und haste nie, sonst haste die Neurasthenie«, spottete der Volksmund. Der Dadaist Kurt Schwitters reimte später: »Tod altem Rasten, hoch Neurasthenie!«[56]

Nervenschwäche wurde zu einer Allzweckerklärung für alle möglichen Probleme: von sexueller Frustration – dieses Themas nahm sich bekanntlich Sigmund Freud an, der die Hysterie zu seiner Modellneurose machte – bis hin zu beruflicher Über-, aber auch Unterforderung, heute auch Boreout genannt. So verhalf das allgegenwärtige Leiden dem Schriftsteller Robert Musil im August 1913 zu einer Freistellung von seinem ungeliebten Brotberuf als Bibliothekar in Wien. In einem »Amtsärztlichen Zeugnis« heißt es über ihn: »Herr Dr. phil. Ing. Robert Musil (…) zeigt erhebliche Erscheinungen von Neurasthenie, infolge derer er berufsunfähig ist (…).«[57]

Die gewonnene Zeit nutzte der so schwer gesundheitlich Angegriffene für sein literarisches Schaffen.

Mit der Neurasthenie, schreibt der Historiker Hofer, »ließen sich kulturkritische Energien mobilisieren, aber auch kanalisieren. Die Neurasthenie drückte die Hoffnung der Fortschrittsoptimisten auf eine bessere Gesellschaft aus, gab aber auch den Ängsten der Pessimisten eine argumentative Grundlage.«[58] Zu Letzteren zählte der deutsche Neurologe und Prorektor der Universität Heidelberg Wilhelm Erb, der folgende erregte Zeitdiagnose abgab: »(…) durch den ins Ungemessene gesteigerten Verkehr, durch die weltumspannenden Drahtnetze des Telegrafen und Telefons haben sich die Verhältnisse in Handel und Wandel total verändert: Alles geht in Hast und Aufregung vor sich, die Nacht wird zum Reisen, der Tag für die Geschäfte benützt, selbst die ›Erholungsreisen‹ werden zu Strapazen für das Nervensystem; große politische, industrielle und finanzielle Krisen tragen ihre Aufregung in viel weitere Bevölkerungskreise als früher.«[59]

Ferndiagnose für Moses und Wittgenstein

Heute ist die Neurasthenie ebenso wie die Hysterie (mittlerweile unter anderem mit den Diagnosen »dissoziative Störungen« oder »histrionische Persönlichkeitsstörung« bezeichnet) aus dem öffentlichen Bewusstsein verschwunden, beide Leiden werden auch kaum noch diagnostiziert. Unsere Zeit hat ihre eigenen Modekrankheiten, vor allem das Burnout-Syndrom – das der Neurasthenie allerdings verblüffend ähnelt. Als Namensgeber gilt der Psychoanalytiker Herbert Freudenberger, der den Begriff 1974 in einem »Staff Burn-Out«, also Burnout von Mitarbeitern, betitelten Artikel[60] einführte. Womöglich ließ er sich von Graham Greenes 1960 erstmals erschienenem Roman *A Burnt-Out Case* (Ein ausgebrannter Fall) inspirieren. Hauptperson des Buchs ist ein renommierter, aber von sich und dem Leben enttäuschter Architekt, der darüber klagt, ohne Rücksicht auf sich selbst zu viel für andere getan zu haben.

Genau das diagnostiziert Freudenberger auch bei sich und seinen Mitstreitern, mit denen er sich ehrenamtlich in einer alternativen Klinik in Spanish Harlem um jugendliche drogenabhängige Aussteiger kümmert. Der Psychoanalytiker, der rund um die Uhr arbeitet, fühlt sich ausgelaugt, abgeschlagen, müde, er ist häufig unausgeglichen und gereizt. Ebenso ergeht es seinen Kollegen in der Einrichtung und auch anderen Menschen mit Helferberufen und -syndrom. Gefährdet, so Freudenbergers Schluss, seien »the dedicated and the committed«, die Hingebungsvollen und ihrer Aufgabe verpflichteten Mitarbeiter. Wenn sie an die Grenzen ihrer Möglichkeiten kämen, drohe Burnout: das Gefühl totaler Erschöpfung, verbunden mit körperlichen Beschwerden wie Schlaflosigkeit, Infektanfälligkeit und Atemlosigkeit.

Burnout wird bald zur Chiffre für die Risiken, die mit selbstlosem Einsatz verbunden sind und – nicht zuletzt wegen des klingenden Namens – ein Hit in der Psychoszene und in den Medien. In den achtziger Jahren erreicht die Burnout-Welle Deutschland. Heute gilt das Syndrom als *die* klassische Managerkrankheit und wie einst die Neurasthenie als Plage der modernen Arbeitswelt, die auch Hochqualifizierte nicht verschone. Neu sei am Burnout, schreibt Christoph Bartmann in seinem Buch *Leben im Büro*, dass »wir daran auf eine Weise erkranken, die, bis in die Symptome der Heilung und Kur hinein, die Pathologie des Büros zur Darstellung bringt, wenn nicht performativ zur Schau stellt. Mit dem Burnout hat die Krankheit des ›Genussarbeiters‹ die Bühne betreten.«[61]

Von diesem Punkt einmal abgesehen, sind die Parallelen zwischen der Modekrankheit von einst und der von heute frappierend. Beide

- beruhen auf starken, mit dem Thema Energie verbundenen Bildern. Die Erfinder der Neurasthenie gingen davon aus, dass die Nerven durch die allgemeine Reizüberflutung und Beschleunigung des Lebens nachhaltig geschwächt und daher wieder »aufgeladen« werden müssten. Der Begriff Burnout ruft die Vorstellung hervor, die gesamte Persönlichkeit könne bei zu starkem Einsatz wie ein Streichholz abbrennen.
- üben Zivilisationskritik mit therapeutischem Vokabular.
- sind Leiden gehobener Schichten, also in gewisser Weise exklusiv.
- können bei den Empfängern der Diagnose als Auszeichnung interpretiert werden. Neurasthenie wurde nur demjenigen attestiert, der sein Gehirn anstrengen musste. Und für Burnout gilt: Wer nicht – für was auch immer – gebrannt hat, kann auch nicht ausbrennen. Daher bekennen sich auch so viele Prominente so gern zu diesem Leiden und tragen es ähnlich stolz vor sich her wie frühere Generationen ihre Verwundetenabzeichen.
- sind sehr allgemein bestimmt, es gibt kein exaktes Krankheitsbild, nur eine recht lange Liste von Symptomen, darunter Befindlichkeitsstörungen, die jeder kennt. Auf ein Burnout sollen unter anderem mangelnde emotionale Anteilnahme, Humorlosigkeit, Niedergeschlagenheit, zunehmende Distanz zur Arbeit, das Gefühl der inneren Leere, Verdauungsschwierigkeiten oder Rückenschmerzen hindeuten.
- haben jeweils einen neuen Markt begründet mit einem Berg wissenschaftlicher und populärer Literatur, unzähligen Medienberichten, Therapie-, Beratungs- und Präventionsangeboten, Tests sowie »Experten«, die das Thema immer weiter auswalzen. Ganz groß darin ist Matthias Burisch, Psychologie-Professor an der Hamburger Universität, der als Kapazität auf dem Gebiet gilt. Er scheut sich auch nicht, Personen der Zeitgeschichte posthum mit der Ferndiagnose Burnout zu belegen – unter anderem Moses und Ludwig Wittgen-

stein. Über Letzteren schreibt Burisch, der Philosoph habe »während eines wenig bekannten Lebensabschnittes 1920 bis 1926 das Ausbrenner-Schicksal vieler Lehrer der 1968er-Generation vorweggenommen. Ausgezogen mit dem romantischen Ziel, als Landschulmeister die Kinder einfacher, aber ehrlicher Bauern ›aus dem Dreck zu ziehen‹ – so seine eigenen Worte –, wurde er am Ende von niederösterreichischen Dörflern regelrecht vertrieben, desillusioniert, bitter und am Ende seiner Nerven.«[62]

Die Sphäre des Normalen schrumpft dramatisch

Wie damals bei der Neurasthenie wird heute beim Burnout debattiert, ob das so bezeichnete Phänomen überhaupt existiert. Psychiater wie Manfred Lütz, Leiter des Alexianer-Krankenhauses in Köln-Porz und erfolgreicher Sachbuchautor, bestreiten das. »Unter dem Decknamen Burnout«, schrieb er in der *Zeit*, »können echte Depressionen figurieren, aber auch bloße Befindlichkeitsstörungen, die keiner Therapie bedürfen, und schließlich existenzielle Krisen, bei denen Therapie nicht helfen kann, weil existenzielle Krisen keine Krankheiten sind.«[63] Ärzte und Therapeuten konzentrierten sich aber gern auf die leidenden Gesunden, weil das Geschäft mit ihnen lukrativer sei als das mit wirklich psychisch Kranken wie Depressiven, Manikern oder Schizophrenen. Diese Menschen hätten keine Lobby und könnten anders als die vielen Ausgebrannten, die in den Medien vorkämen, auch nicht selbst auf sich aufmerksam machen.

Lütz charakterisiert den Psychomarkt treffend, nur ist es mit seiner Unterscheidung zwischen wirklich und vermeintlich psychisch Kranken so eine Sache. Die ist nämlich nicht so leicht vorzunehmen. Denn während auf körperliche Leiden meist bestimmte objektiv festzustellende Indizien hinweisen – die Bindehaut ist entzündet, das Bein gebrochen, der Herzschlag unregelmäßig –, ist dies bei psychischen Leiden nicht der Fall. Bislang sind alle Versuche gescheitert, biologische Ursachen, also etwa Veränderungen im Gehirn oder bei bestimmten Genen, für seelische Krankheiten zu finden. Vermutlich wird dies auch nie gelingen, weil das Gehirn ein zu komplexes Organ ist. Weil der Übergang zwischen psychischer Gesundheit und Krankheit fließend ist. Und weil sich seelisches Leid überhaupt nur als eine von vielen menschlichen Möglichkeiten, die Welt wahrzunehmen und mit ihr umzugehen, begreifen lässt.

Dass psychische Krankheiten nicht zweifelsfrei diagnostiziert werden können, zeigt exemplarisch die Kriminalgeschichte des Gustl Mollath. Er stand 2006 vor dem Landgericht Nürnberg-Fürth, weil er seine Frau misshandelt und Autoreifen zerstochen haben soll. Der Gutachter Klaus Leipziger, Chefarzt der Klinik für Forensische Psychiatrie im Bezirkskrankenhaus Bayreuth, kam zu dem Ergebnis, dass Mollath psychisch krank, deshalb schuldunfähig und allgemeingefährlich sei. Er leide unter einer »wahnhaften Störung« und sei weiterhin gefährlich. Mollath verbrachte daraufhin sieben Jahre in der geschlossenen Psychiatrie.

Der attestierte Wahn beruhte wesentlich auf Vorwürfen, die Mollath – bei dem es sich um keinen einfachen Menschen handelt, man könnte ihn auch Sonderling nennen – gegenüber dem damaligen Arbeitgeber seiner Frau, der Hypovereinsbank (HVB), dem Fiskus und der Justiz erhoben hatte. Unter anderem ging es um Schwarzgeld. Laut einem internen Revisionsbericht des Geldinstituts aus dem Jahr 2003 waren viele von Mollaths Vorwürfen korrekt: »Alle nachprüfbaren Behauptungen haben sich als zutreffend herausgestellt.« Die HVB feuerte die betroffenen Mitarbeiter, hielt den Bericht aber geheim. Erst als der Ende 2012 öffentlich wurde, führte dies zu einem Wiederaufnahmeverfahren, zur Freilassung Mollaths und zu seinem Freispruch durch das Landgericht Regensburg.

In diesem Fall hatte die Definitionsmacht eines forensischen Psychiaters dramatische Folgen. Die meisten Diagnosen von Geisteszuständen wirken sich weniger spektakulär aus, bringen aber das gleiche Problem mit sich: Es ist nicht möglich, objektive Urteile über das Innenleben anderer Menschen abzugeben. Aufgeklärten Fachvertretern ist dies auch durchaus bewusst. So gelten psychische Krankheiten als »hypothetische Konstrukte«. Zu Deutsch: Verrücktheit ist Ansichtssache. Allen Frances, emeritierter Professor der amerikanischen Duke University und einer der einflussreichsten Psychiater des Landes, definiert eine psychische Störung scherzhaft als das, »was Kliniker behandeln, Forscher erforschen, Lehrer unterrichten und Versicherungen bezahlen«.[64]

Frances weiß, wovon er spricht. Er gehörte zu der Fachelite, die an dem wichtigsten Verzeichnis psychischer Störungen mitarbeiten durfte: dem *Diagnostic and Statistical Manual of Mental Disorders* (*DSM*). Der von der American Psychiatric Association herausgegebene Katalog wurde erstmals 1952 veröffentlicht. Seitdem hat sich die Zahl der darin aufgeführten Diagnosen vervielfacht. In die aktuelle, fünfte Ausgabe wurde unter anderem die Heißhungerstörung (Binge Eating) neu aufgenommen. Die Fachleute, die an der Psychiatrie-Bibel mitarbeiten, entscheiden durch Abstimmung untereinander darüber, welche Krankheiten relevant sind und wo die Schwellenwerte liegen. Also: Wie viel Hunger auf Fast Food oder Sex, wie viel Angst, wie viel Trauer ist noch »normal«, und ab wann ist die Grenze zur Krankheit überschritten?

Bemerkenswerterweise stößt der Wälzer nicht nur in der Fachwelt auf Interesse. So brachte der Verkauf des 1980 erschienenen *DSM-III* in zehn Monaten 18 Millionen Dollar ein. Der Katalog der Störungen ist wie geschaffen für Menschen, die sich um sich selbst sorgen. Wer darin blättert, wird unweigerlich an seiner geistigen Gesundheit zweifeln. Für Ärzte und Psychologen ist das Handbuch *die* Geschäftsgrundlage (hierzulande ist zwar der Diagnoseschlüssel *ICD-10* der Weltgesundheitsorganisation maßgeblich, der aber stark vom *DSM* beeinflusst wird). Alles, was dort als Krankheit benannt ist, kann als solche erkannt, gegen Honorar abgerechnet und mit den entsprechenden Psychopharmaka behandelt werden.

Das erklärt das große Interesse der Pharmabranche an dem Werk. Neue Krankheiten mit großem Verbreitungspotenzial versprechen gute Geschäfte. Zum Beispiel ADHS. Nachdem die kindliche Aufmerksamkeitsstörung 1994 in der vierten Auflage des *DSM* erstmals auftauchte, griff sie epidemisch um sich (als Reaktion darauf sind in der aktuellen Ausgabe die Kriterien zur Diagnose strenger gefasst). In den USA schluckt jeder zehnte Zehnjährige jeden Tag eine Pille gegen ADHS. Einer, der das mittlerweile sehr kritisch sieht, ist Allen Frances. Er hat an der vierten Auflage des Störungsverzeichnisses mitgewirkt und führte, als die fünfte anstand, einen öffentlichen Feldzug gegen die sich in dem Handbuch niederschlagende Pathologisierung des Normalen.

In jüngeren Jahren tickte Frances noch anders. Damals hatte er den Ehrgeiz, selbst eine neue Krankheit in die Psychobibel zu befördern: die masochistische Persönlichkeitsstörung. »Sie sollte für Menschen sein, die selbstzerstörerische Dinge tun«, sagte er der *taz.*[65] Später besann er sich dann eines Besseren, erkannte den eigenen früheren Übereifer allerdings bei den Kollegen wieder. Eine neue Störung in dem Handbuch unterzubringen, ist für ihren Schöpfer ähnlich erfüllend wie für Astronomen die Entdeckung eines neuen Sterns. »Experten«, schreibt Frances, »werden mitunter zu wahren Gläubigen, die ihre Lieblingsdiagnosen mit echter Zuneigung hätscheln und sie wachsen und gedeihen sehen wollen. Wenn jeder nur auf eine kleine Ausweitung der Grenzen drängt, lässt der gesamte Druck den inflationären Ballon ungeheuer anschwellen. In den fünfunddreißig Jahren, in denen der Umgang mit Experten mein tägliches Brot war, habe ich nicht einen erlebt, der vorgeschlagen hätte, sein Fachgebiet *einzuschränken*.«[66]

Die Pathologisierung des Normalen funktioniert auch deshalb, weil sie Entlastung für Patienten und Angehörige verspricht. Wenn bei einem Kind zum Beispiel die Aufmerksamkeitsstörung ADHS festgestellt wird, wissen Eltern scheinbar, woran sie sind. Die Diagnose ist anerkannt, das Phänomen aus den Medien bekannt, viele Kinder sind betroffen, und glücklicherweise gibt es Medikamente, die einen Zappelphilipp ruhigstellen können. Nutznießerin dieser Diagnostizitis ist die Pharmaindustrie.

Frances ärgert sich darüber, zu ihrem nützlichen Idioten geworden zu sein. »Da es in der Psychiatrie keine biologischen Tests gibt und wir daher in hohem Maß auf subjektive Urteile angewiesen sind, sind wir durch kluges Marketing leider sehr leicht beeinflussbar.«[67] Erschwerend kommt hinzu, dass in den USA – anders als in fast allen Ländern – nicht nur bei Ärzten, sondern auch beim breiten Publikum für verschreibungspflichtige Medikamente geworben werden darf. Frances stellte fest, dass die Reklame für Psychopharmaka gegen ADHS, Autismus und bipolare Störungen drei Jahre nach Veröffentlichung des *DSM* explodierte und sie sich zu »flächendeckenden Epidemien« auswuchsen, die mit einiger Verspätung auch Europa erreichten.

Der Psychiater kam nicht zuletzt deshalb ins Grübeln, weil der Mensch seiner langjährigen Erfahrung zufolge an sich stabil und widerstandsfähig ist. »Epidemien im eigentlichen Sinn haben wir in der Psychiatrie nicht erlebt; es wird lediglich der Begriff Krankheit immer weiter gefasst, sodass es zunehmend schwer wird, als gesund zu gelten. Die Menschen sind die gleichen geblieben; verändert haben sich die diagnostischen Etiketten, sie sind zu elastisch geworden.«[68] Das wiederum spiele der Pharmaindustrie in die Hände, denn die interessanteste Zielgruppe für sie sind die »besorgten Gesunden«. Anfang der achtziger Jahre musste etwa ein Drittel der Amerikaner mit der Diagnose einer lebenslangen psychischen Störung rechnen. Heute ist es bereits die Hälfte. Und auch in Europa sind es bereits mehr als 40 Prozent.

Zu einem ähnlichen Urteil kommt Klaus Dörner, Mitbegründer der Sozialpsychiatrie in Deutschland: »Vier Fünftel dessen, was heute als psychisch krank gilt, haben noch vor 30 Jahren sämtliche Fachleute als Spielarten des Normalen angesehen.«[69] Dörner stellte ein aufschlussreiches Experiment an: Er sammelte zwei Jahre lang in zwei Tageszeitungen alle Berichte über wissenschaftliche Studien zur Verbreitung von behandlungsbedürftigen psychischen Krankheiten wie Depressionen, Essstörungen oder Süchte. Danach addierte er die Zahlen. Ergebnis: 210 Prozent der Bevölkerung waren betroffen.[70] Nimmt man die Statistiken ernst, dann leidet also jeder Mensch hierzulande an mindestens zwei behandlungsbedürftigen psychischen Krankheiten. Ein Schlaraffenland für die Psychoindustrie.

Der blinde Fleck

Psychologie ohne Bewusstsein

»Gebt mir ein Dutzend gesunder, wohlgebildeter Kinder
und meine eigene Umwelt, in der ich sie erziehe, und ich
garantiere, dass ich jedes nach dem Zufall auswähle und es
zu einem Spezialisten in irgendeinem Beruf erziehe, zum
Arzt, Richter, Künstler oder zum Bettler und Dieb, ohne
Rücksicht auf seine Begabungen, Neigungen, Fähigkeiten,
Anlagen und die Herkunft seiner Vorfahren.«

John B. Watson, *Behaviorismus*[1]

Die Welt ist vermessen, Natur-, Geistes- und Sozialwissenschaften erlauben heute tiefe Einblicke in fast alle Sphären – nur
nicht in das Innenleben des Menschen. Was ihn bewegt, worüber er nachdenkt, wie er empfindet und seine Umwelt wahrnimmt, welche Schlüsse er daraus zieht, lässt sich von außen
nicht beurteilen. Daher setzten frühe, philosophisch gebildete
Psychologen wie Franz Brentano und Edmund Husserl auf In-
trospektion, beobachteten also ihr eigenes Innenleben, um sich
selbst auf die Schliche zu kommen. Wilhelm Wundt, Gründer
des ersten Labors für Experimentelle Psychologie in Leipzig,
versuchte, die Selbstbeobachtung zu objektivieren: Geschulte
Versuchspersonen sollten darüber Auskunft geben, wie sie zum
Beispiel eine Reihe unterschiedlich starker optischer Reize
wahrnehmen. Auf diese Weise wollte Wundt elementaren psychischen Vorgängen auf die Spur kommen. Da dies nicht ausreicht, um Menschen zu verstehen, plädierte er zudem für die
Methode der Interpretation, um komplexe psychische Prozesse
in ihrer Abhängigkeit von der Kultur zu untersuchen.

Wundt setzte sich mit seinem Forschungsprogramm nicht durch. Stattdessen gewannen Fachvertreter die Überhand, die ganz anders, nämlich radikal reduktionistisch dachten: die Behavioristen (abgeleitet von englisch *behavior* = Verhalten). Sie machten einen radikalen Schnitt, erklärten die Psyche zur Blackbox, in die kein Blick möglich sei, und konzentrierten sich auf das, was von außen zu beobachten ist, das Verhalten. Sie setzten Versuchstiere oder -personen Reizen aus, um Reaktionen hervorzurufen. Die Behavioristen sahen den Menschen als unbeschriebenes Blatt an, als in jede gewünschte Richtung formbares – beziehungsweise konditionierbares – Wesen.

Einer ihrer Vordenker, John B. Watson, Professor für Psychologie an der Johns Hopkins University in Baltimore, beschrieb diese Weltsicht in einer Art Manifest so: »Psychologie, wie sie der Behaviorist sieht, ist ein vollkommen objektiver, experimenteller Zweig der Naturwissenschaft. Ihr theoretisches Ziel ist die Vorhersage und Kontrolle von Verhalten. (…) Bei seinem Bemühen, ein einheitliches Schema der Reaktionen von Lebewesen zu gewinnen, erkennt der Behaviorist keine Trennungslinie zwischen Mensch und Tier an.«[2] Deswegen hatte Watson auch keine Bedenken, Menschenversuche anzustellen. Er ließ sich dabei von den tierpsychologischen Experimenten Iwan Petrowitsch Pawlows inspirieren, die in den USA aufmerksam wahrgenommen worden waren. Der russische Physiologe hatte die von ihm begründete Lerntheorie der Klassischen Konditionierung an Hunden getestet. Es ging ihm darum, unbedingten, also natürlichen Reflexen neue beziehungsweise bedingte hinzuzufügen.

Das Versuchstier wurde zu diesem Zweck in einem speziellen Gestell fixiert, sein Speichel durch ein kleines Röhrchen abgeleitet und in einem Gefäß aufgefangen, um die exakte Menge festzustellen. Nach einer Eingewöhnungszeit maß Pawlow die Speichelreaktion des Hundes, wenn ihm Futter gezeigt wurde. Dann folgte ein anderer Reiz: Der Versuchsleiter ließ eine Glocke ertönen, woraufhin – wie zu erwarten – kein Speichelreflex festzustellen war. Nun kombinierte Pawlow beide Reize: Kurz bevor dem Hund Futter gezeigt wurde, läutete die Glocke, und dem Hund lief das Wasser im Maul zusammen. Schließlich ließ Pawlow den Ton erklingen, ohne dem Hund Futter zu zeigen. Und siehe da: Das Tier reagierte allein darauf mit dem Speichelreflex. Es hatte offenbar gelernt, dass das Erklingen der Glocke Nahrung bedeutet.

Pawlow meinte, damit den Stein der Weisen gefunden zu haben, und behauptete in seiner Vorlesung »Anwendung der Ergebnisse unserer Tierexperimente auf den Menschen«, dass »unsere Erziehung, unser Lernen, jegliche Disziplin und unsere vielen Gewohnheiten lange Reihen von bedingten Reflexen sind«.[3]

Diese Vorstellung faszinierte John B. Watson. Er nutzte Pawlows Reiz-Reaktions-Technik, um einem Menschen eine Phobie anzutrainieren, also die übermäßige Furcht vor einem Objekt oder einer Situation. Dabei trieb ihn nicht zuletzt der Ehrgeiz, Sigmund Freud zu widerlegen. Der hatte postuliert, die Ursache von Phobien seien stets nicht akzeptable Gedanken – etwa sexuelle Wünsche –, die in andere, akzeptablere Bahnen umgelenkt werden müssten. Watson wollte die Psychoanalytiker eines Besseren belehren, wollte beweisen, dass jegliches menschliches Verhalten das Ergebnis von Konditionierungen ist. Seine Versuchsperson – oder sollte man besser sagen: sein Opfer? – war ein zu Beginn des Experiments im Jahr 1920 neun Monate altes Kleinkind. Der Junge hieß Douglas Merritte und war Sohn einer Amme am Harriet Lane Hospital, das praktischerweise auf dem Campus der Johns Hopkins University lag, sodass Watson jederzeit Zugriff auf ihn hatte. Er nannte seinen Probanden »Little Albert«.

Wie aus dem kleinen Albert ein Angsthase gemacht wird

Der kleine Junge, der in die Wissenschaftsgeschichte eingeht, ist dem Psychologie-Professor zufolge ein gesundes, gleichmütiges Kind. Das ändert Watson gemeinsam mit seiner Doktorandin

Rosalie Rayner. Albert wird zunächst mit verschiedenen Objekten konfrontiert: unter anderem einem Hund, einer weißen Ratte, einem Kaninchen, einem Pelzmantel, einer brennenden Zeitung und auch mit Watson selbst, der sich mit einer haarigen Nikolausmaske verkleidet. Der kleine Junge zeigt keine Furcht, er greift neugierig nach allem. Dann probieren die beiden Psychologen aus, wie man dem Kind Angst einjagen kann: Rayner lenkt Albert ab, Watson schlägt hinter dessen Rücken mit einem Hammer auf eine Eisenstange.

Nun beginnt das eigentliche berühmt-berüchtigte Experiment, indem beide Reize miteinander kombiniert werden. Die Wissenschaftler lassen es filmen, das Dokument kann man sich auf YouTube anschauen (Baby Albert Experiments). Dem Kind wird die weiße Ratte gezeigt. Als es danach greifen will, schlägt Watson unmittelbar hinter dem Kopf des kleinen Albert auf die Eisenstange. Der erschreckt sich und verbindet, so Watsons Theorie, die Ratte mit dieser Erfahrung. Bald macht auch der Nager allein dem Kleinkind Angst. Und nach weiteren Konditionierungen wird die Furchtreaktion, so behaupten die Forscher, »generalisiert«, also auf alles Pelzige übertragen. Watson und Rayner beschreiben einen Versuchsdurchgang, der das beweisen soll, so: »Das Kaninchen wurde plötzlich auf der Matratze vor ihm platziert. (…) Sofort setzten negative Reaktionen ein. Er lehnte sich so weit wie möglich von dem Tier weg, wimmerte, brach dann in Tränen aus. Als das Kaninchen mit ihm in Berührung gebracht wurde, vergrub er sein Gesicht in der Matratze und krabbelte dann auf allen vieren weinend weg. Dies war der überzeugendste Test.«[4]

Experiment geglückt – aus Albert ist ein Angsthase geworden. Zu seinem Bedauern hat das Forscher-Duo keine Gelegenheit, die Phobie zu »löschen«, denn der Junge verschwindet einige Tage nach Ende der Versuche. Über sein weiteres Schicksal gibt es einige Theorien, aber keine gesicherten Erkenntnisse. Watson und Rayner machen sich jedenfalls keine weiteren

Gedanken über das, was sie ihm angetan haben. Ihren Bericht über das Experiment schließen sie mit einer launigen Bemerkung über die freudianische Konkurrenz: Falls sich Psychoanalytiker in 20 Jahren Alberts Pelz-Phobie annähmen, kämen sie bestimmt zu dem Schluss, dass der Junge im Alter von drei Jahren »mit den Schamhaaren seiner Mutter spielen wollte und deswegen gewaltig ausgeschimpft wurde«.[5]

Man kann es als ausgleichende Gerechtigkeit sehen, dass das Experiment Watson kein Glück bringt. Der verheiratete Professor kommt in dieser Zeit seiner Doktorandin Rosalie Rayner näher. Die Liebschaft der beiden fliegt auf, er trennt sich ihretwegen von seiner Ehefrau. Der Skandal schlägt hohe Wellen in Baltimore. Watson wird von der Universitätsleitung gedrängt, seine Professur aufzugeben, was er der akademischen Welt bis zu seinem Tod übel nimmt.

Nach dem Verlust seines Lehrstuhls macht Watson Karriere in der Werbebranche und verfasst mit seiner zweiten Frau Rosalie Rayner Watson Erziehungsratgeber, in denen sie vor zu viel Zärtlichkeit Kindern gegenüber warnen: »Küssen und umarmen Sie sie nie, lassen Sie sie nie auf Ihrem Schoß sitzen. Falls es sich nicht vermeiden lässt, küssen Sie sie einmal auf die Stirn, wenn sie Gute Nacht sagen.«[6]

Watson schreibt aber weiterhin auch für die akademische Welt und wird dort wahrgenommen. 1930 erscheint sein einflussreiches Werk *Behaviorism*, in dem er sein Utopia einer von Verhaltenswissenschaftlern wie ihm beherrschten Welt ausbreitet. Darin empfiehlt er: »Die Gesellschaft sollte darauf achten, dass die sozial ungeübten Menschen, die nicht geisteskrank oder psychopathisch sind, dorthin gebracht werden, wo sie trainiert werden können, in Schulen geschickt und ohne Rücksicht auf ihr Alter dazu veranlasst werden, einen Beruf zu erlernen, sich Kultur und Bildung anzueignen und sozial zu werden. (…) Gelingt es nicht, ihnen das nötige Training zu vermitteln und sie für den Wiedereintritt in die Gesellschaft auszurüsten, sollten sie immer in Gewahrsam gehalten und dazu gebracht werden, ihr tägliches Brot in großen Fabriken oder landwirtschaftlichen Einrichtungen zu verdienen, aus denen ein Entkommen unmöglich ist.«[7]

Für Menschen, die nicht konditionierbar sind, ist in Watsons Kosmos kein Platz. »Natürlich«, schreibt er, »tauchte immer wieder einmal die Frage auf, ob man unheilbar Geisteskranke einschläfern sollte. Dagegen kann es keine anderen Gründe geben außer übertriebener Gefühlsduselei und mittelalterlichen, religiösen Geboten.«[8] Watson steht mit seiner Allmachtsfantasie nicht allein. Burrhus Frederic Skinner, ein weiterer wichtiger Vertreter des Behaviorismus und Propagandist des Lernens durch Verstärkung, schreibt in seinem Buch mit dem bezeichnenden Titel *Jenseits von Würde und Freiheit*, dass die Vorstellung von der Freiheit des Individuums eine Illusion sei, weil geeignete Verstärkungen es möglich machten, sein Verhalten fast beliebig zu formen.

Die Kontrollwissenschaft und ihr Reiz-Reaktions-Dogma

Die Psychologie ohne Bewusstsein, die Watson, Skinner und andere Behavioristen predigen, wird das Fach an den Universitäten in den USA und später auch in Europa über Jahrzehnte und bis heute prägen. Die Kritik, die mittlerweile vom psychologischen Establishment an dieser Denkrichtung geübt wird, kommt eher verhalten und häufig ebenso technizistisch daher wie der Behaviorismus selbst. So wird an Watsons Experiment mit dem kleinen Albert – neben dem pflichtschuldigen Hinweis auf seine ethische Fragwürdigkeit – etwa moniert, dass die Versuchsbedingungen nicht sorgfältig kontrolliert wurden, dass das Experiment nicht repräsentativ war und keine Phobie im klinischen Sinne erzeugt wurde. So gelang es trotz zahlreicher Versuche nie, die Ergebnisse zu reproduzieren.

Das Reiz-Reaktions-Dogma hat aber einen viel größeren Mangel: Menschen reagieren ganz offenkundig nicht nur mechanisch auf Stimuli, sie können sich bewusst zu ihnen verhalten. Sie haben die Wahl, sich an ihre Umwelt anzupassen oder die Umwelt an ihre Bedürfnisse, wie unter anderem die Entwicklung von Kultur, Wissenschaft und Technik zeigt. Diese Fähigkeit, die Welt zu verändern, ist sogar eine genuin humane, wer sie ignoriert, verfehlt das Wesen des Menschen. Auch die von den Behavioristen ausgetüftelten Versuchsanordnungen könnte es gar nicht geben, wäre der Homo sapiens so beschaffen, wie Watson, Skinner und deren Nachfolger behaupten. Sie sparen sich selbst mit der angeblichen Blackbox des Bewusstseins aus ihren Überlegungen aus: Als Kontrolleure der Bedingungen menschlichen Verhaltens wähnen sie sich quasi gottgleich außen vor.

Bitte schalten Sie Ihr Gehirn ab!

Reduktionismus, Machbarkeitswahn und totalitäre Tendenzen kennzeichnen den Behaviorismus. Dennoch handelt es sich neben der Psychoanalyse um die in der Geschichte der Psychologie einflussreichste Theorie, mit der ebenfalls eine therapeutische Schule begründet wurde, die Verhaltenstherapie.

War diese Karriere des Behaviorismus trotz seiner inhumanen Züge möglich? Oder gerade deswegen? Diese Frage wirft der Sozialpsychologe Gerhard Vinnai in seinem Buch *Die Austreibung der Kritik aus der Wissenschaft* am Beispiel der akademischen Psychologie auf. »Warum«, fragt Vinnai, »nehmen Psychologen, wenn sie heute eine zu einseitige Ausrichtung des Behaviorismus kritisieren, das widerwärtig Autoritäre eines derartigen theoretischen Systems nicht wahr? Begünstigt die akademische Psychologie, dass vor allem Menschen in ihrem Bereich Karriere machen, deren Charakterstrukturen denen Watsons derart verwandt sind, dass sie über sein Werk nicht zu erschrecken vermögen?«[9]

Allerdings muss man nicht unbedingt tiefenpsychologische Untersuchungen anstellen, um die an den psychologischen Fachbereichen bis heute wohlwollende Beurteilung des Behaviorismus zu erklären. Denn der ist als Theorie zwar aus der Mode – man macht sich mittlerweile Gedanken darüber, was in der Blackbox wohl vorgeht (s.u.) –, aber methodisch lebt der Behaviorismus munter fort. Der akademische psychologische Mainstream versteht sich nach wie vor als Naturwissenschaft. Und die einschlägige Forschung besteht bis heute vor allem darin, Versuchspersonen bestimmten, vom Versuchsleiter möglichst genau kontrollierten Reizen auszusetzen, gern in Fragebogenform – um schließlich die Reaktionen zu messen. Die Probanden werden dabei häufig aufgefordert, ganz spontan zu reagieren, ohne nachzudenken; man könnte auch sagen: Sie sollen ihr Gehirn abschalten.

Bei solchen Experimenten geht es stets darum, quantitative, also in Zahlen darstellbare Daten zu erheben, damit die statistisch ausgewertet werden können – in der Hoffnung, signifikante, also mit gewisser Wahrscheinlichkeit vom Zufall abweichende Ergebnisse zu erhalten. Universitäre Psychologie ist im Wesentlichen Statistik, die hier auf sehr niedrigem Niveau betrieben wird. Denn die Stichproben sind oft zu klein und von Repräsentativität weit entfernt. So handelt es sich bei der überwiegenden Mehrheit der Testpersonen um Psychologiestudenten. Sie sind am leichtesten verfügbar und im Rahmen ihres Studiums häufig verpflichtet, eine gewisse Zahl an Versuchspersonenstunden abzuleisten – entsprechen aber selbstverständlich nicht dem Durchschnitt der Bevölkerung.

Die Qualität der Daten ist aus diesen Gründen häufig nicht ausreichend, um sie weitergehenden Analysen zu unterziehen. Das wird aber trotzdem getan, weil es mithilfe entsprechender Statistiksoftware kinderleicht ist, aus einem Zahlenwust per Knopfdruck vermeintliche Erkenntnisse zu destillieren, die dann publiziert werden können; mehr als 100 000 Beiträge erscheinen jährlich in rund 2400 psychologischen Fachzeitschriften.[10] Eine ungeheure Flut, die aber wenig zur Aufklärung beiträgt, weil die eigentlich interessanten Fragen nach menschlicher Subjektivität und Freiheit von dieser Art Forschung systematisch ausgeblendet werden.

Die gewonnenen Erkenntnisse sind daher in aller Regel auch für die Praxis irrelevant. Denn der Mensch hat es in seinem Leben nicht mit wenigen, sauber herauspräparierten Reizen zu tun, sondern er muss in einer komplexen, sozialen Umwelt zurechtkommen. Und dabei helfen typische Befunde aus psychologischen Laboren – unter der Bedingung X verhalten sich Individuen mit einer Wahrscheinlichkeit Y auf die Weise Z – nicht weiter.

Wovon Experimentelle Psychologen heimlich träumen

Ein Schlaglicht auf das Elend der akademischen Psychologie wirft ein Fälschungsskandal, der vor einigen Jahren für große Aufregung in der Scientific Community sorgte. Diederik Stapel hatte in den Niederlanden Karriere als Wissenschaftler gemacht und es bis zum Dekan der Sozial- und Verhaltenswissenschaftlichen Fakultät der Universität Tilburg gebracht. Der mehrfach ausgezeichnete Psychologe galt als Star in seinem Fach, bis herauskam, dass er Dutzende eigene Experimente und auch die von Doktoranden systematisch gefälscht hatte. Zunächst hatte er Daten lediglich geschönt, später Experimente samt Ergebnissen frei erfunden. Das Ausmaß seiner Fälschungen sei »extrem« gewesen, sagte Stapel mit gewissem Stolz einem Reporter des *New York Times Magazine*, nachdem man ihm auf die Schliche gekommen war. Denn es sei nicht um eine oder zehn Studien gegangen, sondern »um viel mehr«.[11]

Der Hochstapler achtete bei seinen Fantasie-Experimenten darauf, dass sie in die Logik der psychologischen Forschung passten und nicht allzu eindeutig ausfielen. Irgendwann wurde er allerdings unvorsichtig und übertrug Zahlenreihen von einem Experiment nach der Copy-and-paste-Methode auf andere. Außerdem weigerte er sich hartnäckig, misstrauisch gewordenen Doktoranden Rohdaten seiner ausgedachten Versuche herauszurücken – weil er die ja schwerlich vorweisen konnte. Nachdem er überführt worden war, gab er Frustration als eines seiner Motive an: Die in korrekten Experimenten erhobenen Daten ergäben nur selten ein klares Bild. Er habe den Fehler gemacht, »die Welt etwas schöner zu machen, als sie ist«.[12]

Die größten Freiheiten nahm sich Stapel bei seinen erfundenen Experimenten heraus. Sie können daher als idealtypisch für das gelten, wovon forschende Psychologen träumen. Das ist wenig aufregend, aber umso bezeichnender für das Niveau des Fachs. So siedelte Stapel einen seiner Schummel-Versuche am Bahnhof Utrecht zu Zeiten eines Streiks bei der Müllabfuhr an, um die Hypothese zu belegen, dass eine verwahrloste Umgebung rassistische Vorurteile fördere. Er habe, so behauptete der Psychologe, 40 Männer und Frauen zu einer Umfrage eingeladen. Sie sollten dazu auf einem von sechs Klappstühlen Platz nehmen. Der erste Platz in der Reihe sei aber bereits von einem vermeintlich Befragten – mal weißer, mal schwarzer Hautfarbe – besetzt gewesen. Das von Stapel erdachte Ergebnis, mit dem er es sogar in das renommierte Fachblatt *Science* schaffte, lautete: In den Zeiten, in denen der Müll sich stapelte, hätten die Passanten deutlich mehr Abstand zu dunkelhäutigen Statisten gehalten als nach Ende des Streiks.

Was könnte uns das Experiment lehren, hätte es tatsächlich stattgefunden? Ließe sich Rassismus durch ein Streikverbot für Müllwerker aus der Welt schaffen? Könnte man »Vorurteile« einfach »wegräumen«? – so der Berliner *Tagesspiegel* über die vermeintliche Erkenntnis des Sozialpsychologen Stapel. Müsste man dunkelhäutigen Menschen raten, aus Selbstschutz vermüllte Orte zu meiden? Und wie passt zu dem Befund, dass es das Phänomen der Fremdenfeindlichkeit auch in sehr aufgeräumten Nationen wie etwa der Schweiz gibt?

Die wahre Lehre aus diesem und vielen anderen psychologischen Experimenten lautet: Der Versuch, einen vom Standpunkt außerhalb des Subjekts definierten, archimedischen

Punkt zu finden, von dem aus sich menschliches Handeln, Denken und Fühlen erklären lassen, ist zum Scheitern verurteilt. Deshalb ist die Wahrscheinlichkeit, dass bei all den Experimenten mit sorgfältig kontrollierten und quantifizierbaren Variablen wissenschaftliche Artefakte, also Scheinzusammenhänge herauskommen, sehr groß, selbst wenn Versuchsanordnungen und Daten korrekt sind.

Dies macht ein weiteres Experiment aus Stapels Fälscherwerkstatt überdeutlich, es wirkt wie eine Parodie auf den Wissenschaftsbetrieb. Dabei ging es um die Frage, ob Menschen, die mit der Idee des Kapitalismus unbewusst vorgeprägt werden, mehr konsumieren. Wieder orientierte sich der Sozialpsychologe an einem in seinem Fach gängigen Design. Ähnliche Versuche wurden also bereits durchgeführt. Stapels Fantasie-Experiment sah so aus: Zwei Gruppen wurden aufgefordert, einen Fragebogen auszufüllen. Die einen fanden dabei vor sich auf dem Tisch einen Becher mit Schokolinsen vor, auf dem das Wort »Kapitalismus« stand. Die Bedingungen für die Kontrollgruppe waren identisch, nur dass auf den Bechern dort kein lesbarer Begriff stand, sondern die Buchstaben des Wortes Kapitalismus wild durcheinandergewürfelt waren. Die Bögen mit den Fragen enthielten zwar auch solche, die mit dem Thema zu tun hatten – etwa, ob große oder kleine Autos zu bevorzugen seien –, aber die alleinige Messgröße waren die verzehrten Schokolinsen. Diejenigen Versuchspersonen mit dem Kapitalismus-Becher würden mehr essen, so die Hypothese und auch das Ergebnis des von Stapel frei erfundenen Experiments.

Wie man mit Fleiß an seinem Gegenstand vorbeiforscht

Was folgte daraus, wäre der Schokolinsen-Test tatsächlich so ausgegangen, wie Stapel behauptet hatte? Lassen sich Menschen von einem wie auch immer aufgeladenen Begriff, den man ihnen unterjubelt, tatsächlich in eine zuvor definierte Richtung – Konsum! – steuern? Ist Konsum überhaupt der Kern des Kapitalismus (Karl Marx sah das bekanntlich anders) – oder zumindest das, was die Leute mit dem Wort verbinden? Und, falls ja, welche praktischen Konsequenzen hätte dies? Könnte durch eine republikweite subtile Streuung des Begriffs womöglich die Nachfrage stimuliert werden? Funktionierte der Trick auch mit einer Prägung in eine ganz andere Richtung? Würden Versuchspersonen, denen man einen Becher vorsetzt, auf dem »Kommunismus« steht, ihre Schokolinsen mit Bedürftigen teilen?

An sich naheliegende Fragen, die in der Experimentellen Psychologie aber nicht gestellt werden. Dort hantiert man lieber freihändig mit Begriffen und Theorien, ohne sie herzuleiten oder in einen größeren Kontext zu stellen. Hauptsache, es lassen sich schlichte Zusammenhänge herstellen, Daten erheben und statistisch auswerten. Den Versuchspersonen werden dabei meist nur zwei Optionen eingeräumt: Sie können sich hypothesengerecht verhalten oder nicht. Alternativen dazu, Abweichungen vom Plan des Versuchsleiters sind nicht vorgesehen. So wird mit heiligem Ernst (von dem auch der Fälscher Stapel beseelt war) Irrelevantes oder schlicht Unsinn produziert. Ursache ist das naturwissenschaftliche Ideal, an das sich die akademische Psychologie klammert, obwohl es sie in die Irre führt.

Der Philosoph Markus Gabriel schreibt, dass das wissenschaftliche Weltbild, dem unter anderem die akademische Psychologie anhängt, auf einer »verzerrten Wahrnehmung von Rationalität« beruhe. »Es unterstellt, dass wir in all unseren Verstehensbemühungen darauf angewiesen sind, Hypothesen zu bilden und diese experimentell zu beweisen oder zu verwerfen. Vorgänge dieser Art sind sinnvoll, wo sie sinnvoll sind, doch sie sind nicht überall angebracht. Sie helfen uns, das Universum zu verstehen. Doch der Mensch und sein Sinnverstehen kommen nicht im Universum vor, wir kommen ihnen nur auf die Schliche, indem wir uns dem Geist oder dem Sinn interpretierend nähern – und zwar mit den ganz alltäglichen Mitteln der Kommunikation.«[13]

Dies tun Psychologen mit etwas weiterem Horizont und solche, die praktisch tätig sind, weil ihnen das, was ihre Kollegen in den Universitäten herausfinden, bei der Arbeit nicht hilft. »Die Subjektlosigkeit einer Psychologie, die Menschen nur als Objekte sehen kann, macht sie selbst für die meisten Berufe untauglich«, schreibt Gerhard Vinnai. »Die Praxis des Psychologen besteht zu weiten Teilen darin, zu reden oder zuzuhören und dadurch Prozesse der Selbstreflexion in Gang zu bringen. Für eine derartige Praxis ist die verdinglichende und ›sprachlose‹ positivistische Psychologie ungeeignet, sie hemmt sogar die Entwicklung der für sie notwendigen Fähigkeiten. Wenn das diejenigen, die Psychologen einstellen, herausbekämen, wäre es mit der Macht der etablierten Psychologie vorbei. Dass ihre Vertreter das ahnen und ihre Pfründe deshalb bedroht sehen, motiviert die ritualisierte bürokratische Boshaftigkeit, mit der sie Vertreter einer anderen Psychologie auszugrenzen pflegen.«[14]

Weil die akademische Psychologie für die Praxis weitgehend irrelevant ist, verlor sie früh ihre Deutungsmacht. Das, was man heute allgemein unter Psychologie versteht, wird ganz wesentlich von Praktikern oder Anhängern bestimmter therapeutischer Schulen bestimmt, die sich, falls sie das Fach überhaupt studiert haben, wenig von der Wissenschaft leiten lassen. Dazu zählt auch die sogenannte Humanistische Psychologie, die sich als menschlicher versteht und, wie im ersten Kapitel dargestellt, sich mit großer Geste vom akademischen Betrieb abwendete. Die Vertreter dieser Richtung stellten das Postulat von dem sich selbst verwirklichenden Menschen auf – und gaben gleichzeitig den Anspruch auf verallgemeinerbare wissenschaftliche Erkenntnisse auf. Eine letztlich defensive Haltung, die denjenigen das Feld überließ, die, so die Kritik der Humanistischen Psychologie, den Menschen als »eine größere Ratte oder einen langsameren Computer« verstehen. Tatsächlich dominieren die an den Universitäten tätigen und auf quantitative Methoden eingeschworenen Psychologen den Wissenschaftsbetrieb und stellen ihre Art der Forschung als die einzig objektive dar.

Zu Unrecht, wie Gerhard Vinnai herausarbeitet. Denn: »Experimentell orientierte Psychologen geben vor, zur Objektivität in der Wissenschaft durch die Ausschaltung von Subjektivem zu gelangen. In Wahrheit organisieren sie aber einen wildgewordenen Subjektivismus, der nur deshalb nicht ins Bewusstsein tritt, weil er kollektiviert ist. Was als objektiv gilt, wird in der Experimentellen Psychologie willkürlich gesetzt, indem man es von methodischen Regeln abhängig macht, über deren Verhältnis zur Realität keine Aussagen gemacht werden können. Wo aber keine zureichende Reflexion über das Verhältnis von Gegenstand und Forschungsmethode vorhanden ist, verfährt die Wissenschaft willkürlich. Wo Methoden mit ihren Gegenständen ohne zureichende theoretische Reflexion auf deren objektive qualitative Verfasstheit umspringen, muss sie der Vorwurf des Subjektivismus treffen.«[15]

Er *müsste* sie treffen, wenn sie sich auf eine solche Diskussion einließen. Doch das tun die Vertreter der herrschenden Lehre in aller Regel erst gar nicht, wie Vinnai aus eigener Erfahrung weiß. Er zieht den Vergleich zu »einer Religionsgemeinschaft, in der Methoden als eine Art von religiösen Dogmen gelten. Der Forschungsbetrieb, der an sie gebunden ist, trägt Züge ritueller religiöser Kulthandlungen. Die ›Scientific Community‹ wirkt wie eine klerikale Zensurbehörde, die dafür sorgt, dass Denken und Handeln an diese Regeln gebunden werden und diejenigen ausgegrenzt werden, die sich ihnen nicht fügen wollen.«[16]

So haben es forschende Psychologen, die auf andere, qualitativ genannte Methoden wie teilnehmende Beobachtungen oder Interviews ohne vorgegebene Antworten setzen, um mehr über Menschen und ihre Motive zu erfahren, außerordentlich schwer im Wissenschaftsbetrieb. Quantität schlägt Qualität, das ist in diesem Fach die Devise. Gegen Kritik an ihrem Forschungsdogma sind die Vertreter der herrschenden Lehre weitgehend immun; andersdenkende Psychologen haben so gut wie keine Chance auf eine Karriere.

Der Revolutionär, der aus dem Apparat kam

Den avanciertesten Versuch, eine Alternative zur akademischen Psychologie zu entwickeln, unternahm hierzulande denn auch ein Mann, der zum Establishment zählte. Klaus Holzkamp, Jahrgang 1927, arbeitet ab 1949 am Psychologischen Institut (PI) der Freien Universität Berlin (FU). Er schwimmt im Mainstream seiner Kollegen mit, hat aber schon früh ein Gespür für die Schwachstellen der psychologischen Forschung. In seiner 1964 erscheinenden Habilitationsschrift *Theorie und Experiment in der Psychologie* zeigt er, dass sich Experimente zur Bestätigung einer bestimmten psychologischen Theorie ebenso konstruieren lassen wie solche, die sie widerlegen – je nach Interessenlage. Holzkamp schlägt Kriterien vor, die helfen sollen, diese Beliebigkeit einzuschränken und die Relevanz der empirischen Forschung zu erhöhen. 1967 wird er zum Professor am PI berufen, der Sozialpsychologe gilt als einer der führenden Theoretiker seines Fachs.

Aber nur so lange, bis er es radikal infrage stellt. Sein Sinneswandel geht ganz wesentlich auf die Studentenbewegung zurück. Die rebellische, akademische Jugend protestiert zunächst gegen den Vietnamkrieg und später gegen die herrschenden Verhältnisse überhaupt. An der FU gründet sie unter anderem eine Kritische Universität. Holzkamp lässt sich von der Bewegung nicht nur mitreißen, er wird zu einem ihrer Köpfe. Er zweifelt die politischen Verhältnisse und sein Fach immer mehr an und entfremdet sich zunehmend von seinen traditionell denkenden Fachkollegen. Am Psychologischen Institut, das er maßgeblich prägt, entstehen erste wissenschaftskritische Arbeiten und studentische Projekte. Die Mehrheit der Mitarbeiter entschließt sich zudem, ihrer sozialkritischen Intention zu folgen und sich der neuen Fakultät für Philosophie und Sozialwissenschaften anzuschließen. Außerdem gibt sich das Institut eine demokratische Verfassung. Es wird ein viertelparitätisch aus Professoren, sonstigen Wissenschaftlern, Studenten und übrigen Mitarbeitern besetzter Institutsrat geschaffen – die bisher allein herrschenden Professoren können überstimmt werden. Nach einer Zeit der gedeihlichen Zusammenarbeit bekommen einige Traditionalisten den Eindruck, von der Linksfraktion an den Rand gedrängt zu werden, und arbeiten auf eine Spaltung des Instituts hin.

Zur gleichen Zeit gerät Klaus Holzkamp unter starken öffentlichen Druck. Anlass ist ein Forschungsprojekt namens »Schülerladen Rote Freiheit« in einem damals bitterarmen Teil Kreuzbergs, für das er formell verantwortlich ist. Der Laden soll ein Treffpunkt für eine Gruppe von Acht- bis Vierzehnjährigen werden, die sonst ihre Zeit auf der Straße verbringen. Den Nachwuchsforschern vom PI schwebt eine neue Form der Bildungsforschung und Bewusstseinsarbeit vor. »Wir wollen Tätigkeiten und Spiele einführen und exemplarisch erproben, welche das Aufeinander-angewiesen-Sein und die potenzierte Stärke kollektiven Handelns den Kindern deutlich macht. Konkurrenzmechanismen sowie individualistisches, aggressives oder ungesteuertes Verhalten sollten somit weitgehend aufgehoben werden.«[17]

Die Herangehensweise erweist sich als naiv, irgendwann geraten die Kinder außer Kontrolle, demolieren den Laden, und das Projekt hat nach sieben Monaten ein Ende. In einem selbstkritischen Bericht ziehen die Schülerladenbetreiber Bilanz: »Wir haben die ›Mentalität‹ der Kinder grundfalsch eingeschätzt. Sie waren ganz anders, als erwartet. Unsere Mittelstandssozialisation hat uns falschen Vorstellungen nachhängen lassen.«[18]

Schlagzeilen macht das Projekt erst nach seiner Beendigung, als konservative Professoren Protokolle der Arbeit im

Schülerladen an Journalisten weitergeben. Die interessieren sich vor allem für die derben Äußerungen der Kinder über Sexualität und ihre Fantasien: »Man müsste blonde Weiber haben.« Es kommt zu einer regelrechten Kampagne der Springer-Presse und der Berliner CDU, in der behauptet wird, die Nachwuchswissenschaftler hätten die Kinder zu »Schweinereien« verführt und an ihnen eine neue Form der »politischen Dressur« erprobt.

Bald macht der Fall bundesweit Schlagzeilen: Sex, Kinder und kommunistische Umtriebe – eine unwiderstehliche Mischung. Der Berliner Innensenator Horst Korber (SPD) gerät unter Druck und verfügt die Schließung des bereits geschlossenen Schülerladens, weil der geeignet sei, »das geistige und sittliche Wohl der betreuten Minderjährigen erheblich zu gefährden«. Dass es um das Wohl der Kinder – von denen viele in Obdachlosenheimen unter erbärmlichen Bedingungen leben – auch ohne Schülerladen schlecht bestellt ist, scheint ihn weniger zu interessieren.

Auch Holzkamp gerät ins Kreuzfeuer der Kritik, Politiker fordern seine Entlassung. Er behält zwar seine Professur, aber die von ihm zu verantwortenden, vermeintlichen Missstände sind eine Rechtfertigung zur Gründung eines zweiten psychologischen Instituts an der FU Berlin. Die linke Fraktion arbeitet am PI, die konservative bekommt vom damaligen Wissenschaftssenator das neue Institut für Psychologie (IfP) – ein einmaliger Fall in der deutschen Universitätsgeschichte. Am PI arbeiten Holzkamp und seine Mitstreiter nun mit Hochdruck an ihrem Projekt, das sie Kritische Psychologie nennen – selbstbewusst mit großem K geschrieben.

Eine Kernidee von Holzkamp ist das Problem wissenschaftlicher Grundbegriffe oder Kategorien. Er weist nach, dass diese aktualempirisch, also beispielsweise durch Experimente, weder als gültig bewiesen noch als ungültig widerlegt werden können. Denn die Grundbegriffe fungieren wie ein Filter: Sie bestimmen, was diejenigen, die mit ihnen umgehen, überhaupt von der Welt sehen. Nehmen wir Experimente zur genannten Priming-Theorie. Mit solchen Versuchen können Experimentalpsychologen entweder belegen, dass sich Menschen unter bestimmten Bedingungen in diese oder jene Richtung prägen lassen. Oder dass dies unter anderen Bedingungen nicht funktioniert. Ob die unbewusste Prägung aber überhaupt ein sinnvolles psychologisches Konzept ist, lässt sich auf diesem Wege nicht klären.

Die Utopie einer besseren Psychologie

Das ist auch der Grund für die Flut an Mini-Theorien begrenzter Reichweite, die in der traditionellen Psychologie unentwegt produziert werden. Keine der neuen widerlegt eine alte. Auf dieses Problem hatte der Psychologe und Sprachtheoretiker Karl Bühler bereits 1927 in seinem Buch *Die Krise der Psychologie* hingewiesen: »So viele Psychologien nebeneinander wie heute, so viele Ansätze auf eigene Faust sind wohl noch nie gleichzeitig beisammen gewesen. Man wird mitunter an die Geschichte vom Turmbau zu Babel erinnert (…) Ein rasch erworbener und noch unbewältigter Reichtum neuer Gedanken, neuer Ansätze und Forschungsmöglichkeiten hat den krisenartigen Zustand der Psychologie heraufbeschworen.«[19]

Holzkamp und seine Mitstreiter am PI der FU Berlin machen die Kritik und Revision der Grundbegriffe zu ihrer Aufgabe. Nach dem Vorbild des sowjetischen Psychologen Alexei Nikolajewitsch Leontjew entwickeln sie Kategorien auf historisch-empirischer Grundlage, mit dem Anspruch, dass diese Herleitung wissenschaftlich diskutiert und geprüft werden kann. Denn »die Misere der Psychologie« rühre, so Holzkamp, »nicht aus einem Zuviel, sondern einem Zuwenig an Wissenschaftlichkeit« her.[20] Das Psychische könne nur aus seiner historischen Entwicklung verstanden werden. Bei ihrer Arbeit nutzen Holzkamp und seine Kollegen unter anderem Befunde aus der Biologie, Anthropologie und Archäologie. Das Team ist sehr produktiv. In rascher Folge entstehen unter anderem Werke zur sinnlichen Erkenntnis,

Emotion und Motivation. Holzkamp fasst all diese Vorarbeiten in seinem Opus magnum *Grundlegung der Psychologie* zusammen, seinem Gegenentwurf zur herrschenden Lehre.

Holzkamp sei dabei vorgegangen wie immer: »systematisch«, resümiert sein Schüler Jens Brockmeier, heute Psychologie-Professor an der American University of Paris. »Er entwickelt ein neues begriffliches System für eine neue, mögliche Psychologie. Man könnte von einer Verschiebung des Schwerpunkts sprechen: vom Protest und der Kritik der Psychologie zu einer konstruktiven Grundlegung einer anderen Psychologie.«[21] Holzkamp wendet sich in seinem Werk sowohl gegen die psychoanalytische Vorstellung des Unbehagens in der Kultur – also gegen die Idee, eines natürlichen Gegensatzes zwischen Mensch und Gesellschaft – als auch gegen die deterministischen Vorstellungen der traditionellen Psychologie.

Einer seiner wichtigsten Begriffe ist Handlungsfähigkeit. Er beruht auf der Überlegung, dass ab einer bestimmten Stufe der ökonomischen Entwicklung für den Einzelnen mit den äußeren Bedingungen kein unmittelbarer Zwang mehr verbunden ist, in bestimmter Weise zu agieren. Wichtig ist nur, dass genügend Menschen das für die Reproduktion der Gesellschaft Notwendige tun. Dieser Fortschritt verschafft dem Individuum die Freiheit, sich zu entscheiden. Je weiter die Gesellschaft sich entwickelt, desto vielfältiger werden seine Optionen.

Das, was wir denken, empfinden oder tun, ist laut Holzkamp also nicht unmittelbar durch äußere Umstände bedingt, wie die traditionelle Psychologie annimmt. Aber wir schweben auch nicht im luftleeren Raum, wie die Apologeten der Selbstverwirklichung behaupten. Menschen nehmen die objektive Welt in Form von Bedeutungen wahr. Das können die Nutzungsmöglichkeiten bestimmter Gebrauchsgegenstände sein, Handlungsnormen, an denen wir uns orientieren, Denkmuster, denen wir folgen. Bedeutungen sind die ökonomisch, kulturell und sozial geprägten Erscheinungen der Welt, die den Menschen umgibt und die er selbst geschaffen hat. Daher ergibt Psychologie nur im Zusammenhang von Kultur und Gesellschaft Sinn.

Das Holzkamp'sche Bedeutungskonzept ist eine Antwort auf ein Kernproblem des Fachs, das Menschen entweder zu Objekten macht oder vollkommen von den Bedingungen absieht, in denen sie leben. Die Möglichkeitsbeziehung des Individuums zur Welt, seine Freiheit, sich so oder anders zu entscheiden, macht den eigentlichen utopischen Kern von Holzkamps Werk aus. Solange man lebt, gibt es Handlungsalternativen. Und: »Der Mensch kann sich nicht bewusst schaden.«[22] Was Individuen bewusst tun, ist aus ihrer Sicht begründet – auch wenn es von außen betrachtet unvernünftig oder schädlich erscheinen mag. Daraus folgt, dass psychologische Forschung vom Standpunkt des Subjekts ausgehen muss. Erkenntnisse lassen sich nicht über den Kopf des Menschen hinweg gewinnen, sondern nur gemeinsam mit ihm.

Die Kritische Psychologie hat zeitweise eine große Anziehungskraft vor allem auf Studenten und den wissenschaftlichen Nachwuchs. Viele eignen sich den Stoff im Selbststudium neben den offiziellen Inhalten an. Klaus Holzkamp, der selbst aus dem Apparat kommt, verleiht der verbreiteten Unzufriedenheit über die Trivialität, Borniertheit und Irrelevanz der herrschenden Lehre Ausdruck. Die traditionelle Psychologie lässt sich auf keine Diskussion mit ihren schärfsten Kritikern ein – bei argumentativer Schwäche ist das bekanntlich die beste Strategie.

Das PI der FU bleibt die einzige Institution hierzulande, in der Kritische Psychologen, misstrauisch beäugt, an ihrem Projekt arbeiten können. »Wie in Berlin«, schreibt der Psychologe Günter Rexilius, der nicht zur Holzkamp-Fraktion zählt, »blieb das Bestreben der kritischen Psychologie, sich wissenschaftlich und praktisch zu behaupten, an allen Orten ein ausdauernder Kampf um ihr Überleben und gegen eine konsequente, unerbittliche Abwehr durch diejenigen, die an den Hochschulen die kritisierte Psychologie repräsentierten. Seit Mitte der siebziger

Jahre begannen die psychologischen Institute an den Hochschulen zu uneinnehmbaren Bollwerken gegen kritische PsychologInnen zu werden.«[23]

Der Niedergang der Alternativbewegung um Holzkamp ist allerdings nicht zuletzt selbst verschuldet. Die Szene schmort in ihrem eigenen Saft, nimmt zum Teil sektenähnliche Züge an und grenzt sich von andersdenkenden kritischen Psychologen ab. Das Werk Holzkamps ist schwer verständlich, die Sprache hermetisch und gespickt mit Wortneuschöpfungen. Um die *Grundlegung der Psychologie* überhaupt zu verstehen, wird sie in universitären Lesezirkeln unter Anleitung gelesen (auch vom Autor). Manch einer stößt sich zudem an der marxistisch-leninistischen Orthodoxie, zu der sich Holzkamp in den achtziger Jahren bekennt und die nicht so recht zu dem weltoffenen Denker und seinem Werk zu passen scheint.

1995, kurz vor dem Tod von Klaus Holzkamp, werden die beiden psychologischen Institute an der FU Berlin zusammengelegt, die Kritische Psychologie wird de facto abgewickelt. An seinem Grab lassen sich viele Kollegen sehen, die seine Ideen entweder ignoriert oder erbittert bekämpft haben. Holzkamps Stelle wird nicht wieder besetzt. Dem Kreis fehlt nun der Kopf, und die institutionelle Basis erodiert immer weiter. Weil sich aus den kritisch-psychologischen Arbeiten keine unmittelbaren Folgerungen für die Berufspraxis ableiten lassen und den Anhängern dieser Richtung so gut wie keine Chance auf Hochschulkarrieren geboten wird, orientieren sich viele um und wenden sich beispielsweise als Therapeuten klassischen Schulen wie der Verhaltenstherapie zu.

Heute spielen nicht nur die Kritische Psychologie, sondern überhaupt alternative Vorstellungen zum Mainstream des Fachs so gut wie keine Rolle mehr an deutschen Universitäten. Die traditionelle, letztlich behavioristischen Vorstellungen verhaftete Psychologie hat in der akademischen Welt auf der ganzen Linie gesiegt. Doch ihr Triumph könnte sich als Pyrrhussieg erweisen.

Von der Ratte über den Rechner bis zur Neurowelle: Wie die Psychologie zu ihren Menschenbildern kommt

»Es ist durchaus möglich – sogar sehr wahrscheinlich –, dass wir mehr über menschliches Leben und menschliche Persönlichkeit aus Romanen erfahren als aus der wissenschaftlichen Psychologie.«

Noam Chomsky[24]

Die Popularität der Psychologie, ihr Einfluss auf das Denken und Empfinden so vieler Menschen steht in einem erstaunlichen Missverhältnis zu dem wackeligen Fundament, auf dem sie als Wissenschaft steht (wenn nicht sogar auf Sand gebaut ist). Die Vertreter der herrschenden akademischen Lehre stört das offenkundig nicht weiter. So haben sie sich ihre Forschungsmethoden, wie dargestellt, der Einfachheit halber aus den Naturwissenschaften geborgt.

Nicht viel anders sind sie mit ihren Menschenbildern verfahren, also den Grundannahmen über ihren Forschungsgegenstand. Wenn man von der Psychoanalyse – die von der universitären Psychologie seit je als unwissenschaftlich abgelehnt wird – und alternativen Konzepten wie der Kritischen Psychologie einmal absieht, ist weithin kein Bemühen zu erkennen, sich tiefer gehend mit dem eigenen Forschungsgegenstand zu beschäftigen, also der Frage, was die Psyche des Menschen eigentlich ausmacht. Stattdessen greift man Vorstellungen aus anderen Fachgebieten auf, die gerade en vogue sind.

Der nach wie vor einflussreiche Behaviorismus bediente sich in der Zoologie und reduzierte den Menschen auf ein Versuchstier, das mechanisch auf Reize reagiert. Für ihre Lernexperimente setzten die Behavioristen besonders gern Ratten ein. Allerdings erwies sich ihr Konzept selbst für die Fauna als zu schlicht. Das stellten unter anderem zwei Studenten von Burrhus Frederic Skinner fest, dem Vordenker der operanten Konditionierung, also des Lernens durch Verstärkung.

Keller Breland und seine Frau Marian machten sich in den vierziger Jahren mit ihrer Firma Animal Behavior Enterprises selbstständig. Sie dressierten Tiere für Showauftritte, Werbeclips und Vergnügungsparks, brachten Hühnern das Tanzen bei und Enten das Gitarrenspiel. Dabei stieß das Duo recht schnell an die Grenzen der Skinner'schen Technik: Die Tiere fielen nach einiger Zeit in ihr instinktives Verhalten zurück, sie konnten also nicht dauerhaft konditioniert werden. Ein ernstes Problem für die Behavioristen, die von einem starken Machbarkeitswahn beseelt waren und den Anspruch erhoben, alles und jeden steuern zu können.

Dieser Widerspruch war ein Grund dafür, dass zunächst in den USA erste Zweifel an dieser Schule aufkamen. Sie hatte dort nicht nur die Psychologie, sondern auch die Philosophie und Soziologie stark beeinflusst. Als Wendepunkt gilt die Besprechung, besser der Verriss des 1957 erschienen Buchs *Verbal Behavior* von B. F. Skinner durch den Linguisten Noam Chomsky. Skinner hatte in seinem Werk auch die Sprache als Verhalten dargestellt, das wie jedes andere durch negative oder positive Verstärkung – vulgo: Belohnung oder Strafe – geformt werde.

Chomsky wandte sich gegen diese Auffassung. Er wies in seiner Kritik, die einflussreicher werden sollte als das rezensierte Buch, unter anderem darauf hin, dass Menschen Sätze verstehen können, die sie nie zuvor gehört haben, oder Druckfehler in Zeitungen erkennen können – ganz ohne »Verstärkung« von außen. Laut Chomsky lernen Kinder durch einen angeborenen Spracherwerbsmechanismus, der ihnen in frühen Jahren erlaubt, Sprache geradezu aufzusaugen. Für die Untersuchung des wirklichen Lebens sei Skinners Konzept »vollkommen nutzlos«.[25] Der britische Linguist Neil Smith bezeichnet Chomskys 1959 erschienene Buchbesprechung als die »wohl vernichtendste, die je verfasst wurde«. Sie habe »die Totenglocke für den Behaviorismus geläutet« und die sogenannte kognitive Wende eingeläutet.[26]

Chomskys pointierte Kritik an den sogenannten Verhaltens-
wissenschaften, zu denen der Hauptstrom der forschenden Psychologen zählt, trifft nach wie vor einen wunden Punkt. »Wenn
Sie Einsichten über den Menschen gewinnen wollen, müssen Sie
untersuchen, was in seinem Gehirn vor sich geht; das Verhalten
gibt Hinweise darauf. Aber Verhaltenswissenschaft ist so, als
wenn man Physik als Messwerte-Ablese-Wissenschaft bezeichnete, denn die Messwerte sind Daten. Aber in einem seriösen
Umfeld würde man den Gegenstand nicht mit dem Studium der
Daten gleichsetzen.«[27]

Die kognitive Wende verlief allerdings nicht so scharf und
eindeutig, wie der Begriff suggeriert. Einerseits stieg die Zahl
der behavioristischen Studien noch bis in die siebziger Jahre.
Andererseits hatten sich Wissenschaftler lange vor Chomsky
mit Kognition, also Denk- und Wahrnehmungsprozessen sowie
deren Ergebnissen, befasst. Das gilt vor allem für deutsche Psychologen bis zur Machtübernahme der Nazis, unter anderem
zählte der genannte Karl Bühler dazu.

Und selbst manche Behavioristen stellten Überlegungen darüber an, was in der sprichwörtlichen Blackbox wohl vor sich
gehe. Einer der Vordenker dieses sogenannten Neobehavioris-
mus ist Edward C. Tolman. Sein bekannt gewordenes Ratten-
experiment gilt als Meilenstein hin zum Kognitivismus. Er setzte
die Tiere in einem Labyrinth aus, in dem drei Wege zum Ziel
führten. Die Ratten nutzten nach einigen Durchgängen den kür-
zesten, um schnell dorthin zu kommen, wo sie mit Futter belohnt wurden. Dann blockierte Tolman diesen Weg und stellte
fest, dass die Ratten meist sofort den zweitkürzesten Weg wähl-
ten. Wurde auch dieser blockiert, wichen die Nager umgehend
auf die den dritten aus. Tolman schloss daraus, dass die Tiere
über eine »kognitive Landkarte« ihrer Umgebung verfügen, eine
geistige Abbildung des Labyrinths. Diese fungiert in der Sprache
der Behavioristen als »intervenierende Variable« zwischen der
unabhängigen (Reiz) und abhängigen (Reaktion) Variable.

So kam die klassische, behavioristische Vorstellung vom Menschen als Versuchskaninchen immer mehr aus der Mode. Und wurde – nicht zufällig in der Ära der sich entwickelnden Informationstechnik und kühner Träume von künstlicher Intelligenz – durch ein zwar zeitgemäßeres, aber ebenso unpassendes Bild ersetzt: den Computer.

Die Kognitivisten stellen sich die Psyche nicht nur wie einen Rechner vor, sie bedienen sich auch der Sprache der Informatik. So heißt es in einer Einführung in das Thema des Fachgebiets Allgemeine Psychologie der Universität Duisburg-Essen: »Kognitivistische Lerntheorien beziehen die Informationsverarbeitungseinheit des Menschen mit ein: Das aus der EDV bekannte Datenverarbeitungsprinzip (EVA: Eingabe, Verarbeitung, Ausgabe) trifft demnach auch beim Menschen zu: Eine Information gelangt in das Gehirn (Eingabe), wird verarbeitet (Verarbeitung) und es erfolgt eine Reaktion (Ausgabe). In der Lehre des Kognitivismus stellt die *Verarbeitung* von Informationen den Forschungsgegenstand dar.

Input (Reiz, Stimuli) > Verarbeitung (kognitive Prozesse) > Output.«[28]

Die Sprache ist zwar krude, aber die Vorstellung vom Menschen als informationsverarbeitendem Wesen ist aus mehreren Gründen attraktiv. Erstens suggeriert die Computermetapher, dass nun ein Blick in den Kopf des Menschen möglich ist: Wer die Maschine versteht, weiß auch, wie das Gehirn funktioniert. Zweitens demonstriert der Bezug auf eine der leistungsfähigsten Techniken überhaupt, dass die Psychologie am Puls der Zeit ist. Drittens schmeichelt der Vergleich mit einem Rechner dem Versuchsobjekt etwas mehr als der mit einer Ratte. Und viertens stellt der Kognitivismus das herrschende Forschungsparadigma nicht infrage: Das alte Reiz-Reaktions-Modell besteht weiter fort, nur dass zwischen Stimulus und Response nun ein Rechenvorgang steht, den man, so das Versprechen, analysieren könne. Die Psychologie der Kognitivisten ist also letztlich ebenso mechanistisch wie die der Behavioristen.

Und wirft die gleiche Frage nach ihrem Gegenstandsverständnis auf: Warum eigentlich sollte der Mensch so beschaffen sein wie eine Maschine, die er selbst konstruiert hat? George A. Miller, Eugene Galanter und Karl H. Pribram, drei Vertreter der Denkrichtung, geben darauf eine verblüffende Antwort: »Es scheint uns Autoren, dass die Versuche, psychologische Prozesse mit Maschinen zu simulieren, größtenteils dem Wunsch entspringen, zu prüfen – oder zu demonstrieren –, dass der Konstrukteur die zugrunde liegende Theorie verstanden hat. Die Geschichte zeigt, dass der Mensch in der Lage ist, alles zu bauen, was er sich klar vorstellen kann. Das Erschaffen eines Modells ist der Beweis für die Klarheit der Einsicht. Wenn wir eine Sache so gut verstanden haben, dass wir sie selbst konstruieren können, muss unser Verständnis fast perfekt sein.«[29]

Wenn man also eine Idee davon hat, was im menschlichen Kopf passiert, die sich mithilfe eines Computerprogramms darstellen lässt, dann muss das Gehirn ähnlich beschaffen sein – die Welt als Wille und Vorstellung. Die Psychologie der Kognitivisten ist zwar etwas komplexer als die der Behavioristen, verfehlt ihren Forschungsgegenstand aber ebenso. Sie ignoriert die Tatsache, dass Menschen über sich selbst nachdenken und sich in andere hineinversetzen können. Dass sie Empfindungen, Träume und Fantasie haben. Dass sie in der Lage sind, Kultur und Gesellschaft zu verstehen. Dass sie Handlungsoptionen gegeneinander abwägen und moralische Urteile fällen können. Dass sie sowohl in die Vergangenheit als auch in die Zukunft schauen, sich also eine Welt vorstellen können, die es (noch) nicht gibt.

All dies können Computer nicht. Maschinen haben weder eine Vorstellung und ein Gefühl von sich selbst noch von der wirklichen Welt. Sie sind keine lebendigen Wesen, also weder biologischen Gesetzmäßigkeiten unterworfen noch in der Lage, Kultur und Gesellschaft zu verstehen. Sie funktionieren nach dem Ursache-Wirkungs-Prinzip, das ihnen Programme vorgeben. Und sie werden nie über ein Bewusstsein verfügen – auch wenn dieser Gedanke ganz offenkundig nicht nur Science-Fiction-Autoren fasziniert.

Der ELIZA-Effekt

Joseph Weizenbaum, Informatiker am Massachusetts Institute of Technology (MIT), demonstriert das 1966 beiläufig mit seinem berühmten Programm ELIZA. Er hat die Software launig nach der Hauptdarstellerin in dem Schauspiel *Pygmalion* von George Bernard Shaw benannt. Darin geht es um einen selbstherrlichen Sprachwissenschaftler, der wettet, aus der Blumenverkäuferin Eliza Doolittle eine Herzogin zu machen, indem er ihr die Sprechweise der Oberschicht beibringt. Weizenbaums Computerprogramm ELIZA vermittelt den Eindruck, natürliche Sprache zu verstehen, sodass die Leute meinen, sich mit ihm unterhalten zu können. Sie geben Sätze per Tastatur ein, auf die sie Antworten bekommen.

Die Software nutzt dazu bestimmte Schlüsselworte, die der Gesprächspartner verwendet hat, und Textbausteine, um daraus Sätze zu bilden. Als besonders wirkungsvoll erweist sich ein Doctor genanntes Script zur Simulation eines therapeutischen Dialogs. Weizenbaum parodiert damit die Gesprächspsychotherapie Carl Rogers'. Sie bietet sich an, weil sie wesentlich darauf beruht, dem Klienten das, was er sagt, widerzuspiegeln, also zu wiederholen. Das funktioniert dann zum Beispiel so:

Junge Frau: Die Männer sind alle gleich.
ELIZA: In welcher Weise?
Junge Frau: Sie machen uns immer wegen irgendetwas verrückt.
ELIZA: Können Sie ein Beispiel nennen?

Junge Frau: Na ja, die Idee zu diesem Gespräch stammt von meinem Freund.

ELIZA: Die Idee zu diesem Gespräch stammt von Ihrem Freund.

Junge Frau: Er sagt, dass ich oft deprimiert bin.

ELIZA: Es tut mir leid zu hören, dass Sie deprimiert sind.

Junge Frau: Das stimmt, ich bin unglücklich.

ELIZA: Glauben Sie, dass dieses Gespräch Ihnen hilft, nicht mehr unglücklich zu sein?

Junge Frau: Ich brauche jedenfalls Hilfe, das steht fest.

ELIZA: Was würde es für Sie bedeuten, wenn Sie Hilfe bekämen?

Junge Frau: Vielleicht könnte ich lernen, besser mit meiner Mutter auszukommen.

ELIZA: Erzählen Sie mir mehr über Ihre Familie.

Junge Frau: Meine Mutter kümmert sich um mich.

ELIZA: Wer kümmert sich in Ihrer Familie sonst noch um Sie?

Junge Frau: Mein Vater.

ELIZA: Ihr Vater.

Junge Frau: Sie ähneln meinem Vater in mancher Hinsicht.

ELIZA: Welche Ähnlichkeit sehen Sie?

Junge Frau: Sie sind nicht sehr aggressiv, aber ich denke, Sie wollen nicht, dass ich das merke.

ELIZA: Was führt Sie dazu zu denken, ich sei nicht sehr aggressiv?

Junge Frau: Sie streiten nicht mit mir.

ELIZA: Warum denken Sie, dass ich nicht mit Ihnen streite?

Junge Frau: Sie haben Angst vor mir.

ELIZA: Gefällt es Ihnen zu glauben, dass ich Angst vor Ihnen habe?

Junge Frau: Mein Vater hat vor jedem Angst.

ELIZA: Was fällt Ihnen noch ein, wenn Sie an Ihren Vater denken?

Junge Frau: Tyrannen.
ELIZA: Hat das etwas mit der Tatsache zu tun, dass Ihr
Freund Sie dazu gebracht hat, hierherzukommen?[30]

Weizenbaum ist überrascht und irritiert darüber, wie gut das –
aus heutiger Sicht – schlichte Programm funktioniert. Etliche
Versuchspersonen sind fest davon überzeugt, dass ELIZA ihre
Probleme tatsächlich verstehe, selbst nachdem man sie über die
Regeln aufgeklärt hat, denen die Software folgt. So bitten Mit-
arbeiter von Weizenbaum ihn darum, den Raum zu verlassen:
Sie wollen sich allein mit ELIZA »unterhalten«.

Selbst Psychiater sind fasziniert und meinen, mithilfe der
Technik automatisierte Therapien entwickeln zu können. Einer
von ihnen ist Kenneth Colby, ein großer Fan der künstlichen Intelligenz. Gemeinsam mit zwei Kollegen schreibt er euphorisch:
»Es ist noch einiges an Arbeit zu leisten, bis das Programm für
klinische Zwecke eingesetzt werden kann. Wenn sich die Methode bewähren sollte, so hätten wir ein therapeutisches Werkzeug, das man all den Nervenkliniken und psychiatrischen Zen-
tren an die Hand geben könnte, die über zu wenig Therapeuten
verfügen.«[31] Offenkundig hat er weder eine hohe Meinung von
seinen Patienten noch von der eigenen psychologischen Arbeit.

Die Projektion menschlicher Eigenschaften auf den Computer wird seit Weizenbaum auch ELIZA-Effekt genannt. Er ist bei
den Anhängern der Kognitionspsychologie und künstlichen Intelligenz bis heute weit verbreitet; gegen ihren Glauben an die
Rechenmaschinen-Metapher ist nur schwer zu argumentieren.
John Searle, Professor für Philosophie an der University of California in Berkeley, versucht es mithilfe eines anschaulichen Gedankenexperiments. Er stellt sich vor, in einem Raum mit Kör-
ben voller Kärtchen mit chinesischen Schriftzeichen zu sein. Er
hat keine Ahnung von der Sprache, aber ein englisches Handbuch, das erklärt, nach welchen Regeln die Symbole miteinander kombiniert werden – nur anhand ihrer Form, ohne dass er

irgendeines verstehen muss. Nun reichen von außerhalb des Zimmers chinesisch sprechende Menschen kleine Stapel mit weiteren Symbolkärtchen herein, die Searle nach den Regeln des Handbuchs kombiniert und dann wieder zurückgibt.

In die Computersprache übersetzt, schreibt Searle, »wäre also das Regelbuch das ›Computerprogramm‹, seine Autoren wären die ›Programmierer‹ und ich der ›Computer‹. Die Körbe voller Symbole wären die ›Daten‹, die kleinen mir ausgehändigten Stapel die ›Fragen‹ und die von mir hinausgereichten Stapel die ›Antworten‹. Nehmen wir nun an, das Regelbuch sei so verfasst, dass meine ›Antworten‹ auf die ›Fragen‹ von denen eines gebürtigen Chinesen nicht zu unterscheiden sind.« Auf diese Weise könne er also den Eindruck erwecken, Chinesisch zu beherrschen. »Wie ein Computer hantiere ich mit Symbolen, aber verbinde keine Bedeutung mit ihnen. Der Punkt des Gedankenexperiments ist der: Wenn ich kein Chinesisch verstehe, indem ich lediglich ein Computerprogramm zum Verstehen von Chinesisch ausführe, dann ist dazu auch kein Computer in der Lage. (…) Das bloße Hantieren mit Symbolen genügt nicht für Fähigkeiten wie Einsicht, Wahrnehmung, Verständnis, Denken und so weiter. Und da Computer ihrem Wesen nach Geräte zur Manipulation von Symbolen sind, erfüllt das bloße Ausführen eines Computerprogramms auch nicht die Voraussetzungen einer geistigen Tätigkeit.«[32]

Wir bauen uns ein Oberstübchen

»Wenn das Gehirn so einfach wäre, dass wir es verstehen könnten, dann wären wir so einfach, dass wir es nicht könnten.«[33]

Emerson M. Pugh

Von Einwänden gegen eine mechanistische Sicht des Gehirns lassen sich einflussreiche Kognitions- und Neurowissenschaftler aber nicht abhalten. 2012 gelang ihnen ein Coup bei der wohl größten Ausschreibung in der europäischen Forschungsgeschichte. Zu den Siegern gehört das von der EU-Kommission mit rund 1,2 Milliarden Euro ausgestattete Human Brain Project. Eine Gruppe um den Hirnforscher Henry Markram von der École polytechnique fédérale de Lausanne stellte in Aussicht, innerhalb von zehn Jahren ein menschliches Gehirn mithilfe von Supercomputern nachzubilden – obwohl man noch weit entfernt davon ist zu verstehen, wie dieses Organ funktioniert.

Die Idee: Auf extrem leistungsfähigen Rechnern sollen Tausende Simulationen Modelle liefern, die vorhersagen, wie die Nervenzellen des Gehirns – insgesamt sind es mindestens 100 Milliarden, die in etwa 100 Billionen synaptischen Verbindungen miteinander verknüpft sind – wohl zusammenarbeiten. Diese Modelle werden mit experimentell gewonnenen Daten aus der Neurobiologie verglichen. Wenn dann deutlich wird, wie das Gehirn wirklich funktioniert, kann man es nachbauen. Soweit die Theorie.

Markram, das Mastermind des gigantischen Vorhabens, an dem 80 Forschungsinstitutionen beteiligt sind, hat Verkaufstalent und leidet nicht an Bescheidenheit. So versprach er der Öffentlichkeit – in Anlehnung an das von dem Physiker Peter Higgs entdeckte und nach dem Briten benannte Elementarteilchen –, »das Higgs-Boson des Gehirns« zu finden und »ein Noah'sches Archiv des Geistes«.[34] Das halten Fachkollegen für ambitioniert. Der amerikanische Neurowissenschaftler und Nobelpreisträger Eric Kandel sagte in einer Talkshow über das menschliche Gehirn: »Es gibt kein komplexeres Objekt im Universum!« Das Human Brain Project sei »die größte Herausforderung, der sich die Wissenschaft jemals gestellt hat«. Dagegen seien die Entzifferung des menschlichen Erbguts und die Mondlandung überschaubare Aufgaben gewesen.

Vorsichtiger als Markram formuliert Karlheinz Meier, Professor für Experimentalphysik der Ruprecht-Karls-Universität Heidelberg, einer der drei Leiter des Human Brain Project. Er wies vor einigen Jahren in einem Beitrag auf die offenkundigen

Unterschiede zwischen Mensch und Computer hin: »Das Gehirn enthält keinen fertigen Satz bereits vordefinierter Software-Algorithmen – es muss sich in einem Prozess der Selbstorganisation an die jeweiligen Lebenssituationen anpassen und kann durch Lernprozesse zu mehr oder weniger bemerkenswerten Leistungen befähigt werden. Unser Hirn versetzt uns in die Lage, mit völlig neuen und unerwarteten Situationen fertigzuwerden – eine Aufgabe, an der konventionelle Computer regelmäßig scheitern. Das Gehirn kann selbst dann noch sehr leistungsfähig arbeiten, wenn es Schaden genommen hat, und weist somit eine bemerkenswerte Fehlertoleranz auf. Ein einziger fehlerhafter Transistor in einem Mikroprozessor hingegen kann das komplette System nutzlos werden lassen. Und schließlich benötigt das Gehirn für seine Leistungen, verglichen mit einem PC, erstaunlich wenig Energie.«

Es sei offensichtlich, so Meier weiter, dass sich dieses Organ »nicht ohne weiteres durch ein analytisches mathematisches Modell beschreiben lässt. (…) Mit einfachen globalen Größen werden wir der Frage nach dem Funktionsprinzip des Hirns wohl kaum auf die Spur kommen können.«[35] Dies gilt auch für das zweite Großvorhaben der Hirnforschung, das der US-Präsident ausrief: die BRAIN Initiative, von Barack Obama zum »nächsten großen amerikanischen Projekt« erklärt und zunächst mit vergleichsweise bescheidenen 100 Millionen Dollar finanziert. Das weniger bescheidene Ziel: Forscher sollen Werkzeuge entwickeln, mit denen eine Kartierung des gesamten neuronalen Prozesses im Kopf möglich werden soll. Viel Feind, viel Ehr. Die Verantwortlichen kündigten mit dem in diesem Business üblichen PR-Getöse schon mal »eine Revolution in unserem Verständnis vom Gehirn« an.[36]

Es herrscht Goldgräberstimmung in der Branche. Die Devise lautet: Mit Big Money und Big Data lassen sich alle Rätsel lösen. Dass dies auch mit dem Bewusstsein gelingt, scheint allerdings fraglich. Emil Heinrich Du Bois-Reymond, einer der Begründer

der experimentellen Physiologie, skizzierte das Problem bereits 1872 wie folgt: »Welche denkbare Verbindung besteht zwischen bestimmten Bewegungen bestimmter Atome in meinem Gehirn einerseits, andererseits den für mich ursprünglichen, nicht weiter definierbaren, nicht wegzuleugnenden Tatsachen: ›Ich fühle Schmerz, fühle Lust: ich schmecke Süßes, rieche Rosenduft, höre Orgelton, sehe Roth‹ (…) Es ist eben durchaus und für immer unbegreiflich, dass es einer Anzahl von Kohlenstoff-, Wasserstoff-, Stickstoff-, Sauerstoff- usw. -Atomen nicht sollte gleichgültig sein, wie sie liegen und sich bewegen, wie sie lagen und sich bewegten, wie sie liegen und sich bewegen werden. Es ist in keiner Weise einzusehen, wie aus ihrem Zusammensein Bewusstsein entstehen könne.«[37] Menschen erleben sich also als Subjekte – sie haben ein Gespür für sich selbst in der Welt.

Der Philosoph Peter Bieri nimmt diesen Faden auf und stellt folgende Überlegung an: »Wenn einer (…) zum ersten Mal ein Gehirn baute, so würde es selbst ihn, den Konstrukteur, der über jede Einzelheit Bescheid wüsste, vollständig überraschen, dass er damit auch ein erlebendes Subjekt geschaffen hätte, wie er selbst eines ist. Und noch anders ausgedrückt: Wenn einer nur die Eigenschaften der materiellen Welt kennte, wie komplex sie auch sein mögen, so wäre es für ihn aus diesem Wissen nicht vorhersehbar, dass bei einer bestimmten Konfiguration dieser Eigenschaften mit einem Male Erlebnisqualitäten auftreten würden: diese Art von Eigenschaften war vorher in keiner Weise vorstellbar für ihn, und in diesem Sinne ist sie vollständig neu.«[38]

Darauf, dass Henry Markram und seine Kollegen mit ihren Supercomputern revolutionär Neues entdecken, deutet im Moment wenig hin. Der Hype um das Milliardenprojekt erinnert nicht zufällig an den um das Human Genome Project (HGP) zur Entzifferung des menschlichen Erbguts. Der damalige US-Präsident Bill Clinton war am 26. Juni 2000 ganz aus dem Häuschen, als in seinem Amtssitz von Wissenschaftlern – darunter Craig Venter, der mit dem Privatunternehmen Celera Corporation dem staatlichen HGP zunächst Konkurrenz gemacht hatte, bis beide Gruppen kooperierten – die »Arbeitsversion« des menschlichen Genoms präsentiert wurde. »Heute«, sagte Clinton, »lernen wir die Sprache, in der Gott das Lebendige geschaffen hat.«

Die an der Entzifferung des Erbguts Beteiligten versprachen ein ganz neues Verständnis des Menschen und gewaltige Fortschritte in der Medizin, wenn die genetischen Grundlagen von Zivilisationskrankheiten in absehbarer Zeit erkannt seien. Es sei vorstellbar, so Clinton, »dass die Kinder unserer Kinder das Wort ›Krebs‹ nur noch als Sternbild kennen werden«.

Am Tag darauf waren im Feuilleton der *Frankfurter Allgemeinen Zeitung* auf sechs Seiten die letzten Sequenzen des von Venter frisch entschlüsselten menschlichen Genoms zu lesen: »GAGGAT GTGGAG AAATAG GAACAC TTCTAC ACTGTT GGTGGG (…).« Die Buchstaben stehen für die vier Basen der Desoxyribonukleinsäure (DNS). Sie sind der Code zum Aufbau der Proteine, die als wichtigste Biomoleküle gelten – und vermitteln, wenn man sie so gedruckt sieht, den Eindruck einer schönen Ordnung dessen, was uns im Innersten zusammenhält.

Einer, der damals nicht in den Jubelchor einfallen wollte, war der britische Biologe John Sulston, als Direktor des Wellcome Trust Sanger Institute auf britischer Seite am Human Genome Project beteiligt. Sulston war, so erinnert sich Craig Venter, der Ansicht, dass die Werbung über die Wissenschaft triumphiere: »Wir haben einfach alles zusammengestellt, was wir haben, dann haben wir es hübsch verpackt und gesagt, wir sind fertig (…) Ja, wir sind ganz einfach eine Bande von Schwindlern!«[39]

Der Skeptiker sollte recht behalten. Denn das Buch des Lebens ist – 15 Jahre nach den vollmundigen Versprechungen – noch immer eines mit sieben Siegeln. Von der Euphorie ist wenig geblieben, die Versprechungen blieben bis heute unerfüllt. Es gibt viel neues Detailwissen, revolutionäre Erkenntnisse konnten die Genetiker bislang nicht aus der Datenflut gewinnen.

Und: Kein einziges gentechnisches Verfahren hat es in die klinische Praxis geschafft.

Das liegt unter anderem daran, dass die bislang lesbare Erbinformation nicht die ganze Geschichte erzählt. Es gibt eine riesige Menge DNS, die scheinbar keinen Sinn ergibt. Anton Enright vom Europäischen Bioinformatik-Institut in England sagte dem Deutschlandfunk zu diesem Thema: »Das Genom ist ständig in Aktion. Und in diesen anscheinend sinnlosen Regionen könnten ständig neue Gene entstehen. Vielleicht verstecken sich dort aber auch funktionierende Gene, die ganz anders aufgebaut sind und anders funktionieren, als wir denken. Vor zehn Jahren kannte man nur Gene mit Bauplänen für Proteine. In den letzten Jahren haben wir entdeckt, dass Gene auch anders aussehen können. Viele Gene neuer Art haben wir wahrscheinlich noch gar nicht gefunden.«[40]

Selbst wenn einmal das gesamte Genom entschlüsselt sein sollte, wäre der Mensch kein offenes Buch, weil wir, wie Craig Venter bereits im Jahr 2000 feststellte, nicht »fest verdrahtet« sind. Das heißt, die lange propagierte Vorstellung, es gebe ein Gen, das für ganz bestimmte Aufgaben zuständig sei oder gar für bestimmte Fähigkeiten, ist nicht haltbar. Unser Erbgut ist offensichtlich ein hochflexibles, interagierendes Netz, das zudem stark von Umweltfaktoren beeinflusst wird.

Wir sind, soviel steht fest, nicht das Produkt unserer Gene. Ebenso wenig sind wir das Produkt unserer grauen Zellen. Daher spricht vieles dafür, dass sich der Hype um das Human Brain Project als ebenso übertrieben herausstellen wird wie der um das Human Genome Project.

Bei beiden Großvorhaben wird suggeriert, man könne komplexe, lebendige Systeme allein durch die Analyse ihrer kleinsten Bestandteile im Labor entschlüsseln. Dieses wissenschaftliche Weltbild ist durch die immensen Summen, die in diese Art Forschung gesteckt werden, die imponierende Technik, die für sie verwendet wird, und eine wirksame Werbung so dominant geworden, dass es als das einzig Wahre erscheint. Dabei tritt die Frage, auf welcher Ebene ein komplexer Gegenstand vernünftigerweise untersucht werden sollte, in den Hintergrund.

Nehmen wir zur Veranschaulichung ein vielschichtiges Objekt aus einer anderen Sphäre, ein Gemälde von van Gogh. Es ist möglich, die Farbpigmente eines solchen Kunstwerks mithilfe von Röntgenstrahlung zu analysieren. Im Falle des großen Niederländers und anderen Malern des ausgehenden 19. Jahrhunderts wurde dies mit Erfolg getan, um zu ergründen, warum deren Gemälde ihre Leuchtkraft verlieren. Aber selbstverständlich käme niemand auf die Idee, durch eine solche Analyse auf die kunsthistorische Bedeutung van Goghs zu schließen.

Prominente Hirnforscher sind da weniger zurückhaltend: Sie behaupten, durch die Untersuchung physiologischer Prozesse in ihren Laboren das Wesen des Menschen ergründen zu können. Da geraten ganz offensichtlich Analyseebenen durcheinander, was auch daran zu erkennen ist, dass die Ergebnisse solcher physiologischen Studien gern mit psychologischen Begriffen oder solchen aus der Alltagssprache dargestellt werden. So versteigen sich manche Neurowissenschaftler wie Gerhard Roth und Wolf Singer dazu, Menschen den freien Willen abzusprechen; Freiheit sei nur eine Illusion. Damit überheben sie sich.

Der Philosoph Peter Bieri schreibt: »Man sucht in der materiellen Zusammensetzung eines Gemäldes vergebens nach Darstellung oder Schönheit, und im selben Sinne sucht man in der neurobiologischen Mechanik des Gehirns vergebens nach Freiheit oder Unfreiheit. Es gibt dort weder Freiheit noch Unfreiheit. Das Gehirn ist der falsche logische Ort für diese Idee.«[41]

Abgesehen von diesem Kategorienproblem drängt sich bei den Hirnforschern ebenso wie bei den Behavioristen die Frage auf, woher eigentlich ihr starker Wille kommt, anderen Leuten den freien Willen abzusprechen. Sind ihre Nervenzellen womöglich auf ganz besondere Weise verdrahtet?

Die Neurowissenschaften tragen zweifellos zum besseren Verständnis des Gehirns auf molekular-zellulärer Ebene bei – und durch das Human Brain Project bestimmt auch zu Fortschritten in der Computertechnik. Die höheren Funktionen des Gehirns aber sind nur im Kontext von Kultur und Gesellschaft zu begreifen, denn es handelt sich um ein soziales Organ. Wer von diesem Zusammenhang absieht, verfehlt seine Natur. Ehrgeizige Neurowissenschaftler, die behaupten, die Blackbox mit moderner Technik im Labor auslesen zu können, betreiben letztlich ebenso wie die Behavioristen eine Psychologie ohne Bewusstsein. Das allerdings mit Erfolg: Sie haben den Psychologen an den Universitäten und in den Medien mittlerweile den Rang abgelaufen und streben selbstbewusst die Deutungshoheit über das Gebiet an.

Man hat es ihnen leicht gemacht: Weil die traditionelle akademische Psychologie sich so krampfhaft um einen naturwissenschaftlichen Anspruch bemüht, damit aber weder inhaltlich noch methodisch überzeugt, fällt es echten Naturwissenschaftlern leicht, das Terrain zu besetzen. Manche Fachvertreter nehmen das indigniert zur Kenntnis, andere versuchen, auf der Neurowelle mitzusurfen. In den vergangenen Jahren wurden in hektischer Betriebsamkeit etliche Lehrstühle für neurokognitive Psychologie eingerichtet. Der Kurzschluss aus Computer und Nerven gilt derzeit als das große Ding, Hirnscanning als Methode der Wahl. Mit ihr werden, das hat sie mit den klassischen Experimenten in der Psychologie gemein, Pseudo-Erkenntnisse in großer Zahl produziert.

Neurogeschwätz und das EEG eines toten Lachses

Die in den Medien allgegenwärtigen echten und vermeintlichen Hirnforscher versprechen erstaunliche Dinge. Sie erinnern auf bezeichnende Weise an die der Behavioristen, die fast 100 Jahre zuvor in ähnlicher Weise für ihr Weltbild und ihre angeblich universell einsetzbare Sozialtechnik trommelten. Heute gibt es fast kein Problem, für dessen Lösung nicht das Zauberwort Neuro bemüht wird. Die Neuro-Pädagogik weist den Weg zur perfekten Bildung, die sich nicht an den Bedürfnissen der Schüler, sondern an denen ihrer Gehirne zu orientieren hat. Neuro-Marketing beantwortet durch Einblicke in die Köpfe der Konsumenten endlich die Frage, wann welche Werbung wie wirkt – und spart der Wirtschaft Milliarden, die sie ohne dieses Wissen für nutzlose Kampagnen zum Fenster hinauswirft. Neuro-Kriminologie verheißt eine Welt ohne Verbrechen, weil potenzielle Straftäter dank Durchleuchtung ihres Kortex erkannt und dingfest gemacht werden können. Die Liste ließe sich beliebig verlängern.

Ein bemerkenswertes Dokument derartiger Allmachtsfantasien ist das »Manifest« von elf Hirnforschern aus dem Jahr 2004.[42] Darin kündigen unter anderem die einer größeren Öffentlichkeit bekannten Wissenschaftler Gerhard Roth und Wolf Singer der Welt »enorme Fortschritte« an. In den kommenden zehn Jahren werde man wahrscheinlich »die wichtigsten molekularbiologischen und genetischen Grundlagen neurodegenerativer Erkrankungen wie Alzheimer oder Parkinson verstehen und diese Leiden schneller erkennen, vielleicht von vornherein verhindern oder zumindest wesentlich besser behandeln können. Ähnliches gilt für einige psychische Krankheiten wie Schizophrenie und Depression.« Außerdem werde die Hirnforschung uns »vermehrt in die Lage versetzen, psychische Auffälligkeiten und Fehlentwicklungen, aber auch Verhaltensdispositionen zumindest in ihrer Tendenz vorauszusehen – und ›Gegenmaßnahmen‹ zu ergreifen«. Und dann findet sich in dem Manifest noch die bemerkenswerte Zukunftsvision, »dass man widerspruchsfrei Geist, Bewusstsein, Gefühle, Willensakte und Handlungsfreiheit als natürliche Vorgänge ansehen wird, denn sie beruhen auf biologischen Prozessen«.

Da offenbart sich ein merkwürdiges Weltbild. Michael Hagner, Professor für Wissenschaftsforschung der Eidgenössisch-

Technischen Hochschule Zürich, zieht in gewisser Weise eine Parallele zur Schädellehre (Phrenologie) des Arztes Franz Joseph Gall – der Ende des 18. Jahrhunderts behauptet hatte, aus der Kopfform, auf den Charakter zu schließen – und spricht von »Cyber-Phrenologie«. Um deutlich zu machen, »dass die mittels neuen bildgebenden Verfahren gewonnenen Ansichten des Gehirns einen physignomischen Blick implizieren, der nach der Devise funktioniert: ›Zeig mit dein Gehirn und ich sage dir, wer du bist, oder wenigstens, was du denkst.‹«[43]

Diese Hybris schreit eigentlich nach einer fundierten Kritik der Psychologie als Disziplin. Doch von führenden Fachvertretern ist zu diesem Thema wenig zu hören. Sie sind dem Neuro-Hype entweder selbst erlegen oder fühlen sich für grundsätzliche Fragen nicht zuständig. Solche werden glücklicherweise von einigen Hirnforschern selbst gestellt. Eine Gruppe legte 2014, also zehn Jahre nach dem »Manifest«, eine Art Gegenschrift vor, das »Memorandum Reflexive Neurowissenschaft«.[44] Der Zeitpunkt war gut gewählt, denn nun konnte man Bilanz ziehen. Und siehe da: Keine der zentralen Voraussagen von Roth, Singer und Co. hatte sich bewahrheitet.

So weiß man bis heute weder, was die Ursachen der sogenannten Alzheimer-Demenz sind, noch wie sie zu heilen wäre. Auch bei psychischen Krankheiten gibt es keinen Fortschritt dank Hirnforschung. »Eine Annäherung an gesetzte Ziele ist nicht in Sicht«, heißt es in dem Memorandum. »Die Ursachen dafür gehen weit über organisatorisch-technische Schwierigkeiten hinaus und liegen einerseits an Schwächen im Bereich der Theorie der Neurowissenschaft, andererseits an zu wenig durchdachten naturalistischen Vorannahmen und Konzepten, die wünschenswerte Brückenschläge zur Psychologie, Philosophie und Kulturwissenschaft nachhaltig erschweren.«

Soll heißen: Hirnforscher experimentieren – ganz in der Tradition der Labor-Psychologie – munter an ihrem Gegenstand vorbei, weil sie zu wenig über den Sinn ihres Tuns nachdenken.

Ein wesentliches Problem ist dabei laut Memorandum: »Bereits die oftmals unzulängliche Unterscheidung von notwendigen und hinreichenden Bedingungen hat auf vielen Feldern zur Überschätzung eigener Erklärungsansprüche geführt: Selbstverständlich ist ohne Gehirn alles nichts, aber das Gehirn ist nicht alles, denn es benötigt den Körper, und der Körper benötigt die Umwelt. Aussagen wie ›Psychische Prozesse beruhen auf Gehirnprozessen‹ führen uns nicht weiter, denn psychische Prozesse benötigen auch die Atmung, den Blutkreislauf usw.«

Der gleiche Denkfehler liege der Behauptung zugrunde, man könne Geist, Bewusstsein, Gefühle, Willensakte und Handlungsfreiheit, widerspruchsfrei als »»natürliche Vorgänge ansehen, denn sie beruhen auf biologischen Prozessen««. Bekanntlich beruhten »in einem sehr trivialen Sinne alle menschlichen Leistungen ›auf biologischen Prozessen‹«. Man müsse beispielsweise atmen, »um etwas zu leisten, woraus jedoch nicht folgt, dass alle menschlichen Leistungen als Atmung ›angesehen‹ werden können. Hier zeigen sich also allzu einfache Verursachungstheorien. (…) Letztlich ist die Reduktion des Menschen und all seiner intellektuellen und kulturellen Leistungen auf sein Gehirn als ›neues Menschenbild‹ völlig unzureichend. In diesem einseitigen Raster ist der Mensch als Subjekt und Person in seiner Vielschichtigkeit nicht mehr zu fassen. Es ist immer die ganze Person, die etwas wahrnimmt, überlegt, entscheidet, sich erinnert usw., und nicht ein Neuron oder ein Cluster von Molekülen.«

Der amerikanische Philosoph Tyler Burge nennt den in der Hirnforschung vorherrschenden Diskurs Neurobabble, Neurogeschwätz.[45] Dieses reduziere den Menschen nicht nur auf seine grauen Zellen, sondern führe auch die Forschung in die Irre. Weil Hirnforschung per se als zukunftsweisend gilt, wird viel Geld in fruchtlose Vorhaben gesteckt, die von den Verantwortlichen dann durch weiteres Neurogeschwätz gerechtfertigt werden.

Ein wesentlicher Faktor dabei ist die Technik. Denn durch die Entwicklung bildgebender Verfahren ist es – angeblich – möglich, dem Gehirn beim Denken, Fühlen, Entscheiden zuzuschauen. Der Mensch ist ein Augentier, und sehen heißt glauben. Bilder oder Videos, die die verschiedenen Regionen des Gehirns als farbige Flecken zeigen, sind faszinierend und erinnern an moderne Kunst. Bei all dem Staunen tritt die Frage, auf welche Weise diese Darstellungen eigentlich erzeugt werden, leicht in den Hintergrund.

Ein entscheidender Schritt war für die Hirnforschung die Entwicklung der funktionellen Magnetresonanztomografie (fMRT), wie der zum Kreis kritischer Neurowissenschaftler zählende Felix Hasler in seinem Buch *Neuromythologie* erläutert.[46] Zuvor konnte man mit der MRT nur die Anatomie des Organs zeigen, die fMRT soll es nun ermöglichen, den grauen Zellen bei der Arbeit zuzuschauen. Die Annahme, auf der die Technik beruht, lautet: Dort, wo das Gehirn aktiv ist, braucht es mehr Sauerstoff und wird zu diesem Zweck stärker durchblutet. Die Konzentration von sauerstoffreichem Hämoglobin nimmt also zu, die von sauerstoffarmem ab. Diese Veränderung lässt sich durch eine fMRT messen.

Die bunten Bilder, die die Hirnaktivität demonstrieren sollen, sind nicht das unmittelbare Ergebnis solcher Messungen, sondern werden nachträglich am Computer berechnet. »Sie sind somit nichts anderes«, schreibt Hasler, »als anschaulich aufbereitete grafische Darstellungen der statistischen Verteilung von zeitabhängigem Blutfluss und Sauerstoffbedarf im Gehirn. Der Begriff ›bildgebende Verfahren‹ ist gerade für das fMRT überaus treffend. In der Wortwahl kommt nämlich zum Ausdruck, dass es sich bei diesem Visualisierungsverfahren nicht einfach um eine Abbildung, sondern um einen Herstellungsprozess handelt.«[47]

Und der beruht auf einer Annahme, die nicht unumschränkt gilt. Hasler verweist auf eine Studie an der University of California, San Diego. Sie ergab, dass neuronale Aktivitäten bisweilen auch mit einer Verengung der Blutgefäße einhergehen, der Blutfluss also vermindert und nicht erhöht wird. Hinzu kommt ein spezielles Messproblem: Weil das Gehirn bekanntlich immer aktiv ist und sehr energieeffizient arbeitet, tun sich Forscher schwer, den zu untersuchenden Effekt vom Hintergrundrauschen zu unterscheiden. Der Energieverbrauch des Organs nimmt bei Probanden, die eine Denkaufgabe lösen müssen, lediglich um fünf Prozent zu. Außerdem unterscheiden sich die neuronalen Aktivierungsmuster bei identischen Testbedingungen und Messmethoden von Person zu Person erheblich. All diese Faktoren erschweren die Forschung und relativieren die Aussagekraft der Hirnscans. Für viele dürfte dasselbe gelten wie für den Rorschachtest: schön anzusehen, aber sinnfrei.

Umso erstaunlicher, welche Schlüsse an sich intelligente Menschen aus solchen bunten Bildern ziehen. Da ist zum Beispiel James Fallon, Professor für Neurowissenschaften, Gründer zweier Biotech-Firmen und Berater der US-Regierung. Er untersuchte die Hirnscans von verurteilten Serienmördern und stellte beim Vergleich mit einer Abbildung seines eigenen Gehirns frappierende Ähnlichkeiten fest.

Ihm selbst und den Mördern, sagte er dem *Stern*,[48] »mangelt es an Aktivität in Bereichen des Frontal- und Temporallappens des Gehirns. Das sind die Gebiete, die für Empathie und Selbstkontrolle zuständig sind. Vermutlich fehlt ihnen die Fähigkeit zu moralischer Vernunft und zur Kontrolle ihrer Impulse. Die für Stress und Aufregung verantwortlichen Bereiche waren ebenso inaktiv. All das führt zu einem gefühllosen Verhalten.« Er, Fallon, habe zudem festgestellt, dass es in der Familie seines Vaters sieben Mörder gegeben habe und er damit genetisch vorgeprägt sei.

Also ein Fall für den Hochsicherheitstrakt? Das dann doch nicht, denn Fallon stuft sich selbst nur als »sekundären Psychopathen« ein. Dieser Typus werde nur gefährlich, wenn er als Kind misshandelt werde – was bei ihm glücklicherweise nicht der Fall gewesen sei. Im Gespräch mit den *Stern*-Journalisten versuchte Fallon nach Kräften, den Laborbefund »Psychopath« zu untermauern, und stellte sich als gefühlskalten Rabenvater dar, der gern andere manipuliere und nachtragend sei (»Ich kann Leben extrem unangenehm machen. Leute, an denen ich mich räche, ahnen meist nicht, wer ihnen das angetan hat. Ihr Leben zerfällt einfach.«).

Falls Fallon keine Komödie aufgeführt hat – worauf leider wenig hindeutet –, handelt es sich bei ihm um einen Wissenschaftler, der seinen biologischen Reduktionismus fröhlich gegen sich selbst wendet. Dies mit Theorien, die längst widerlegt sind: So lassen sich bestimmte Eigenschaften wie Empathie nicht bestimmten Orten im Gehirn zuordnen. Eine der faszinierendsten Fähigkeiten des Gehirns ist nämlich seine Plastizität: Es verändert sich lebenslang durch seine Benutzung. Außerdem sind an ein und derselben Funktion verschiedene Hirnregionen beteiligt, und wenn ein Areal etwa durch eine Verletzung ausgeschaltet ist, können andere Regionen dessen Aufgaben übernehmen.

Ebenso wenig existiert ein Mörder-Gen, das vererbt werden könnte. Und auch organische Ursachen für Geisteskrankheiten lassen sich nicht ausfindig machen, wiewohl fieberhaft danach gesucht wird. Eine Arbeitsgruppe des Weltverbandes der Gesellschaft für Biologische Psychiatrie, die für die aktuelle Auflage des Diagnosehandbuchs *DSM* solche sogenannten biologischen Marker finden sollte, musste zu ihrem großen Bedauern passen.

Doch solche Argumente verblassen anscheinend vor der Macht der Bilder aus den Oberstübchen. Zudem lassen sich aus den Datenfluten, die Hirnforscher in ihren Labors erzeugen, immer irgendwelche Erkenntnisse zaubern – und wen interessiert schon, wie die zustande gekommen sind? Die Devise lautet, wie auch bei den Statistik-Orgien der Verhaltenswissenschaftler: Quäle deine Daten, bis sie gestehen!

Wie man das anstellt, führten drei Psychologen beim 15. Annual Meeting of the Organization for Human Brain Mapping 2009 in San Francisco mit einer erhellenden Arbeit vor, die den Titel trug: »Neuronale Korrelate zwischenartlicher Perspektiveneinnahme im postmortalen atlantischen Lachs: Ein Argument für die Korrektur bei multiplen Vergleichen«.[49] Das Versuchsdesign war klassisch, bis auf den Fisch. Das Forscher-Trio hatte tatsächlich einen Lachs mithilfe eines fMRT-Scanners untersucht und ihm währenddessen eine Reihe von Fotos vorgehalten, die Menschen in sozialen Situationen zeigten (sich umarmend, streitend, die Hände schüttelnd etc.). Die Messdaten wurden dann wie üblich ausgewertet, und siehe da: An verschiedenen Stellen im Gehirn des Fisches konnte eine signifikant erhöhte Aktivität festgestellt werden.

Kleiner Schönheitsfehler: Der Lachs war zum Zeitpunkt der Untersuchung bereits tot.

Mit dem Gag wollten die Wissenschaftler auf ein methodisches Problem hinweisen: Wer es wie sie bei sogenannten multiplen Vergleichen unterlässt, seine Daten statistisch zu korrigieren, erhält mit sehr großer Wahrscheinlichkeit falsch positive Ergebnisse. Und dies scheint durchaus üblich zu sein: Nachträgliche Prüfungen ergaben, dass bei 25 bis 40 Prozent von in namhaften Fachzeitschriften veröffentlichten fMRT-Studien keine entsprechende Korrektur vorgenommen worden war.

Felix Hasler schreibt: »Wie viele der roten und blauen Flecken in den fMRT-Aufnahmen jener Studien bloß technische und rechnerische Artefakte sind, wird wohl nicht mehr zu klären sein.«[50] Aber auch wenn korrekt gemessen und gerechnet werde, neige der Mainstream der Hirnforschung dazu, »Menschen als isolierte zerebrale Subjekte in einem sozialen Vakuum zu behandeln«.[51] Und reiht sich damit nahtlos in die Tradition der Psychologie ohne Bewusstsein ein.

Risiken und Nebenwirkungen

Ich zeig dir meins, du zeigst mir deins: Tyrannei der Intimität

»Eine Maske zu tragen gehört zum Wesen von Zivilisiertheit.«
Richard Sennett[1]

Weil die Verantwortlichen in deutschen Fernsehsendern nichts mehr fürchten als Unvorhergesehenes, sind Pannen mit das Aufregendste am Programm. Am 14. März 2013 ereignete sich in der Vorabendsendung *Das!* des Norddeutschen Rundfunks (NDR) folgender Vorfall: Dort hatten die Schauspielerin Katja Riemann und der Moderator Hinnerk Baumgarten auf dem roten Sofa Platz genommen. Es ging darum, den Fernsehfilm *Verratene Freunde* zu bewerben, in dem Riemann mitspielte und an dem der NDR beteiligt war. Das Übliche also.

Höherrangige Prominente treten meist nur dann in der Öffentlichkeit auf, wenn sie ein neues Buch, eine neue CD oder eben einen Film bewerben sollen; Schauspieler sind sogar häufig vertraglich verpflichtet, solche PR-Termine wahrzunehmen. Journalisten versuchen ihnen bei diesen Anlässen meist Privates zu entlocken, weil sich das Publikum, so die Annahme, dafür mehr interessiere als für die zu bewerbenden Produkte.

Entsprechend ging der Moderator Baumgarten an das Gespräch heran. Er fragte Katja Riemann umstandslos nach Privatem, präsentierte einen Einspielfilm mit Kinderfotos von ihr, der in Kirchweyhe bei Bremen gedreht worden war, dem Ort, aus dem sie stammt. Außerdem versuchte Baumgarten hartnäckig, eine Verbindung zwischen dem zu promotenden Fernsehfilm – den er, wie er selbst zugab, nicht gesehen hatte – und der Persönlichkeit der Schauspielerin herzustellen. Die aber ließ sich nicht auf das Spiel ein und den Moderator auflaufen. Sie demonstrierte ihm und den Zuschauern überdeutlich, wie unangenehm ihr die Situation war. Die Spannung zwischen beiden war greifbar. Doch der Moderator wich keinen Deut von seinem Programm ab, das darin bestand, stoisch lächelnd, ein Stichwort nach dem anderen abzuhaken. Der Medienjournalist Stefan Niggemeier verglich die Wirkung des Interviews später mit »der verstörenden Faszination eines grausamen Autounfalls in Zeitlupe: Man will nicht hinsehen, aber Weggucken geht erst recht nicht.« Hier ein Auszug aus dem Gespräch:

Katja Riemann: Was war jetzt die Frage?
Hinnerk Baumgarten: Ob Sie in so einer Abhängigkeit leben könnten?
Riemann: In was für einer Abhängigkeit?
Baumgarten: Wie die Frau von Heino Ferch in dem Film *Verratene Freunde*, kommenden Mittwoch im Ersten?
Riemann: Haben Sie diese Frage jetzt ganz im Ernst gestellt?
(…)
Baumgarten: Als Schauspielerin macht man sich ja Gedanken, man setzt sich ja mit der Rolle auseinander. Man sagt sich doch wahrscheinlich: »Welche Auswirkungen hätte das auf mein Leben?«
Riemann: Ehrlich gesagt nicht.
Baumgarten: Nicht?
Riemann: Es ist überhaupt nicht von Interesse, wenn du eine Rolle spielst, was du selber persönlich tun würdest. (…). Es geht darum, wie du die Rolle spielst. Das ist wichtig. Nicht immer diese Privatismen, dieses Persönliche, In-Sich-Rumrühren. Darum geht es überhaupt nicht.

Katja Riemann wehrte sich gegen eine allgemein anerkannte Denkfigur, die suggeriert: Das Offensichtliche ist nicht das Eigentliche. Das Eigentliche ist verborgen, persönlich, intim.

Darauf wollte der Moderator Baumgarten hinaus. Riemann konterte, dass das Persönliche für ihr Handwerk als Schauspielerin unerheblich sei. Sie brauche es nicht, um in eine andere Rolle zu schlüpfen. Darauf hätte der Moderator eingehen können, hätte diskutieren können, wie die Riemann ihren Job gemacht hat, wenn er den Film denn gesehen hätte. Das aber hatte er nicht für nötig befunden, weil der Zweck solcher Promi-Interviews nicht der ist, über Sachliches zu reden, sondern über Persönliches.

Das war selbstverständlich auch Katja Riemann klar. Sie ist nicht naiv, sie kennt das Geschäft und weiß, dass der Marktwert populärer Schauspieler weniger von ihrer Kunst als von ihrer Präsenz auf roten Teppichen, Sofas und in Klatschspalten abhängt. Deshalb taucht auch Riemann dort auf und sprach in der Vergangenheit immer mal wieder über Privates. Doch an diesem Märztag auf dem roten Sofa des NDR hatte sie aus welchem Grund auch immer keine Lust dazu, fiel aus der für sie vorgesehenen Rolle und erlaubte so einen Blick hinter die Kulissen.

Das Publikum dankte es ihr nicht. Katja Riemann – und nicht etwa Hinnerk Baumgarten – erntete nach der Sendung einen Shitstorm; sie ließ ihre Facebook-Seite zeitweise abschalten. Die öffentliche Empörung wurde unter anderem von der *Bild am Sonntag* angefacht, die den Moderator fragte: »Wie war es, die übellaunigste Schauspielerin Deutschlands zu interviewen?« Offenbar kommt es nicht gut an, wenn Prominente die allgemeine Erwartung enttäuschen, die darin besteht, dass sie Privates preisgeben sollen. Der Vorfall auf dem roten Sofa ist ein anschauliches Beispiel für die von Richard Sennett in seinem gleichnamigen Buch bereits 1976 kritisierte »Tyrannei der Intimität«.

Seht her: So bin ich wirklich!

Der Soziologe war einer der Ersten, die die Folgen der Psychologisierung der Gesellschaft auf das öffentliche Leben untersuchten. Der Psychoboom im Allgemeinen und die Popularisierung des therapeutischen Denkens im Besonderen haben dazu geführt, dass Authentizität, was immer man darunter auch verstehen mag, zum Maßstab für Glaubwürdigkeit geworden ist. Es geht nicht mehr darum, was einer tut und wofür er steht, sondern um die Enthüllung des Innenlebens: Seht her, so bin ich wirklich!

Sennett schreibt: »Jedem einzelnen ist das eigene Selbst zur Hauptbürde geworden. Sich selbst kennenzulernen ist zu einem Zweck geworden, ist nicht länger ein Mittel, die Welt kennenzulernen.«[2] Und: »Wie nie zuvor befassen sich die Leute heute mit ihrer individuellen Lebensgeschichte und ihren besonderen Emotionen. Aber wie sich herausgestellt hat, war dieses Interesse eine Falle; in die Freiheit führte es nicht.«[3]

Denn die Fixierung auf das Persönliche hat, so Sennetts Diagnose, den Verfall des öffentlichen Lebens zur Folge. Die Frage »Was fühle ich?« werde zur Obsession; die Offenbarung des eigenen Innenlebens anderen gegenüber diene dazu, den Wert des Selbst zu demonstrieren. Und verringere die Bereitschaft, »sich auf Erfahrungen in der Welt einzulassen, die sich der Kontrolle des Selbst entziehen«.[4]

Der Soziologe warnte schon damals vor einer Gesellschaft, in der die Hauptbeschäftigung der Leute darin besteht, um sich zu kreisen. Vergeblich. Narzissmus hat sich zur Leitneurose der Gegenwart entwickelt, wie man unter anderem in sogenannten sozialen Medien wie Facebook, Twitter oder Instagram feststellen kann, wo Abermillionen sich unentwegt mit ihrer Selbstdarstellung beschäftigen und an ihr Publikum appellieren: Find mich gut! Noch nie waren so viele Menschen so sehr auf das fixiert, was sie für ihr Ich halten.

Die Dominanz des psychologischen Denkens in vielen Sphären ist fatal, weil es sehr häufig zu nichts oder zu falschen Schlüssen führt. Denn es ist anstrengend und unproduktiv, wenn jeder jederzeit seine Befindlichkeit zum Maßstab macht. Die Suche nach den eigentlichen, verborgenen Motiven der Mitmenschen ist in aller Regel ufer- und fruchtlos. Das Gleiche gilt für die gegenseitige Selbstentblößung, die heute nicht mehr in Encouter-Gruppen, sondern in Fernsehshows wie dem *Dschungelcamp* oder *Big Brother* vorgelebt wird: Du zeigst mir deins, ich zeig dir meins. »Je näher die Menschen einander kommen«, so Sennett, »desto ungeselliger, schmerzhafter, destruktiver werden ihre Beziehungen zueinander.«[5]

Es kann auch nicht im Interesse der Allgemeinheit sein, sachliche Angelegenheiten zu persönlichen umzudeuten. Dies ist aber mittlerweile unter anderem im Politikbetrieb Standard. Bewerber um politische Ämter bemühen sich nach Kräften, als sogenannte authentische Persönlichkeiten zu erscheinen, das ist der Adelstitel der Mediengesellschaft. Wer dagegen die Auffassung vertritt, sein Privatleben gehe die Öffentlichkeit nichts an, man solle ihn doch bitte an seinen Handlungen messen, hat schlechte Karten.

Politik der Gefühle

Ein Politiker, der diese Fehlwahrnehmung schon früh für seine Zwecke nutzte, war bezeichnenderweise Richard Nixon, auch Tricky Dick genannt, der Mann, der bis heute mit dem Watergate-Skandal verbunden wird. Doch beinahe wäre er nicht erst 1974, sondern schon viel früher gestolpert: Im Jahr 1952 war herausgekommen, dass der damalige Senator von Kalifornien sich von reichen Geschäftsleuten Geld für eine schwarze Kasse hatte geben lassen. Das war damals eine verbreitete Praxis, aber für Nixon, der sich stets als Mann des Gesetzes und Gegner des politischen »Establishments« dargestellt hatte, peinlich.

Durch einen Fernsehauftritt vor einem Millionenpublikum gelang es dem republikanischen Politiker, sich aus der misslichen Lage zu befreien. Im TV-Studio sagte er wenig zum Thema Korruption, brach dafür aber in Tränen aus und sprach über seine Frau sowie seinen Hund Checkers. Die Masche funktionierte, und die Botschaft kam an: Ein guter Familienmensch kann kein schlechter Politiker sein. Nixon brachte es zum Präsidenten der Vereinigten Staaten, bis Reporter der *Washington Post* ihn durch die Aufdeckung des Watergate-Skandals zum Rücktritt zwangen.

Seitdem haben viele weitere Politiker auf die gleiche Masche gesetzt. Unter anderem Bill Clinton, der fast fünfzig Jahre nach Nixons Show eine ähnliche abzog. Der wesentliche Unterschied: Clinton tat dies – in Zeiten einer weit fortgeschrittenen Tyrannei der Intimität –, um einen Skandal abzuwehren, der früher wohl als Privatangelegenheit gegolten hätte. Nachdem herausgekommen war, dass der Präsident eine Affäre mit der Praktikantin Monica Lewinsky hatte, setzten ihn Medien, Opposition und Strafverfolger in beispielloser Weise unter Druck und zwangen den Präsidenten der USA zu einer hochnotpeinlichen Fernsehbeichte. In der Folge zeigte er sich zwecks Imagepflege und mit Erfolg häufig mit seinem Labrador-Mix Buddy – frei nach Nixon: Wer seinen Hund liebt, kann kein ganz schlechter Kerl sein.

In Deutschland bekam die Psychologisierung der Politik mit der Regierungsübernahme durch Rot-Grün im Jahr 1998 einen gewaltigen Schub. »In keinem anderen Kabinett«, schrieb Kurt Kister, Chefredakteur der *Süddeutschen Zeitung*, wurde der Personenkult so großgeschrieben wie im ersten Kabinett Schröder/Fischer.«[6] Gerhard Schröder trat als Bundesanzler bei *Wetten, dass ..?* auf und zeigte sich dem Fernsehpublikum von seiner privaten Seite. Der damalige Bundesaußenminister Joschka Fischer schrieb das bereits erwähnte Buch über seine Metamorphose vom Fettklops zum Marathon Man, das der Soziologe Hans-Joachim Busch als »selbstentblößende Thematisierung eines sich selbst und vor allem seinen Körper in den Mittelpunkt stellenden bußfertigen Lebenswandels« charakterisierte.[7]

Und auch der damalige Verteidigungsminister Rudolf Scharping wollte nicht hintanstehen: Er ließ sich auf Mallorca im Pool mit Gräfin Pilati für die *Bunte* ablichten, um endlich einmal locker zu wirken. Wegen schlechten Timings – als der Verteidigungsminister plantschte, stand die Bundeswehr unmittelbar vor einem Einsatz in Mazedonien – brachte die Story ihm aber kein Glück, sondern kostete ihn letztlich das Amt. Bemerkenswert ist, dass diese tölpelhafte Inszenierung Scharping bis heute mehr nachhängt als seine Fehlleistungen als Politiker. So hatte er nach den Angriffen der Nato auf Jugoslawien unter deutscher Beteiligung, aber ohne Mandat der UN, den sogenannten Hufeisenplan aus dem Hut gezogen – angeblich der Beleg für das Vorhaben der serbisch-jugoslawischen Regierung, die albanische Bevölkerung aus dem Kosovo zu vertreiben, und eine Rechtfertigung für den völkerrechtswidrigen Krieg. Doch offenbar handelte es sich bei dem Hufeisenplan um eine Fälschung.

Trotz der Risiken folgten auch konservative deutsche Politiker dem Vorbild von Scharping und Co., ließen Home-Storys zu, berichteten über ihr Liebesleben, ihre angeblich wilde Jugend oder schwere Krankheiten. Der Reiz, das Publikum mit (scheinbar) intimen Einblicken zu gewinnen, ist für Politiker und Medien unwiderstehlich. Privates ist immer eine Nachricht wert, Politik dagegen kompliziert und für viele Menschen undurchschaubar. Hinzu kommt, dass sich die einstigen Gegensätze zwischen den politischen Lagern aufgelöst haben, was die Orientierung erschwert. Schlichte Psychogramme versprechen da Abhilfe: Bei »Mutti« Merkel weiß jeder, was gemeint ist – nur dass es darauf in der Politik gar nicht ankommt.

Wohin die Strategie der öffentlichen Selbstentblößung führen kann, zeigt exemplarisch der Fall von Christian Wulff.[8] Schon als niedersächsischer Ministerpräsident ging er mit Unterstützung seines Sprechers Olaf Glaeseker auf Tuchfühlung zur *Bild*-Zeitung und ließ exklusive Berichte über Privates zu. Das Boulevardblatt revanchierte sich bei dem CDU-Politiker mit einer verständnisvollen Berichterstattung über die Trennung von seiner Frau im Jahr 2006 wegen der 14 Jahre jüngeren Bettina Köhler, Wulffs späterer Ehefrau. Das neue Glück wurde wiederum prominent von *Bild* vermeldet. Der einst als dröge geltende Wulff und seine attraktive Gattin avancierten zum Glamour-Paar.

Die gedeihliche Zusammenarbeit zwischen dem Springer-Blatt und dem Politiker ging auch nach dessen Wahl zum Bundespräsidenten im Jahr 2010 weiter. *Bild* zeigte die Patchworkfamilie im Schloss Bellevue und bei den Reisen, die mit dem Amt des Staatsoberhaupts verbunden sind. Am 11. Dezember 2011 erschien unter der Überschrift »Expedition Romantik« ein letzter schwülstiger Bericht dieser Art: »Bei der Omanreise ließen Bettina und Christian Wulff die Delegation in der Stadt zurück und übernachteten in einem Wüstencamp. Um 5.45 Uhr standen sie auf und genossen den Sonnenaufgang.«

Zur gleichen Zeit arbeitete das Blatt aber schon an einem für Wulff deutlich unerfreulicheren Thema. Es ging um einen günstigen Kredit, den Edith Geerkens, die Frau eines befreundeten Unternehmers, dem damaligen niedersächsischen Ministerpräsidenten gewährt hatte, damit der sich mit »seiner schönen Bettina« (*Bild*) ein Häuschen kaufen konnte. Über diese Recherchen war Wulff außerordentlich erbost. Er hatte offenbar das enge Verhältnis zum Boulevardblatt und dessen Chefredakteur Kai Diekmann mit einer echten Freundschaft verwechselt und die Machtverhältnisse falsch eingeschätzt. Wulff rief Diekmann von seiner Dienstreise im Nahen Osten an, erreichte aber nur die Mailbox, auf der er ihm eine wütende und von seiner eigenen Bedeutsamkeit durchdrungene Nachricht hinterließ: »Ich bin gerade auf dem Weg zum Emir!« Der Bundespräsident drohte dem *Bild*-Chefredakteur mit »Krieg« – und den verlor er.

Das Wortprotokoll der wenig präsidialen Wutrede Wulffs auf der Mailbox wurde anderen Redaktionen zugespielt und bundesweit zum Thema. Nun hefteten sich Journalisten von Medien aller Couleur an Wulffs Fährte und fanden heraus, dass Wulff ein Freund reicher Gönner und Schnäppchen aller Art war.

Aber nicht nur das wurde thematisiert. Es kam zu einem regelrechten Aufmerksamkeitsexzess – man versuchte, die Persönlichkeit des Politikers und seiner Frau auszuleuchten.[9]

So griffen vermeintlich seriöse Journalisten haltlose Gerüchte auf, die über Bettina Wulff kursierten, und fachten sie so weiter an. Die *Frankfurter Allgemeine Zeitung* kommentierte den ästhetischen Wert des Wulff'schen Eigenheims in Großburgwedel, mit dem die Affäre begonnen hatte: »Etwas mehr als solchen Durchschnittsgeschmack hätte man schon von einem Amtsträger erwartet, der Vorbild für alle Deutschen sein soll.«[10] Und die *Financial Times Deutschland* ging der After-Eight-Spur nach: Christian Wulff sollte mehr als 30 Jahre zuvor seine Mitschüler mit Süßigkeiten bestochen haben, um Schülersprecher zu werden.

Der Medienwissenschaftler Bernhard Pörksen nannte diese Art der Berichterstattung in einem Beitrag für die *Zeit* »Charaktertest-Journalismus (...), der die eigenen Übergriffe als dringend gebotenen Entlarvungsauftrag maskiert und möglichst missgünstig interpretierte Details zum schwerwiegenden Persönlichkeitsbefund umdeutet«. Es handele sich um »ein Genre der gezielten Personenkritik, die die Matrix zur Bewertung des Politischen zugunsten des Persönlichen und Moralischen hinter sich gelassen hat und letztlich auf die investigative, genauer gesagt: die pseudoinvestigative Ausleuchtung des inneren Menschen zielt. Man will, gestützt vom Glauben an die eigene Fähigkeit zur Wahrheitserkenntnis, vor aller Augen ein Charaktergeheimnis lüften, grimmig und entschlossen, ohne falsche ›Ehrfurcht vor der Maske‹, wie Nietzsche sagen würde. Am Ende gilt es, eine womöglich widersprüchliche Gesamtpersönlichkeit auf die Essenz zusammenschrumpfen zu lassen und den Wesenskern eines Menschen – einer Trophäe gleich – in der Öffentlichkeit zu präsentieren: Seht her, die nackte Seele!«[11]

Christian Wulff trat im Februar 2012 von seinem Amt zurück, nachdem die Staatsanwaltschaft Hannover die Aufhebung seiner Immunität als Bundespräsident beantragt hatte. Im Februar 2014 wurde er vom Landgericht Hannover von dem Verdacht der Vorteilsnahme freigesprochen.

Wulff sieht sich als Opfer von Justiz und Medien, die ihn in maßlosem Eifer verfolgt und um sein Amt gebracht hätten – eine Sicht der Dinge, die auch in seinem Buch *Ganz oben, ganz unten* zu lesen ist. Dass die persönlichen Attacken auf ihn wesentlich damit zu tun haben, dass er selbst die Maske des Politikers hatte fallen lassen, um sich als Mensch zu zeigen, scheint er bis heute nicht recht einzusehen. Richard Sennett schreibt: »Wie die persönlichkeitszentrierte Politik das öffentliche Interesse davon ablenkt, den persönlichen Charakter am politischen Handeln zu messen, so kann, wenn alle Charakterelemente ohne stichhaltige Bezugspunkte symbolträchtig werden, jeder Missgriff, jeder Fehler zur Selbstzerstörung führen.«[12]

Triumph der Selbstdarsteller

»Noch in den neunziger Jahren wurden Managerkarrieren hauptsächlich aufgrund von mangelnder Performance beendet. Heute ist es genau umgekehrt: Manager scheitern heute zu 80 Prozent an Problemen mit der Perzeption ihrer Arbeit und ihrer Persönlichkeit.«[13]

Torsten Oltmanns, Partner und Global Marketing Director von Roland Berger

Die Tendenz geht hin zur Selbstentblößung, nicht nur in der Politik, sondern auch in der Arbeitswelt. Wie beschrieben, sind in den meisten Berufen heute Verhaltensmuster und Fertigkeiten – sogenannte Schlüsselqualifikationen oder auch Soft Skills – gefragt, die man vor nicht allzu langer Zeit noch allein der Privatsphäre zugeordnet hätte. Das ist einerseits erfreulich, weil in der postindustriellen Gesellschaft viele qualifizierte Beschäftigte nicht mehr als reine Funktionsträger gesehen werden und größere Freiheiten genießen als je zuvor.

Andererseits ist es aber auch anstrengend, weil die Arbeitsbeziehungen – ähnlich wie romantische Beziehungen – mit Ansprüchen überlastet werden. Auf Arbeitgeberseite treibt der Wunsch, die gesamte Persönlichkeit des Mitarbeiters einzubeziehen, zum Teil skurrile Blüten. So fing der Dokumentarfilmer Harun Farocki für sein Werk *Das neue Produkt* über moderne Arbeitswelten eine bemerkenswerte Szene ein: Darin fantasiert einer der Geschäftsführer der Unternehmensberatung Quickborner Team darüber, dass, im Sinne einer ganzheitlichen Betrachtung, künftig auch der Erfolg der Mitarbeiter im Privatleben – Was macht der Hausbau? Die Ehe? – finanziell belohnt werden solle. Auf den Gedanken, seinen Mitarbeitern mit solchen Incentives für eine rundum gelungene Existenz zu nahe zu treten, scheint er nicht gekommen zu sein.

Konkreter als solche Gedankenspiele ist der Appell an das »unternehmerische Selbst« im flexiblen, auf Netzwerken beruhenden Kapitalismus.[14] Objektive Anforderungen werden in Persönlichkeitseigenschaften übersetzt. Der ideale Arbeitnehmer soll mit seinen Kollegen, Vorgesetzten und Kunden kommunizieren können und in der Lage sein, sich in andere hineinzudenken, also über soziale Intelligenz verfügen. Er soll seine eigenen Stimmungen kontrollieren und ein Gespür für die der anderen haben, um mit ihnen umgehen können, was auch als emotionale Intelligenz bezeichnet wird. Und er soll in der Lage sein, unkonventionell zu denken und so neue Lösungen zu finden, also kreativ sein.

Damit gerät die ganze Persönlichkeit ins Visier. Da die aber nicht ohne weiteres zugänglich ist – oft auch der entsprechenden Person selbst nicht –, ist es naheliegend, der Außenwelt die gewünschten sozialen Kompetenzen zu demonstrieren. Je größer das Interesse an den inneren Werten, desto mehr muss geschauspielert werden. Da dies nur wenigen überzeugend gelingt, wirkt die Darstellung der gewünschten sozialen Kompetenzen häufig aufgesetzt. Auch in diesem Punkt ähneln die

Psychorituale in den Unternehmen von heute denen der Selbsterfahrungsgruppen der sechziger und siebziger Jahre – nur dass die Betriebstemperatur in der Wirtschaft deutlich niedriger ist als in der alternativen Szene von damals.

Carmen Losmann hatte Gelegenheit, dieses Phänomen in modernen Firmen für ihren Film *Work hard, play hard* zu dokumentieren. Sie filmte unter anderem sogenannte Assessment-Center, die die Personalberatung Kienbaum bei der Firma Schott Solar durchgeführt hat. Mitarbeiter, denen man anspruchsvollere Aufgaben zutraut, werden zwei Stunden lang von drei Personalberatern befragt. Ein junger Marketingmanager versucht, das Beste aus der Situation zu machen, gibt Antworten wie aus dem Karriereratgeber (»Ich arbeite gern im Team und suche immer nach einer Win-win-Situation«). Hinterher bekommt er Feedback von der Chefin des Kienbaum-Teams. Erst Lob: »Sie sind dynamisch, motiviert, scheinen Feuer und Flamme für Ihren Job zu sein.« Dann Tadel: »Was noch nicht voll und ganz da ist, ist das Thema Beziehungsorientierung, Perspektivwechsel, sich voll in die andere Person mit ihren Treibern und Motivationslagen hineinzuversetzen.«

Dem Prüfling und den anderen Angestellten, die auf diese Art und Weise beurteilt werden, ist anzusehen, wie unangenehm ihnen die Situation ist, obwohl sie sich alle Mühe geben, die Contenance zu bewahren. Denn hier wird es intim, hier geht es nicht mehr nur um die Funktion, die einer erfüllen soll, sondern um den ganzen Menschen. Eine Zumutung. Wer damit zurecht kommen will, muss die Kunst des Verstellens beherrschen und den Umgang mit widersprüchlichen Anforderungen. Es empfiehlt sich, Offenheit darzustellen, aber nicht wirklich offen zu sein, weil das in den meisten Organisationen nicht gefragt ist. Auch führt der Rat der Personalberaterin, sich bei der Arbeit voll und ganz in andere Personen hineinzuversetzen, in die Irre – denn wer dies täte, käme wohl zu nichts anderem mehr. Auch das Gerede von der angeblich gewünschten Kreativität und vom unternehmerischen Denken sollte nicht allzu ernst genommen werden. Bislang gibt es nur einige wenige Betriebe, die ihren Angestellten wirklichen Freiraum und Verantwortung zugestehen.*

Wer die in der Wirtschaft mittlerweile allgegenwärtige therapeutische Prosa für bare Münze nimmt, hat schlechte Karten. Das Gleiche gilt für diejenigen, die nicht bereit sind, sich auch nur zum Schein zu öffnen, sondern einfach ihre Arbeit tun wollen. Die ideale Angestelltenmentalität beschreibt Christoph Bartmann so: »Große Aufrichtigkeit führt absehbar zum Totalschaden, ebenso, wie es wohl extreme Verschlagenheit täte. Also ist der breite Flur zwischen diesen beiden Extremen zu beschreiten, der Königsweg des Selbst-Marketings, auf dem alles darauf ankommt, ein nicht unrealistisches positives, aber doch entschieden zustimmendes Selbstverhältnis zu unterhalten, dem sich alle anderen dann sicher gerne anschließen werden.«[15] Gefragt ist die gepflegte Lebenslüge.

Im Panoptikum

Michi: meine freundin hat mit mir schluss gemacht …:(
Kai: tut mir echt leid für dich. darf man wissen wieso?
Michi: ich schreibe angeblich zu viel über mein privatleben ins internet

Facebook-Post[16]

Von dem französischen Psychologen und Philosophen Michel Foucault stammt der Begriff des Geständniszwangs. Er bezeichnet damit die aus der christlichen Beichte hervorgegangene Praxis des scheinbar freiwilligen Bekenntnisses in der Moderne – das aber in Wirklichkeit auf verinnerlichten Verpflichtungen

---

* Ein solches Unternehmen ist Gore. Die amerikanische Firma verzichtet seit ihrer Gründung im Jahr 1958 weitgehend auf Hierarchien und räumt Mitarbeitern große Einflussmöglichkeiten ein. Als demokratische Unternehmen gelten auch der brasilianische Maschinenbauer Semco und Mondragón, die größte Genossenschaft der Welt.

beruhe und der Anpassung an die »Normalisierungsgesellschaft« diene. »Geständniswissenschaften« wie die Pädagogik und Psychologie leiteten die Menschen dazu an. Diese verbänden mit ihrer Selbstoffenbarung die trügerische Hoffnung auf Einblicke in ihr wahres Selbst. »Im Abendland«, schreibt Foucault, »ist der Mensch ein Geständnistier geworden.«[17]

Diesem Geständnistier steht mittlerweile eine mächtige Maschine zur Verfügung, die es mit seinen Bekenntnissen füttern kann: das Internet. Während die traditionellen Medien nur wenigen Personen erlauben, unter Aufsicht von Journalisten öffentliche Beichten abzulegen – meist handelt es sich um mehr oder weniger prominente –, kann und soll dies im Zeitalter des Web 2.0 jeder jederzeit selbstständig tun. Allein Facebook zählt weltweit mehr als 1,25 Milliarden sogenannte aktive Nutzer, in Deutschland sollen es knapp 30 Millionen sein. Das 2004 von Mark Zuckerberg gegründete Unternehmen hat aus dem Geständniszwang ein gigantisches Geschäft gemacht.

Der offizielle Zweck des sozialen Netzes ist es, Freundschaften zu pflegen und Inhalte zu teilen. In Wahrheit ist die Hauptbeschäftigung bei Facebook aber Reklame in eigener Sache: Man demonstriert sich gegenseitig, wie toll man ist. Und wie im Marketing üblich, wird gern übertrieben: Viele versuchen – mithilfe von Bildbearbeitungsprogrammen und der ihnen zur Verfügung stehenden Fantasie –, schöner, smarter und begehrenswerter zu erscheinen, als sie es sind. Das geht häufig schief, weil nur wenige in der Lage sind, sich auf unaufdringliche Weise zu präsentieren, und kaum jemand unentwegt so viel Interessantes oder Geistreiches mitzuteilen hat, um damit die öffentliche Neugier zu befriedigen.

Daher tappt so mancher – nach dem Vorbild von C-Promis, deren Geschäftsmodell die Selbstentblößung ist – in die Intimitätsfalle und gibt mehr von sich preis, als ratsam wäre. Erst hinterher wird ihm klar, dass der Beichtstuhl, auf dem er Platz genommen hat, in aller Öffentlichkeit steht.

Viele, vor allem jüngere Leute, können sich nicht mehr vorstellen, ohne soziale Medien auszukommen, weil die sich zum Standardkommunikationskanal entwickelt haben. Sie sind aber auch nicht glücklich mit ihnen, weil die dort nahegelegte, ständige Dokumentation des eigenen Daseins und die Beobachtung der »Freunde« viel Zeit verschlingt – und nicht selten verhindert, das Leben überhaupt zu genießen. Weil leicht Neid aufkommt, wenn man sieht, dass andere offenbar mehr aus sich machen (oder das zumindest so darstellen können), mehr »Freunde« auf Facebook haben und mehr »Likes« für ihre Posts bekommen.

Dieser Dauerschaulauf ist anstrengend. Zudem erscheint manchen der Deal ungerecht, dass man, um Teil des sozialen Netzes zu sein, alle persönlichen Daten preiszugeben hat. Je mehr Menschen Geständnisse im sozialen Netz ablegen, je intensiver sie die Website nutzen, desto mehr Geld kann der Konzern mit Werbung verdienen. Daher animiert Facebook seine Mitglieder ständig, ihr Profil zu vervollständigen oder sonst aktiv zu werden – das Unternehmen funktioniert nur deshalb, weil seine Kunden in Wahrheit seine Mitarbeiter sind: Sie liefern den Rohstoff, von dem es lebt. Laurel Ptak, Kuratorin in New York, hat aus dieser Erkenntnis eine Kampagne namens »Wages for Facebook« (Lohn für Facebook) gemacht. Auf der gleichnamigen Website heißt es: »Sie nennen es Freundschaft, wir nennen es unbezahlte Arbeit. Mit jedem Like, jedem Chat, jedem Anstupsen verschafft unsere Persönlichkeit ihnen einen Profit. Sie nennen es teilen, wir nennen es stehlen.«

Die unbezahlten Mitarbeiter von Facebook bekommen von der Firma klare Vorgaben für ihre Tätigkeit: Das soziale Netz reglementiert den Selbstinszenierungsprozess seiner Nutzer rigide. Während ELIZA, das erste, von Joseph Weizenbaum erdachte therapeutische Programm, schlicht war und einen nondirektiven Ansatz pflegte, geht es bei Facebook multimedial und direktiv zu. Das fängt bei der dort üblichen Währung an. Man soll mit »Likes«, also Gefällt-mir-Klicks, Statusmeldungen der Freunde loben, andere Nachrichten oder Werbung, überhaupt alles, was die Maschine einem zuspielt. Einen Missfällt-mir-Button gibt es dagegen nicht – denn Unmutäußerungen könnten die positive Grundstimmung stören, die bei Facebook erwünscht ist, um ein reklamefreundliches Umfeld zu schaffen. Vor allem aber gilt: Wer in diese Welt eintritt, gibt damit das Eigentum an seinen Daten ein für alle Mal ab. Alles, was dort gepostet oder hochgeladen wird, kann die Firma für ihre Zwecke nutzen. Ihre Kunden stehen nackt vor ihr da – dürfen aber selbst keinesfalls Nacktfotos posten, das ist ebenso strikt verboten wie der Auftritt unter Pseudonym.

Das Unternehmen will nicht, dass seine Nutzer Rollen spielen, es hat an der Unterscheidung zwischen privat und öffentlich kein Interesse – denn je persönlicher die Informationen, desto besser fürs Geschäft. Der Einzige, der bei Facebook verhüllt auftreten darf, ist der Dienst selbst. Niemand soll wissen, was er über seine Nutzer weiß und was er mit deren Daten anstellt. Einer, der den Schleier ein wenig gelüftet hat, ist der Österreicher Maximilan Schrems. Noch als Jurastudent begehrte er per E-Mail Auskunft von der europäischen Facebook-Zentrale in Dublin und bekam sie nach einigem Hin und Her im Juni 2011. Die Antwort umfasste, obwohl Schrems nur wenige Jahre und gelegentlich in dem sozialen Medium aktiv war, ausgedruckt rund 1200 Seiten. Schrems erkannte: Das Unternehmen speichert wirklich alles – inklusive der vom ihm bereits gelöschten Informationen. Daraufhin verklagte er Facebook mehrfach wegen Vergehen gegen das europäische Datenschutzrecht. Mittlerweile haben sich mithilfe der Crowdfunding-Inititative »Europe versus Facebook« mehr als 25 000 Aktivisten einer Sammelklage angeschlossen.[18]

Das Beobachterprinzip von Facebook und anderer sozialer Medien erinnert in gewisser Weise an das Panoptikum, das in Michel Foucaults Werk *Überwachen und Strafen* eine zentrale

Rolle spielt. Das von dem Sozialreformer Jeremy Bentham als Gefängnis (oder auch Fabrik) konzipierte Gebäude besteht aus zwei Elementen: einer ringförmigen Mauer um den Innenhof, in der sich die Zellen mit zwei vergitterten Öffnungen befinden, nach außen die Fenster, nach innen die Türen, sowie einem Turm in der Mitte des Hofes. Von dem aus kann das Wachpersonal die Insassen immer sehen: Im Gegenlicht, das durch die Zellenfenster dringt, ist jede Bewegung zu erkennen. Umgekehrt können die Gefangenen jedoch nicht erkennen, ob ihre Aufseher auf dem Posten sind.

Durch diese Architektur, so Benthams Überlegung, bekommen die Insassen den Eindruck, jederzeit überwacht zu werden. Das führe zu regelkonformem Verhalten bei geringem Personalaufwand für die Aufsicht. Foucault schreibt: »Derjenige, welcher der Sichtbarkeit unterworfen ist und dies weiß, übernimmt die Zwangsmittel der Macht und spielt sie gegen sich selber aus; er internalisiert das Machtverhältnis, in welchem er gleichzeitig beide Rollen spielt; er wird zum Prinzip seiner eigenen Unterwerfung.«[19] Auch viele Internetnutzer wissen oder ahnen, wie sie bei jedem Mausklick überwacht werden. Manche halten sich deshalb bedeckt, versuchen, möglichst wenig Persönliches preiszugeben. Andere ignorieren die Totalüberwachung im Netz, weil der Reiz übermächtig ist, sich dort im wahrsten Sinne des Wortes selbst zu produzieren.

Narzisstische Mobilisierung

Von dem Psychologen Friedemann Schulz von Thun stammt die populär gewordene Vorstellung vom Nachrichtenquadrat beziehungsweise Vier-Ohren-Modell. Demnach hat Kommunikation generell vier psychisch bedeutsame Seiten: Selbstoffenbarung, Sachinhalt, Beziehungshinweis und Appell.[20] Wenn man bei diesem Bild bleibt, scheint im Zeitalter des Web 2.0 der Selbstoffenbarungsaspekt bei jedweder Kommunikation zu dominieren – selbst bei Themen, bei denen dies an sich fernliegt. Deutlich wurde dies unter anderem beim Internethype um die sogenannte Ice Bucket Challenge im Sommer 2014. Auf der ganzen Welt ließen sich Menschen – unter ihnen der Ex-US-Präsident George W. Bush, Lady Gaga, Sigmar Gabriel, Johannes B. Kerner, Helene Fischer und etliche B- und C-Promis – dabei filmen, wie sie sich einen Eimer Eiswasser über den Kopf gossen. Dass dies einem guten Zweck dienen sollte, ist den YouTube-Videos nicht anzusehen.

Sie sind das Ergebnis einer Ketten-Wette im Netz: Die Leute sollten beweisen, dass sie die Abhärte-Übung nicht scheuten, und danach Freunde und Bekannte nominieren, es ihnen binnen 24 Stunden gleichzutun sowie zehn Dollar (oder Euro) an die gemeinnützige ALS Association zu spenden. Wer um die Eisdusche herumkommen wollte, wurde aufgefordert, 100 Dollar zu überweisen. Die Ice Bucket Challenge sollte auf die bislang unheilbare Nervenkrankheit Amyotrophe Lateralsklerose (ALS) aufmerksam machen und Spendengelder für deren Erforschung und Bekämpfung aufbringen. Das seltene Leiden – pro Jahr erkranken etwa 2 von 100 000 Menschen – führt meist innerhalb weniger Jahre zum Tod. Die Patienten verlieren nach und nach die Kontrolle über ihren Körper, nur das Gehirn ist nicht betroffen, sodass sie den Verfall bei vollem Bewusstsein miterleben.

Auf die Idee zu der Wette war der selbst an ALS erkrankte Ex-Baseballspieler Peter Frates gekommen. Ein Freund von ihm, der mittlerweile nach einem Badeunfall verstorbene Corey Griffin, trug maßgeblich dazu bei, sie in den sozialen Netzwerken bekannt zu machen. Die Aktion verbreitete sich wie ein Lauffeuer: Allein vom 15. Juli bis zum 21. August 2014 konnte die gemeinnützige Organisation ihr Spendenaufkommen gegenüber dem Vorjahreszeitraum auf knapp 42 Millionen Dollar fast verzwanzigfachen.

Coole Charity, so sahen es die einen. Andere erkannten darin eine unangenehme Form von Charitainment, bei dem es vor allem darum geht, eitlen Leuten eine Bühne zur Selbstdarstellung zu bieten. Letztere Position vertritt der Journalist Benedict Maria Mülder, der selbst unter fortgeschrittener ALS leidet, vollständig gelähmt ist, nicht mehr sprechen und sich lediglich mit einem Sprachcomputer verständigen kann, den er mit Augenbewegungen steuert. »Seit Wochen schaue ich auf lachende Menschen, die sich Eiswasser über den Kopf schütten«, schrieb er in einem Beitrag für den *Tagesspiegel*.[21] »Was hat das Spektakel mit ALS zu tun? Nichts.« Mülder sieht darin »das Symptom einer gestörten Öffentlichkeit. (…) Die narzisstische Mobilisierung, die manche mit dem Etikett ›altruistisch‹ adeln, ist aufgesetzt, vermessen und meilenweit von aufklärerischen Absichten entfernt.«

Übergriffe erster und zweiter Ordnung

»Mutti, bleib! (…) Frühe Konflikte, Sorgen und vor allem der Wunsch von Kindern nach Geborgenheit heften sich auf eine Figur, von der man Beständigkeit, Überblick, Kraft, Ausdauer erhofft. Sie, die Wissende, soll in Zeiten der Unsicherheit leiten, wo die Orientierungsfähigkeit nicht mehr ausreicht und keine Ideologie oder Religion mehr eindeutige Antworten verspricht. Diese Übertragung, diese Delegation der Verantwortung, gilt Angela Merkel.«

Der Psychotherapeut und Publizist Tilmann Moser darüber,
warum Angela Merkel wiedergewählt würde[22]

Der Nimbus der Psychologie beruht ganz wesentlich auf zwei Behauptungen beziehungsweise Unterstellungen. Die erste lautet: Psychologen können herausfinden, warum Menschen so sind, wie sie sind. Die von ihnen gelieferten Erklärungen folgen häufig einem Muster, das der Sozialwissenschaftler und Jurist Albert Krölls treffend so charakterisiert: »Wenn Psychologen den Willen erforschen, fragen sie nicht nach dem Zweck des

Handelns, sondern suchen nach Ursachen des Willens außerhalb von Wille und Bewusstsein und teilen ihren staunenden Forschungsobjekten dann mit, wovon sie getrieben sind.«[23] Die Annahme, Psychologie biete das Handwerkszeug, um Menschen wie irgendeinen Gegenstand von außen zu durchleuchten, ist zwar haltlos. Dennoch erweist sich der – von Angehörigen der Profession aus naheliegenden Gründen – gepflegte Mythos als sehr mächtig, denn es ist der sehnliche Wunsch vieler Leute, sich selbst sowie ihren Mitmenschen auf die Schliche zu kommen. Sie *wollen* der Psychologie glauben.

Die zweite Behauptung (Unterstellung) lautet: Psychologen können erkennen, ob Menschen einer – wie auch immer definierten – Norm entsprechen. Es geht also um mehr oder weniger verklausulierte Werturteile. Der Hauptstrom der Psychologie ist traditionell besessen vom Normalen. In der akademischen Forschung spielt die aus den Naturwissenschaften entlehnte Gauß'sche Normalverteilung in der berühmten Glockenform, die für psychologische Konstrukte wie Intelligenz – übrigens ohne schlüssige Begründung – angenommen wird, eine entscheidende Rolle. Psychologische Tests sind auf einen Normwert geeicht; die Angewandte Psychologie lässt sich laut dem Philosophen Andreas Gelhard als »Apparat zur Produktion von Selbstverständlichkeiten« verstehen. Menschen, die ihm ausgesetzt werden, geraten automatisch in die Rolle des Prüflings.[24]

Da kaum jemand diese Rolle gern freiwillig einnimmt, setzt man einerseits auf Zwang, zum Beispiel bei den weit verbreiteten Persönlichkeitstests, mit denen Bewerber um Arbeitsstellen traktiert werden. Andererseits auf Werbung, um der Kundschaft Produkte auf dem freien Markt für Sinnsuche anzudienen, nach dem Motto: Wenn du dich uns anvertraust, sagen wir dir, woran du bist, wo es Defizite gibt und wie man sie beheben kann.

Die große Stärke des Fachs ist seit je die Kommerzialisierung ihrer (Pseudo-)Erkenntnisse: In keiner anderen Sozialwissenschaft werden Schlüsselbegriffe und -konzepte so schnell und so konsequent popularisiert und monetarisiert. Eine entscheidende Rolle spielen dabei die Medien, die die moderne Mittelschicht als Kernzielgruppe mit den entsprechenden Informationen versorgen. Wie das funktioniert, lässt sich gut an der Karriere des Begriffs emotionale Intelligenz darstellen. Sie begann 1990 mit einem Aufsatz dreier amerikanischer Psychologen in einer Fachzeitschrift ohne großes Renommee. Das Trio beschrieb darin emotionale Intelligenz als die Fähigkeit, eigene und fremde Gefühle zutreffend wahrzunehmen, zu verstehen und zu beeinflussen.[25]

Die Idee war nicht neu. Sie ging auf Alltagstheorien sowie bekannte psychologische Konzepte zurück. So ist es ein Allgemeinplatz, dass Leute, die ganz und gar in ihrem Spezialgebiet aufgehen – früher Fachidioten, heute auch Nerds genannt –, sich im Umgang mit anderen Menschen gelegentlich schwertun und deshalb nicht unbedingt als Vorgesetzte geeignet sind. Schon den Pionieren der Intelligenzforschung wie William Stern war zudem klar, dass ihre einschlägigen Tests nicht alle nützlichen Fähigkeiten messen können. Edward L. Thorndike, Professor für Pädagogische Psychologie an der Columbia University in New York City, prägte in einem Beitrag für das Publikumsmagazin *Harper's* bereits 1920 den Begriff der sozialen Intelligenz, die der emotionalen recht ähnlich ist.[26]

Im Grunde war emotionale Intelligenz also ein alter Hut, das wurde innerhalb der akademischen Psychologie auch kritisiert. Außerdem sei das Konzept schwammig, umfasse alles und nichts. Pointiert formulierten es die Psychologie-Professoren Hannelore Weber und Hans Westmeyer: »Emotionale Intelligenz ist sicherlich nicht die Antwort auf ein natürliches Bedürfnis nach einem solchen Konstrukt, wie auch die zwölfte Variante eines Früchtejoghurts nicht produziert wird, um ein natürliches Bedürfnis danach zu stillen. Früchtejoghurt und emotionale Intelligenz wurden geschaffen, um sich ihre Märkte zu erobern, um Bedürfnisse zu wecken.«[27]

Genau darum ging es, und das gelang auch – dank Daniel Goleman. Er machte mit seinem Gespür für Markt und Medien aus der emotionalen Intelligenz einen Hit und ein großes Business. Goleman hatte klinische Psychologie an der Harvard University gelehrt, war Herausgeber der Zeitschrift *Psychology Today* gewesen und landete 1995 – damals im Hauptberuf Redakteur für Psychologie und Neurowissenschaften bei der *New York Times* – mit seinem Buch *Emotionale Intelligenz* einen Weltbestseller. Darin popularisiert er das Konzept und untermauert es, dem Zeitgeist entsprechend, mit vermeintlichen Erkenntnissen der Hirnforschung. Vor allem aber trifft er einen aus Verkäufersicht genialen Punkt: Trost. »Was nützt ein hoher IQ«, heißt es auf der hinteren Umschlagseite, »wenn man ein emotionaler Trottel ist?« Wer Erfolg im Leben haben wolle, müsse klug mit seinen Gefühlen umgehen können und das »emotionale Alphabet« beherrschen. »EQ statt IQ.«

Ausweitung der diagnostischen Zone

Das kommt gut an bei einem Publikum, dem die Überbetonung des Intellekts suspekt erscheint, der IQ zu kühl – und das überzeugt ist, mit viel Gefühl gesegnet, aber irgendwie zu kurz gekommen zu sein. Geradezu euphorisch lobte die in den USA überaus einflussreiche Entertainerin und Unternehmerin Oprah Winfrey das Schlagwort in ihrer Fernsehshow: »Ist es nicht aufregend zu wissen, dass man klüger ist, als man denkt? Weil der Erfolg im Leben, in Beziehungen, in der Familie und bei der Arbeit nicht wirklich davon abhängt, wie gut man in der Schule war, von irgendwelchen Testergebnissen oder sogar von einem hohen IQ. Es hängt von etwas ganz anderem ab, und zwar von etwas, das zu verändern man selbst in der Hand hat. Man nennt es emotionale Intelligenz. (…) Das Beste daran: Anders als deinen IQ, der so ziemlich in Stein gemeißelt ist, kannst du deinen EQ tatsächlich steigern und emotional klüger werden.«[28]

Die Rede von der emotionalen Intelligenz ist ebenso vielversprechend wie unklar. Sie geht zurück auf das romantische Ideal der Verbindung von Herz und Verstand. Die Propagandisten des EQ kapern den wissenschaftliche Seriosität suggerierenden Begriff IQ, deuten ihn um und erwecken den Anschein von Menschenfreundlichkeit. Damit reiht sich Daniel Goleman ein in die Kritiker des klassischen Intelligenzbegriffs wie den amerikanischen Psychologie-Professor David McClelland. Der wandte sich bereits in den siebziger Jahren gegen die vor allem in den USA weit verbreitete Überzeugung, Intelligenz sei angeboren. Er vertrat die begründete Ansicht, dass der IQ vor allem etwas über die soziale Herkunft aussage, weil er die weiße Mittelschicht bevorzuge – und unabhängig davon nicht geeignet sei, beruflichen Erfolg zu prognostizieren.[29]

Allerdings zog McClelland daraus nicht den Schluss, die unselige Testerei zu unterlassen, sondern sie, ganz im Gegenteil, auf soziale und kommunikative Kompetenzen aller Art auszuweiten. In der Tradition William Sterns plädierte er dafür, die ganze Persönlichkeit ins Visier zu nehmen und die dabei festgestellten Defizite durch Psychotraining auszugleichen. Konsequenterweise betrieb McClelland das von ihm propagierte Geschäft gleich selbst: Er war der Gründer eines Beratungsunternehmens, das Managern helfen sollte, ihre Untergebenen psychologisch zu durchleuchten und weiterzubilden.

Diese Übergriffigkeit, dieses Ausweiten der diagnostischen Zone kennzeichnet auch Daniel Goleman und seine Mitstreiter, die mit dem Consortium for Research on Emotional Intelligence in Organizations ebenfalls eine eigene Firma haben. Zu der von ihnen propagierten Metakompetenz emotionale Intelligenz, ohne die in modernen Unternehmen angeblich nichts mehr läuft, zählen sie einen ganzen Strauß von Tugenden wie Selbsterkenntnis, die Fähigkeit, sich – zu was auch immer – zu motivieren und Beziehungen aller Art zu managen. Sie propagieren das wohltemperierte, stets vernünftige, gesellige, aber bindungslose

Individuum, das in jedwedem Team in beliebiger Konstellation funktioniert, zu seinem eigenen Vorteil und dem des Unternehmens.

Diese Behauptungen werden mithilfe der Modedisziplin Neurobiologie wissenschaftlich verbrämt. So schreibt Goleman mit einem Koautor im *Harvard Business Manager*: »Wie Forscher herausgefunden haben, beruht die Dynamik zwischen einer Führungskraft und ihren Mitarbeitern nicht darauf, dass zwei (oder mehrere) individuelle Gehirne bewusst oder unbewusst aufeinander reagieren. Es ist eher so, dass die Gehirne dieser Individuen gewissermaßen zu einem einzigen System verschmelzen.«[30]

Diese gewagte These wird aus der sogenannten Spiegelneuronen-Theorie abgeleitet. Sie beruht auf Versuchen mit Affen am neurowissenschaftlichen Institut der Universität Parma in den frühen neunziger Jahren. Man stellte damals fest, dass bestimmte Neuronen im vorderen Teil der Hirnrinde der Primaten aktiv wurden, wenn sie eine zielgerichtete Handlung beobachteten, zum Beispiel den Versuchsleiter beim Aufheben einer Erdnuss. Diese Nervenzellen wurden Spiegelneuronen genannt – und bald wurde allerhand in sie hineininterpretiert. So sollen die famosen Zellen für alle möglichen zwischenmenschlichen Kompetenzen verantwortlich sein: das Verstehen von Absichten, Mitgefühl und – im Falle ihres Fehlens – für Autismus.

Die gute Nachricht, die Goleman & Co. ihren Kunden mitverkaufen, lautet: Wer an seiner emotionalen und sozialen Intelligenz arbeitet, optimiert damit auch sein Gehirn. Dies soll unter anderem die Fallgeschichte von Janice beweisen, Marketingleiterin eines Konzerns, die trotz ihrer ausgezeichneten Fachkenntnisse große Schwierigkeiten hatte.[31] Sie sei einer »360-Grad-Beurteilung« unterzogen worden und habe schlechte Noten in puncto »Einfühlungsvermögen, Servicementalität, Anpassungs- und Konfliktlösungsfähigkeit« bekommen. Dank Coaching und mithilfe eines verständnisvollen Mentors habe Janice dann »eine echte innere Wandlung durchgemacht, ist praktisch ein neuer Mensch geworden«, schreiben Goleman und sein Mitautor Richard Boyatzis. Und weiter: »Das ist eine wichtige Lektion, die wir von den Neurowissenschaften lernen können: Da wir mit unserem Verhalten neuronale Netze schaffen und ausbauen, sind wir keine bloßen Sklaven unserer Gene und frühkindlichen Erlebnisse. Jede Führungskraft kann sich verändern, wenn sie sich wirklich darum bemüht – so wie Janice es getan hat. Je mehr Fortschritte sie in ihrem Coaching machte, desto mehr gingen ihr die neu erlernten sozialen Verhaltensweisen in Fleisch und Blut über. Um es wissenschaftlich auszudrücken: Janice stärkte ihre sozialen Schaltkreise, indem sie soziales Verhalten übte.«

»Soziale Schaltkreise« und »Gehirne, die zu einem System verschmelzen« – das ist gelehrt daherkommender Humbug, mit dem die Klientel der Manager beeindruckt werden soll. Ebenso dürftig sind die Tests, die man ihnen andient, um zum Beispiel den Grad ihres Einfühlungsvermögens zu messen. Obwohl es ja bei der emotionalen Intelligenz um ein eher intuitives Verständnis von sich selbst und anderen Menschen gehen soll, das sich allein in der Praxis erweisen kann, versucht man, das Konstrukt der Einfachheit halber mit den üblichen Fragebögen zur Selbsteinschätzung dingfest zu machen. Eine Frage lautet beispielsweise: »Hören Sie anderen Menschen aufmerksam zu und machen Sie sich Gedanken über ihre Gefühle?«[32]

Dass hier die Antwort »Ja« angesagt ist, dürfte wohl selbst dem schlimmsten Soziopathen dämmern.

Sei ein perfekter Manager deiner Stimmungen!

Viel Schaumschlägerei und Marketingprosa, wenig Substanz – das hat die emotionale Intelligenz mit vielen populären psychologischen Konzepten gemein. Darüber hinaus trägt sie inhumane Züge. Denn ihre Verfechter predigen ein streng instrumentelles Verhältnis des Menschen zu seinen Empfindungen. Er soll sie, die Karriere stets im Blick, kontrollieren und am besten immer gleichmäßig gut drauf sein. Die Frage, inwiefern unerfreuliche Emotionen begründet sein können, weil sie auf unerfreuliche Umstände verweisen, stellen die Propagandisten der Selbstoptimierung nicht. Sie verherrlichen Effizienz. Widersprüchliche Interessen und Anforderungen existieren für sie nicht. Wenn das Individuum nur genug in sich und andere hineinhöre und die richtigen Schlüsse daraus ziehe, dann werde alles gut. »Das neue Dogma«, schreibt der Philosoph Andreas Gelhard, »lautet (…), dass alles – auch die tägliche Stimmungslage – gekonnt werden kann.«[33]

Doch ist Emotionalität tatsächlich eine Kompetenz? Eine, die sich beliebig trainieren und manipulieren lässt, so wie Daniel Goleman und seine Mitstreiter behaupten? Sicher nicht. Emotionalität lässt sich als rasches individuelles Bewerten von komplexen Situationen mit eindeutigem Ergebnis begreifen: Entweder wir fühlen uns wohl und beispielsweise zu einem anderen Menschen hingezogen. Oder wir fühlen uns unwohl, wollen uns abwenden. Die Bewertung dieser Emotionen – handelt es sich um Zuneigung, Lust, Liebe, Langeweile, Neid, Angst, Ärger, Wut? – ist eine kognitive Leistung im Nachhinein (durch die sich die Befindlichkeit wiederum ändern kann). Dieser Verarbeitungsprozess und das allgemeine Gerede über Gefühle erwecken den Eindruck, es gebe sie als solche und man könnte mit ihnen umgehen wie mit anderen Dingen auch. Das aber ist ein Fehlschluss: Emotionalität ist immer an konkrete Situationen gebunden, sie ändert sich mit diesen. Wer davon absieht, verkennt ihre eigentliche, erkenntnisleitende Funktion.

»Gefühlsbezeichnungen oder Gefühlsempfindungen sind alles andere als feststehende Erfahrungs- oder Bewusstseinsblöcke, die nur darauf warten, entdeckt und passend benannt zu werden, sie sind vielmehr fließend und kontextabhängig«, schreibt die Soziologin Eva Illouz. »Die Vorstellung, Gefühle seien Erfahrungsblöcke, die, verdrängt und gespeichert, nur darauf warten, etikettiert und befreit zu werden, verdankt sich unmittelbar den Interessen von Psychologen, die es als ihre Aufgabe verstehen, Gefühle zu enthüllen, treffend zu bezeichnen und zu transformieren.«[34]

Diese Verdinglichung der Gefühlswelt führt Menschen in die Irre. Sie verleitet sie dazu, sich ständig mit ihrem Innern zu befassen, darüber zu grübeln, ob sie okay sind oder zumindest gute Manager ihrer Stimmungen – statt diese als Erkenntnisinstrument zu nutzen und zum Anlass zu nehmen, an unbefriedigenden Umständen etwas zu ändern. Je mehr die Leute über sich selbst nachdenken, desto unzufriedener werden sie. Das Loblied auf die emotionalen und sozialen Kompetenzen ist daher nur scheinbar menschenfreundlich. Was sich auch daran zeigt, dass diejenigen, denen diese Metafähigkeiten abgesprochen werden, als auf der ganzen Linie gescheitert gelten. Lebensnote: ungenügend.

Solche Zensuren werden von Leuten, die sich dazu berufen fühlen, ganz nonchalant vergeben. So sagte Pius Baschera, Vorsitzender des Verwaltungsrats des Werkzeugherstellers Hilti, einer Zeitschrift der Personalberatung Egon Zehnder über Talente, die in seiner Firma nicht reüssieren: »Aber in den meisten Fällen ist das keine Frage der Leistung oder der Fähigkeiten, sondern der Persönlichkeit oder des Verhaltens.«[35]

Der Mensch als solcher hat versagt.

Die Mär von Resilienz als Kompetenz

»Ich bin 24, stecke in einer schrecklichen Beziehung und fühle mich allein. Ich habe meinen Freund vor drei Jahren getroffen, als ich nach dem Studium auf Jobsuche war. Er war nicht nur charismatisch, ehrgeizig und sehr attraktiv, sondern auch hilfreich. Als ich herausfand, dass er zu Wutanfällen und subtilem Mobbing neigt, war ich bereits mit ihm zusammen in die Stadt gezogen, aus der er stammt, und hatte dort eine Stelle gefunden. Ich bin die ganze Zeit traurig und ängstlich, weiß aber nicht, wie ich ihn verlassen soll. Wenn ich wieder zu meiner Mutter gehe, werde ich meinen Job verlieren. (…) Alle meine Freunde leben weit weg, in London. Ich schäme mich so (…). Ich ertappe mich dabei, mir zu wünschen, ich wäre wieder ein Teenager, sicher bei meiner Familie aufgehoben (…). Wenn ich nur Resilienz lernen könnte, dann wäre der Alltag nicht so entmutigend.«[36]

Zuschrift einer Leserin an Mariella Frostrup,
Autorin der Ratgeber-Kolumne »Dear Mariella«
im britischen *Observer*

Die junge verzweifelte Frau verwendet mit Resilienz einen weiteren Modebegriff, der Hochkonjunktur hat. Sie fühlt sich in einer ausweglosen Situation, sehnt sich nach Geborgenheit und ist der Ansicht, dass es ihr besser ginge, wenn sie nur Resilienz, also innere Widerstandskraft, erlernen könnte. Der Hilferuf der Frau ist aus zwei Gründen bemerkenswert. Zum einen schätzt sie ihre Lage als so düster ein. Und zum anderen meint sie offenbar, diese Situation dank Resilienz besser ertragen zu können, weil sie dann in gewisser Weise unverwundbar wäre.

Das lateinische Wort *resilire* bedeutet zurückspringen oder abprallen. Mit Resilienz beschrieb man zunächst in der Werkstoffphysik die Eigenschaft elastischen Materials wie etwa Gummi, das nach starker Belastung wieder in seine ursprüngliche Form zurückschnellt. Später ging der Begriff auch in die Biologie ein, etwa um das Phänomen zu beschreiben, wenn dem Wind ausgesetzte Bäume kräftiger werden. In den fünfziger Jahren begann man, auch in der Psychologie von Resilienz zu sprechen, obwohl die meisten Menschen bekanntlich weder aus Gummi noch aus Holz sind. Im Kern geht es um die Idee, Krisen zu meistern und, besser noch, gestärkt aus ihnen hervorzugehen.

Eine einflussreiche Studie zu dem Thema stammt von der Amerikanerin Emmy Werner. Die Entwicklungspsychologin begleitete gemeinsam mit Berufskollegen, Ärzten und Mitarbeitern sozialer Dienste in einer aufwendigen Langzeitstudie 698 Kinder, die im Jahr 1955 auf der Hawaii-Insel Kauai geboren worden waren, über 40 Jahre hinweg. Sie wurden kurz nach der Geburt und dann im Alter von 1, 2, 10, 18, 32 und 40 Jahren untersucht. Die Mehrheit wuchs in elenden Verhältnissen auf, in Armut, mit Eltern, die Alkoholiker waren und/oder gewalttätig. Zur Überraschung von Werner und ihren Kollegen entwickelte sich etwa ein Drittel dieser Kinder trotz der widrigen Lebensumstände gut. Im Erwachsenenalter gab es in dieser Gruppe die wenigsten Todesfälle oder Krankheiten. Alle waren berufstätig, die meisten Ehen stabil.

Auf die Frage, was dieses Drittel von den in ähnlichen Verhältnissen aufgewachsenen Altersgenossen unterschied, fand Werner unterschiedliche Antworten. Zum einen Charaktereigenschaften. Sie beschrieb die offenbar resilienten Kinder als ausgeglichen, kommunikativ, liebevoll, gutmütig, der Zukunft zugewandt sowie zur Analyse und Planung fähig. Zum anderen Unterstützung. Werner sah es als wichtig an, dass die Kinder eine stabile Beziehung zu einem Erwachsenen aufbauen konnten, der ihnen mit Rat und Tat zur Seite stand: ein Verwandter, Freund, Lehrer oder Pastor in der Rolle des Helfers und positiven Vorbilds.

Allein diese Faktoren sind schwer zu verallgemeinern so wie das Konzept Resilienz überhaupt, sobald man es von Objekten, die Naturgesetzen gehorchen, auf Menschen überträgt, die bekanntlich keine unveränderlichen Wesen sind. Emmy Werner warnt daher auch vor dem Missbrauch des Begriffs: »Wir können keine *Person* als resilient bezeichnen; es handelt sich um einen *Prozess*.«[37] Darüber hinaus ist es naheliegend, dass die Kultur eine Rolle spielt und der Grad der sozialen Absicherung. So beschwören in Gesellschaften, in denen alle Bürger kranken- und arbeitslosenversichert sind, aufwendige medizinische Behandlungen oder der Verlust des Jobs nicht unbedingt existenzielle Krisen herauf.

Doch solche Betrachtungen des wirklichen Lebens sind vielen in der Psychobranche fremd. Sie stellen Resilienz in bewährter Manier als Kompetenz dar, die diagnostiziert und trainiert werden kann – am besten schon im Kindesalter. Mittlerweile gibt es allerhand Programme zur frühestmöglichen Stabilisierung junger Seelen. Zur Begründung wird auch hier wieder einmal die Hirnforschung bemüht. »Die Beziehungen zu anderen Menschen, die Gesten und Rituale, die den Säugling umhüllen«, klärt uns Boris Cyrulnik auf, Neuropsychiater an der Universität Toulon, »struktuieren einen Teil seines Gehirns.«[38] Alternativ wird auch die Genforschung ins Feld geführt: Sorge ein bestimmtes Gen dafür, dass viel vom Glückshormon Serotonin im Gehirn freigesetzt werde, gingen die Menschen frohgemut durchs Leben. Halte es den Serotoninspiegel dagegen niedrig, drohten Depressionen.

Der ideale Mensch ist ein Stehaufmännchen oder eine Gummipuppe

Mittlerweile wird mithilfe des *Resilience Factor Inventory* der amerikanischen Psychologen Karen Reivich und Andrew Shatté auch ein *RQ* erhoben – der mindestens ebenso fragwürdig ist wie all die anderen Psychoquotienten. Und selbstverständlich gibt es eine Flut von Ratgebern und vermeintlicher Lebenshilfe in Form von Seminaren und Coachings, die so angepriesen werden: »Stehauf-Menschen und ihre unerschütterliche Resilienz«, »Immun gegen das Schicksal«, »Grundlagen der Resilienz – Trainieren Sie Ihre mentale Widerstandskraft«, »Der Resilienz-Faktor: Sieben Schlüssel, um zu innerer Stärke zu finden und die Hürden des Lebens zu überwinden«, »Resilienz: Lassen Sie alles von sich abprallen, was das Leben auf Sie schleudert«, »Resilienz: Die Kunst, die größten Herausforderungen des Lebens zu meistern« und so weiter und so fort.

In einem Vortrag am sogenannten Career Center der Hamburger Universität, das Studenten auf den Berufseinstieg vorbereiten soll, zitierte Ella Gabriele Amann – laut Eigenwerbung

Improvisationsschauspielerin, Systemischer Coach, Familien-
therapeutin und NLP-Trainerin – einen tibetanischen Medita-
tionsmeister mit den Worten: »Wenn man alles, was einem begegnet, als Möglichkeit zu innerem Wachstum ansieht, gewinnt
man innere Stärke.« Das Motto ähnelt nicht zufällig stark dem
des Philosophen Friedrich Nietzsche, der sich allerdings klarer
und unverblümter ausdrückte: »Aus der Kriegsschule des Lebens. – Was mich nicht umbringt, macht mich stärker.«[39] Diese
nicht sehr empathische, man könnte auch sagen: sozialdarwinis-
tische Message bringt das Konzept Resilienz gut auf den Punkt.

Dessen Propagandisten vermitteln nämlich die Botschaft:
Überall lauert Gefahr, die aus dem Nichts über uns hereinbre-
chen und uns in Krisen stürzen kann. Dagegen lässt sich nichts
tun, außer mit dem Schlimmsten zu rechnen und sich prophy-
laktisch seelisch abzuhärten. Sei auf alles vorbereitet! Wer das
nicht tut, wer es versäumt, seine inneren Widerstandskräfte
und die seiner Kinder zu trainieren, hat selbst Schuld. Es scheint
so, als verlagere die von dem Soziologen Ulrich Beck so genannte Risikogesellschaft all die mit ihr verbundenen Sorgen
auf die Schultern des Einzelnen.

Das wichtigste Instrument dabei ist die psychologische
Sprache mit ihren technischen, aber unpräzisen Begriffen, die
einen starken Sog und Aufforderungscharakter haben. Sie brei-
tet sich aus der akademischen Welt über allerhand Geschäfte-
macher und Küchenpsychologen, die als Multiplikatoren fungieren, und die Medien immer weiter aus und wird Allgemeingut.
»Die Sprache der Experten«, schreibt die Historikerin Miriam
Gebhardt, »ist teilweise zur Sprache der Laien geworden, in der
Individuen von sich selbst erzählen, ihr eigenes Verhalten deuten, ihre Erfolge und Misserfolge beurteilen, ihrem Leben als
Ganzes Bedeutung geben. Die psychologische Sprache steuert
die Selbstinterpretation.«[40]

So war es auch bei der 24-jährigen verzweifelten Britin, die
sich an die Ratgeberin Mariella Frostrup beim *Observer* wandte

und meinte, es wäre gut, wenn sie Resilienz lernte. Doch auf dieses Thema ging Frostrup in ihrer Antwort mit keinem Wort ein, sondern gab der Frau stattdessen einige vernünftige Tipps. Die Journalistin hatte offensichtlich erkannt, dass die Vorstellung, man könne sich seelisch abhärten, in die Irre führt.

Einer, der das ähnlich sieht, ist George Bonanno, Professor für klinische Psychologie an der Columbia University in New York City mit dem Forschungsgebiet Trauer und Trauma. Er sagte in einem Interview mit dem Wirtschaftsmagazin *brand eins*:»Mir sind bislang keine resilienten Menschen begegnet. Resilienz, also psychische Widerstandskraft, ist keine Charaktereigenschaft, sondern ein Resultat und entsteht durch eine Reihe gesunder Reaktionen auf sehr schwierige Umstände.«[41]

Zu diesen gesunden Reaktionen, so Bonanno, könne es beispielsweise durch ein hilfreiches soziales Umfeld kommen.»Haben wir gute Freunde? Menschen, auf die wir uns verlassen können? Die uns in schlimmen Momenten zuhören und uns zur Seite stehen? Haben wir einen Bekanntenkreis, der in Notfällen einspringt? Und sei es nur, um die Kinder von der Schule abzuholen. Diese und viele andere Aspekte spielen eine Rolle, aber auch: Haben wir die nötigen finanziellen Mittel?«

Weil es zeitaufwendig, teuer und mühsam ist, sich solche Ressourcen zu erschließen, hält Bonanno nichts von den Versprechungen der Resilienz-Trainer.»Das ist nichts, was Sie mal so eben in einem Wochenend-Workshop lernen. Skepsis ist deshalb angebracht, wenn Ihnen jemand mit schönen Kursen kommt.«

Kein Schwein hört mir zu, oder: warum Therapie hilft

»Für mich ist das eine nicht richtige Kanalisation dieser ganzen inneren Anspannung, dieses ganzen Drucks, unter den dieser Spieler sich setzt. Letztlich ist es die einzige Chance, die dieser Spieler noch sieht, um all seine inneren Spannungen loszuwerden. Das ist etwas, das man eigentlich eher von Tieren kennt. Das Letzte, was einem übrig bleibt, um sich irgendwie aus einer inneren Anspannung zu befreien. Also, so könnte man es psychologisch erklären.«

Der TV-Fussballexperte Oliver Kahn über die Beissattacke von Luis Suárez aus der Nationalelf von Uruguay gegen den italienischen Spieler Giorgio Chiellini bei der Fussballweltmeisterschaft 2014

Von Karl Kraus, einem Zeitgenossen Sigmund Freuds, stammt der Aphorismus: »Psychoanalyse ist jene Krankheit, für deren Therapie sie sich hält.«[42] Das ist böse gesagt und enthält einen wahren Kern. Das Erfolgsrezept der Branche ist es seit je, Probleme zu (er)finden und die passende Lösung gleich dazu. Man denke nur an die lange Liste der Modediagnosen einst und heute, von der Neurasthenie und Hysterie über das Burnout-Syndrom bis zur Aufmerksamkeitsdefizit-Hyperaktivitäts- und Anpassungsstörung – Letztere »eine Art Resterampe für unklare Problemlagen, die als ›emotionale Schwierigkeiten nach einem einschneidenden Lebensereignis‹ definiert sind«, schreibt der Wissenschaftsjournalist Steve Ayan. Und »schon steht der Therapie nichts mehr im Wege«.[43]

Angebot und Nachfrage sind heute größer denn je. Hierzulande arbeiten rund 22 000 niedergelassene Psychotherapeuten mit Kassenzulassung. Sie versorgen pro Jahr etwa vier Millionen Menschen. Hinzu kommen noch etwa 2000 Psychotherapeuten ohne Kassenzulassung, außerdem therapeutisch tätige Ärzte und Psychiater. Und so viele Kur- und Rehakliniken wie nirgendwo sonst auf der Welt. Sie sind gut ausgelastet: Von 2000 bis 2013 ist die Zahl psychisch bedingter Fehltage laut dem Gesundheitsreport der Techniker Krankenkasse um 85 Prozent gestiegen.

Hat das seelische Leid so immens zugenommen? Oder sind es vielmehr die Modekrankheiten, die inflationär diagnostiziert werden? Für Letzteres spricht, dass die Zahl der schweren psychischen Erkrankungen wie Depressionen, Schizophrenien,

Manien seit Jahren konstant ist. Was stark ansteigt, sind weniger gravierende Beeinträchtigungen wie eben jene »Anpassungsstörung«, Erschöpfung oder leichte depressive Episoden.

Das Geschäft beruht also ganz wesentlich auf leidenden Gesunden aus der Mittelschicht. Vor allem Städter und Frauen haben keine Scheu, eine Therapie in Anspruch zu nehmen – auch wenn sie oft lange auf den ersten Termin warten müssen. Umgekehrt bevorzugen viele Therapeuten leichte Fälle, weil die Behandlung von schweren wie zum Beispiel Borderline-Patienten anstrengender und weniger lukrativ ist. »Das ist die Logik einer Zunft, die sich immer mehr in Richtung Geschäft entwickelt«, so der Kommentar des Psychiaters Klaus Dörner. In manchen Gegenden gebe es bald so viele Therapeuten wie Einwohner. »Wenn Sie in den Münchner Großraum fahren, wissen Sie, was ich meine.«[44]

Als Redner bei einer Therapeutenvereinigung hatte Dörner den Anwesenden einmal vorgehalten, dass sie, wären sie ehrlich, jeden Dritten, der zu ihnen in die Praxen kommt, wieder nach Hause schicken müssten, weil er nicht behandlungsbedürftig sei. Dafür erntete er, zu seiner eigenen Überraschung, sogar Applaus.

Psychotherapie gilt heute allgemein als nützlich. Es gibt Hunderte Methoden, von den gesetzlichen Kassen bezahlt werden hierzulande drei: die Verhaltenstherapie, außerdem die tiefenpsychologisch fundierte und die analytische Psychotherapie. Laut der Techniker Krankenkasse geht es etwa zwei Drittel der Patienten nach solchen Behandlungen besser. Bemerkenswerterweise ist die Art der Therapie dabei offenbar unerheblich, denn die Auswahl geschieht anscheinend rein willkürlich – und hängt vom Wohnort ab. So dominiert in Nordrhein-Westfalen und Sachsen die Verhaltenstherapie, in Bayern, Berlin und Bremen dagegen die Psychoanalyse.

Dabei könnten die Fundamente, auf denen diese Behandlungsmethoden beruhen, nicht unterschiedlicher sein. Die Psychoanalyse sieht die Ursache seelischen Leids in verdrängten Konflikten aus der frühen Kindheit, die bewusst gemacht werden müssen. Die Verhaltenstherapie ist aus dem Behaviorismus hervorgegangen, der den Menschen als in beliebige Richtung lenkbares Wesen versteht, dem man problematisches Verhalten abtrainieren kann. Und die Gesprächspsychotherapie – um eine dritte populäre Methode zu nennen, die ebenfalls als wissenschaftlich gilt, aber von den gesetzlichen Kassen nicht bezahlt wird – geht auf die Humanistische Psychologie und Carl Rogers' Idee des sich selbst verwirklichenden Menschen zurück, der bei diesem Prozess nur ein wenig Unterstützung braucht, die darin besteht, ihm sein Befinden widerzuspiegeln. Drei Methoden, drei völlig verschiedene, miteinander unvereinbare Menschenbilder.

Selbst wenn man berücksichtigt, dass diese Therapieschulen nicht in Reinform praktiziert werden – es regiert vielmehr ein theoretischer und methodischer Eklektizismus –, stellt sich die Frage, warum so unterschiedliche Konzepte und Techniken, ausgewählt nach dem Zufallsprinzip, offenbar gleichermaßen funktionieren. Saul Rosenberg, Psychologe an der Washington University, bezeichnete dieses Phänomen bereits 1936 als »Dodo bird verdict«.[45] Er ließ sich dabei von Lewis Carrolls Kinderbuch *Alice im Wunderland* inspirieren, in dem Dodo, der kluge flugunfähige Vogel, nach einem Wettrennen erklärt: »Jeder hat gewonnen, alle müsse Preise bekommen.«

Was aber führt dazu, dass unterschiedliche Therapien ähnliche Effekte haben? Welches sind die verbindenden Elemente?

Die Antwort lautet: Zuwendung und Aufmerksamkeit. Therapeuten konzentrieren sich ganz auf ihre Patienten, hören sich deren Probleme in aller Ausführlichkeit an, fragen nach. Das ist für viele Menschen eine ebenso angenehme wie ungewohnte Erfahrung. Im Alltag mangelt es ihnen an einem solchen Gegenüber. Sie haben den Eindruck, niemand interessiere sich für ihre Sorgen. Selbst Freunde, Bekannte und die eigene Familie haben kein Ohr für sie, weil alle viel zu sehr mit sich selbst beschäftigt sind.

In der Therapie ist das ganz anders: Hier steht der Patient mit all seinen Sorgen und Bedürfnissen im Mittelpunkt, kann ausreden und wird ernst genommen. Zuwendung ist ein, wenn nicht der ausschlaggebende Faktor jeder Therapie – das gilt übrigens auch für viele alternative Heilverfahren somatischer Leiden wie etwa die Homöopathie, bei der die Anamnese breiten Raum einnimmt, bevor wirkungslose Mittel verschrieben werden.

Aufmerksames Zuhören ist allerdings kein Alleinstellungsmerkmal von Therapeuten. Wirkliche Freunde können ebenso hilfreich sein.

Auf dem Holzweg

»In unserer Gesellschaft riskiert es jeder, der bei der Beerdigung seiner Mutter nicht weint, zum Tode verurteilt zu werden.«

Albert Camus[46]

Zuwendung, der kleinste gemeinsame Nenner fast aller Therapieschulen, ist in aller Regel unschädlich, außer vielleicht bei überbehüteten Kindern oder eitlen Prominenten. Kontraproduktiv können dagegen typische therapeutische Denkformen und -beschränkungen sein, die darüber entscheiden, was den Patienten nach der Schilderung ihrer Sorgen nahegelegt wird, um diese loszuwerden. Dazu zählt, wie dargestellt, die Verdinglichung von Gefühlen. Oder die Blindheit vieler Psychologen für reale Lebensumstände, Machtverhältnisse und Konflikte, was dazu verleitet, Ursachen für seelisches Leid vor allem in der Persönlichkeit des Patienten zu suchen. Oder vorgefasste Meinungen darüber, wie Menschen zu agieren und zu empfinden haben, mit der Folge, dass Abweichungen von der Norm pathologisiert werden. Zum Beispiel beim Thema Verlusterfahrungen – ein wahres Trauerspiel in der Geschichte der Psychologie.

Die allgemeinen Vorstellungen davon, was mit Menschen passiert, die zum Beispiel den Tod ihres Lebenspartners zu beklagen haben, sind stark vom therapeutischen Denken geprägt. Den Anfang macht Sigmund Freud 1917 mit seinem Aufsatz »Trauer und Melancholie«. Darin fasst der Begründer der Psychoanalyse das Phänomen recht weit und zeittypisch als »Reaktion auf den Verlust einer geliebten Person oder einer an ihre Stelle gerückten Abstraktion wie Vaterland, Freiheit, ein Ideal usw.«.[47] Er betont, dass Trauer nicht krankhaft sei, »obwohl sie schwere Abweichungen vom normalen Lebensverhalten mit sich bringt«. Die Zeit heile die Wunden, eine Behandlung sei nicht nur unnötig, sondern sogar »schädlich«.[48] Dieser Hinweis wird bedauerlicherweise von zahlreichen Nachfolgern Freuds im Therapeutenberuf ignoriert.

Sie orientieren sich lieber an einem zentralen Begriff in jener Schrift: »Trauerarbeit«. Freud bezeichnet damit den psychischen Aufwand, der für das trauernde Individuum notwendig sei, weil das geliebte Objekt zwar in der äußeren Realität nicht mehr existiere, aber weiterhin in der inneren. Um mit dem Widerspruch zwischen dem Wissen um den Verlust etwa des Ehegatten und den starken Empfindungen für ihn fertigzuwerden, brauche es Trauerarbeit. Sie diene dazu, die mit dem verloren gegangenen Objekt verbundene Libido in vielen, schmerzhaften Schritten von ihm zu lösen, damit sich das Individuum der Welt wieder zuwenden könne. »Tatsächlich«, so Freud, »wird (…) das Ich nach der Vollendung der Trauerarbeit wieder frei und ungehemmt.«[49]

Verlustschmerz ist für ihn also nichts, was man passiv erdulden oder über sich ergehen lassen kann, sondern mit großer innerer Anstrengung verbunden. Freuds Begriff der Trauerarbeit nehmen viele Therapeuten später wörtlich, behaupten, Hinterbliebene müssten ihre Gefühle »durcharbeiten«, wobei man den Leuten selbstverständlich gern professionell zur Seite steht.

Darüber hinaus werden genaue Vorstellungen darüber ent-wickelt, wie die Verlustreaktion abzulaufen hat. Die Psychia-terin Elisabeth Kübler-Ross ist auf diesem Gebiet besonders einflussreich. Sie behauptet, aus Gesprächen mit rund 200 un-heilbar kranken Patienten fünf Phasen der Auseinandersetzung mit dem Tod herausdestilliert zu haben: Nichtwahrhabenwol-len, Zorn, Verhandeln, Depression, Akzeptanz. Ihre Erkenntnisse veröffentlichte sie 1969 unter dem Titel *Interviews mit Sterben-den*.

Wer nicht nach Plan trauert, macht sich verdächtig

Dieses Modell wird, leicht abgewandelt, von anderen Therapeu-ten auf Trauer übertragen. Eine im deutschsprachigen Raum populäre Variante stammt von Verena Kast, Anhängerin der Tie-fenpsychologie nach C. G. Jung und ehemalige Professorin an der Universität Zürich. Ihr zufolge durchlaufen Trauernde vier Pha-sen, bis sie den Verlust bewältigt haben: Nichtwahrhabenwollen (oft mit einem Schockzustand verbunden); aufbrechende Emo-tionen (Verlustschmerz, Einsamkeit, Angst, Wut, schlechtes Ge-wissen oder Freude, weil der Verstorbene nun nicht mehr leiden muss); Suchen und sich Trennen (idealerweise befasst man sich in dieser Phase im inneren Dialog mit noch nicht aufgearbeite-ten Themen mit dem Verstorbenen); Akzeptanz und Neuanfang (der Verlust ist akzeptiert).[50]

Das ist eine detaillierte Anleitung zur Trauerarbeit – die ge-eignet ist, den Betroffenen zusätzlich zu ihrem Schmerz noch ein schlechtes Gewissen zu bereiten, falls ihre Empfindungen sich nicht mit den Vorgaben decken. Mehr noch: Kast warnt, dass die Verdrängung von Trauer zu Depressionen führen könne – ein Paradebeispiel für Dogmatismus und Übergriffigkeit im thera-peutischen Gewand. Wer nicht nach Plan trauere, bearbeite seine Gefühle nicht richtig oder mache sich gar verdächtig.

Welche Folgen solches Denken im wirklichen Leben haben kann, zeigt ein Kriminalfall aus den USA. John Henry Knapp wird 1974 des Mordes für schuldig befunden, nachdem seine beiden kleinen Töchter bei einem Feuer in dem Wohnwagen der Familie umgekommen waren. Dem Vater wird zum Verhängnis, dass er unmittelbar nach dem Brand äußerlich ruhig wirkt, redselig ist und keine Anzeichen seelischer Not zeigt. Er wird zum Tode verurteilt und bleibt 13 Jahre in Haft, bis neue Beweise für die Ursache des Feuers auftauchen und er freikommt. Knapp entspricht nicht der klassischen Vorstellung von einem Trauernden, das hätte ihn beinahe das Leben gekostet. Seine Geschichte erinnert an die des Meursault, Hauptfigur in Albert Camus' Roman *Der Fremde*, über den ebenfalls ein moralisch begründetes Todesurteil gefällt wird.

Interessanterweise gibt es für die von den selbst ernannten Trauerexperten als zwingend präsentierten Phasenmodelle samt der aus ihnen abgeleiteten Problematisierung abweichender Reaktionen kaum empirische Belege. Der amerikanische Psychiater George Engel fragte bereits 1961 in einem Aufsatz: »Ist Trauer eine Krankheit?«[51] In der Suche nach einer Antwort erkannte er eine Herausforderung für die medizinische Forschung. Einer, der sich dieser Aufgabe sehr gründlich annahm, ist der bereits erwähnte George Bonanno, Professor für klinische Psychologie an der Columbia University. Er hat mit Kollegen umfangreiche Forschungen zum Thema angestellt und Untersuchungen aus aller Welt ausgewertet. Anders als im Fach üblich, hat Bonanno sehr breit recherchiert. Neben Trauernden wurden auch deren Freunde und Angehörige befragt, außerdem physiologische Parameter erfasst. Zu den Untersuchungen zählt eine Langzeitstudie, an der auch ältere Menschen teilnahmen, deren Lebenspartner im Verlaufe dieser Studie starben. So ergab sich ein Bild von ihrer Situation vor und nach dem Verlust.

Daniel Gilbert, Professor für Psychologie an der Harvard University, fasste die Ergebnisse so zusammen: »Es gibt eine Menge Bücher über Verlusterfahrungen, und jetzt kann man sie alle wegwerfen. Bonanno hat sorgfältig das wissenschaftliche

Material zusammengetragen und zeigt, dass das meiste, von dem wir sicher waren, es zu wissen, schlichtweg falsch ist.«[52] So gibt es weder Belege für die Phasenmodelle noch für die Notwendigkeit von Trauerarbeit, denn Menschen überwinden Lebenskrisen auch ohne sie. Es gibt Hinterbliebene, die so stark leiden, dass sie professioneller Hilfe bedürfen, aber ihr Anteil ist gering. Die meisten Menschen kommen mit schlimmen Verlusterfahrungen allein zurecht und haben nicht mit Spätfolgen zu kämpfen – auch wenn sie keine der postulierten Trauerreaktionen zeigen.

Vieles, was die Trauerindustrie im Angebot hat, ist daher kontraproduktiv, so Bonanno. Zum Beispiel die genannte Trauerarbeit, das bewusste Wiedererleben schmerzhafter Gefühle zu vermeintlich kathartischen Zwecken und auch das sogenannte Debriefing, eine Kurzzeitbehandlung nach traumatischen Erlebnissen wie Unfällen oder Naturkatastrophen. Das Gleiche gilt für die mittlerweile weit verbreitete Notfallseelsorge oder psychologische Nothilfe: Einem Drittel derjenigen, denen auf diese Weise geholfen werden soll, geht es hinterher schlechter.

Vermutlich stören solche Interventionen das Selbstheilungsprogramm der Menschen. Ein wichtiger Befund von Bonanno und seinen Kollegen ist, dass Trauer nicht phasen-, sondern wellenförmig verläuft, als emotionales Auf und Ab: Mal lassen sich Hinterbliebene ganz von ihrem Schmerz überwältigen, dann lösen sie sich für kurze Zeit daraus und wenden sich, auch zum Selbstschutz, anderen Dingen zu. Die Kernbotschaft von Bonanno lautet: »Der Mensch ist ein zähes Tier« – also in der Lage, mit Krisen fertigzuwerden. Und: Jeder tut das auf seine Weise. Das ist okay, vernünftig und gesund. Es ist in Ordnung, nach dem Verlust des Partners schnell wieder lachen zu können, sich dem Alltag oder anderen Leuten zuzuwenden. Und es ist ebenso in Ordnung, noch jahrelang an dieser Person zu hängen, statt in Trauerphase vier (nach Kast) lehrbuchartig endgültig von ihm Abschied zu nehmen.

Bonanno hebt sich angenehm ab von den vermeintlichen Samaritern in der Psychobranche, die Menschen vorschreiben wollen, wie sie zu empfinden haben. Solche Übergriffe zweiter Ordnung sind ein besonders unangenehmer Zug des therapeutischen Denkens. Das zeigt sich auch bei einem weiteren, mit der Trauer verwandten Thema, das in der Psychologie eine steile Karriere gemacht hat: dem Trauma.

Von der Eisenbahnkrankheit zum posttraumatischen Stresssyndrom

»Australische Krokodile sind durch den heftigen Tropensturm ›Yasi‹ vergangene Woche so traumatisiert worden, dass sie tagelang zu essen aufhörten und sich unter Wasser versteckten.«
Augsburger Allgemeine,
11. Februar 2011

Trauma kommt aus dem Griechischen und bedeutet Wunde. Der Begriff wurde zunächst für Verletzungen des Körpers verwendet, seit Ende des 19. Jahrhunderts auch für solche der Seele. Heute ist der Terminus in aller Munde und wird – wie das obige Zitat über verstörte Reptilien in Down Under zeigt – inflationär verwendet. Die Medizinhistoriker Paul Lerner und Mark Micale urteilten im Jahr 2001 über den entsprechenden amtlichen Krankheitsbegriff: »Das posttraumatische Stresssyndrom ist vermutlich die am schnellsten wachsende und einflussreichste Diagnose in der amerikanischen Psychiatrie.«[53]

Diese Diagnose ist aus zwei Gründen bemerkenswert: Es ist die einzige, die eine eindeutige, kausale Beziehung zwischen einschneidenden Erlebnissen und psychischen Beschwerden eines Menschen herstellt. Und es ist die einzige, die so offenkundig politisch motiviert ist. Die offizielle Anerkennung psychischer Traumen war das Ergebnis gesellschaftlicher Auseinandersetzungen um die Bewertung von Gewalterfahrungen. Für diejenigen, denen ein Trauma attestiert wird, ist dies eine zweischneidige Sache. Einerseits entlastet die Diagnose: Das aktuelle

Leiden wurde durch ein schockierendes Erlebnis verursacht, für das das Opfer nichts kann. Andererseits kettet das Trauma die Menschen an ihre Vergangenheit.

Die Geschichte des Begriffs hängt eng mit der Eisenbahn zusammen, einem Fortbewegungsmittel, das die Menschen in seiner Frühzeit ebenso faszinierte wie ängstigte. Eisenbahnunfälle sorgten für großes Aufsehen. So schrieb der Pariser Korrespondent der *Neuen Zürcher Zeitung* 1842, dass die Bevölkerung zur Zeit der Cholera nicht aufgeregter gewesen sei als in den Tagen nach einem großen Unfall auf der Strecke Paris – Versailles.[54] Diese öffentliche Empörung hatte zur Folge, dass Menschen, die bei solchen Unglücken verletzt wurden, als ersten Unfallopfern überhaupt Entschädigungen zugesprochen wurden. Und so machten sich auch »Ärzte, Anwälte und Versicherungsexperten vermehrt Gedanken um gesundheitliche und soziale Auswirkungen von Unfällen«, schreibt Katrin Lehmacher in ihrer Dissertation *Trauma-Konzepte im historischen Wandel*.[55]

Es wurde sogar eine eigene Eisenbahnkrankheit diagnostiziert: das Railway Spine, eine Erschütterung des Rückenmarks, die angeblich nur nach Zugunglücken auftrat und äußerlich nicht zu erkennen war. Die Symptome – von Rückenschmerzen, Verstopfung bis hin zu Kopfschmerzen, Gedächtnis-, Denk- und Wahrnehmungsstörungen – zeigten sich laut den Verfechtern dieser Diagnose erst nach einer Latenzperiode. Aus diesem nebulösen Krankheitsbild entwickelte sich, quasi vom Rückenmark zum Gehirn aufsteigend, die traumatische Neurose: ein durch ein Schockerlebnis verursachtes psychisches Leiden. In Deutschland wurde es 1889 unter Reichskanzler Otto von Bismarck als entschädigungspflichtig anerkannt, fünf Jahre nach Einführung der allgemeinen Unfallversicherung.

Die traumatische Neurose war allerdings von Anfang an umstritten, weil die Symptome nicht zu objektivieren sind und daher, so die Kritiker, eine Einladung für Simulanten darstellen. Ein britischer Arzt empfahl seinen Kollegen bei einem Vortrag sarkastisch, bestimmte, mit dem Leiden assoziierte Beschwerden einzustudieren. »Dann setzen Sie sich auf die Eisenbahn und fahren so lange, bis Sie das Glück haben, ein Unglück persönlich mitzumachen. Jetzt spielen Sie die eingelernte Rolle einigermaßen geschickt, und eine Rente von jährlich ein- bis zweitausend Pfund Sterling kann Ihnen nicht entgehen.«[56]

Tatsächlich war die Anerkennung dieser psychischen Krankheit keine medizinische Frage, sondern eine des Zeitgeists und der Macht. Dies zeigte sich im Ersten Weltkrieg. Schon kurz nach Beginn der Kampfhandlungen, schreibt der Historiker Hans-Georg Hofer, »sahen sich Militärs und Ärzte mit Männern konfrontiert, die *am* Körper meist unverletzt geblieben waren, aber *über* ihren Körper die Schrecken des modernen Krieges unaufhörlich zu reproduzieren schienen. Es war dies mit den Worten eines Psychiaters die ›große Gruppe der Zitterer, Schüttler und Torkeler, die man auf den Straßen größerer Städte herumgehen oder auch im Rollstuhl herumfahren sieht, die allerwärts angestaunt, ausgefragt, bemitleidet und vielfach auch beschenkt werden‹.«[57]

Lag es nicht nahe, dass diese Männer, die in den Schützengräben dem unvorstellbaren Terror tagelangen Granatfeuers ausgesetzt gewesen waren, an traumatischen Neurosen litten? Zweifellos. Doch was wären die Folgen solcher Diagnosen? Womöglich hunderttausendfache Entschädigungsansprüche gegen den Staat, der doch alle seine Mittel für den Krieg brauchte. Und eine Einladung an Feiglinge, sich ihrer patriotischen Pflicht zu entziehen. So dachte man damals, und so flammte die Debatte um Traumen unter Ärzten und Psychiatern erneut auf. Die Mehrheit der Fachleute wollte von ihnen nichts wissen. Stattdessen attestierte man Soldaten mit psychischen Beschwerden Hysterie – eine Krankheit, die, so die damals vorherrschende Meinung, nicht durch äußere Umstände, sondern allein durch die labile Konstitution des Patienten verursacht wurde. Mehr noch: Es wurde ein Wille zu diesem Leiden unterstellt, sodass die Kranken als Drückeberger gelten konnten. Diese neue Einschätzung wurde nach Kriegsende in der Weimarer Republik amtlich. Das Reichsversicherungsamt entschied 1926, dass nervöse Störungen ohne nachweisbare organische Ursache nicht mehr entschädigungspflichtig seien. Es gab zwar Ärzte und Psychiater – unter anderem Sigmund Freud –, die sich weiter mit dem Thema Trauma befassten, aber aus dem öffentlichen Bewusstsein war es erst einmal verschwunden.

Daran änderten auch der Zweite Weltkrieg und der Holocaust nichts. Nach 1945 sahen deutsche Psychiater keinen Anlass, sich mit den Folgen von KZ-Haft zu beschäftigen. Erst nachdem 1956 nach zähen Verhandlungen und auf Druck der Alliierten das Bundesgesetz zur Entschädigung für Opfer der nationalsozialistischen Verfolgung erlassen und damit auch entsprechende Gutachten notwendig wurden, befasste man sich notgedrungen und widerwillig mit diesen Menschen. Der Mediziner Christian Pross bezeichnet die damals übliche Praxis in seinem Buch *Wiedergutmachung* als »Kleinkrieg gegen die Opfer«.

Mit psychischen Beschwerden begründete Entschädigungsanträge von Verfolgten des Nazi-Regimes wurden meist abgelehnt. Denn die herrschende Lehre besagte, so Katrin Lehmacher, »dass äußere Ereignisse – und seien sie noch so belastend – bei Menschen mit ›normaler Konstitution‹ niemals zu bleibenden psychischen Störungen führen«.[58] Diese Auffassung blieb noch lange die dominierende und kam den Behörden entgegen, die meist kein Interesse daran hatte, Entschädigungen auszuzahlen. Psychiater, die aus politischen oder moralischen Gründen im Sinne der Opfer des NS-Staates argumentierten, waren in der Minderheit.

Vom Post-Vietnam-Syndrom zur Trauma-Inflation

Der Traumabegriff gelangte dann auch nicht in Deutschland, sondern in den USA als Folge des Vietnamkriegs auf die öffentliche Agenda. Es waren die Veteranen selbst, die dafür sorgten.

Zum ersten Mal in der Geschichte sprachen Kriegsheimkehrer öffentlich über ihre Erfahrungen mit Gewalt, die sie nicht nur erlitten, sondern auch ausgeübt hatten. Die New Yorker Psychiater Chaim Shatan und Robert J. Lifton hatten 1970 Selbsthilfegruppen initiiert, die aus Mitgliedern der Initiative Veterans Against the War bestanden. Man traf sich regelmäßig, um sich auszutauschen und auf die Folgen des Krieges für die ehemaligen Soldaten aufmerksam zu machen. Dazu zählten Alkohol- und Drogenmissbrauch, Gewaltakte und Suizide. Die Selbsthilfegruppen breiteten sich rasch über das ganze Land aus.

Shatan stellte bei den Veteranen das sogenannte Post-Vietnam-Syndrom fest, ein Trauma, das zeitlich versetzt nach den Kriegserlebnissen auftrete und sich in Form von Schuldgefühlen, Wut, Abstumpfung und dem Gefühl von Entfremdung äußere. Eine spezifische Krankheit, so die Ansicht von Shatan und anderen Psychiatern, die aber nicht offiziell anerkannt sei, weshalb viele Vietnamveteranen nicht adäquat behandelt würden. Genau dafür kämpften die Lobbygruppen.

Mit Erfolg. 1980 wurde die Posttraumatische Belastungsstörung (PTBS) offiziell als Krankheit anerkannt und in die damalige dritte Auflage des psychiatrischen Diagnosehandbuchs *DSM-III* aufgenommen. Eine »Würdigung des seelischen Leidens amerikanischer Veteranen«, so die Soziologin Eva Illouz, »die von einer gespaltenen und kriegsmüden Öffentlichkeit mit scheelen Blicken bedacht wurden.«[59]

In den weiteren Auflagen der Psychobibel wurde die Diagnose, der allgemeinen Tendenz folgend, stark ausgeweitet. Im aktuellen *DSM-5* gelten folgende Ereignisse als potenziell traumatisierend: der tatsächliche oder angedrohte Tod, schwerwiegende Verletzungen oder sexuelle Gewalt. Und zwar dann, wenn Menschen unmittelbar betroffen sind. Wenn sie erleben, wie andere unter solchen Ereignissen leiden. Wenn sie erfahren, dass einem engen Familienmitglied Schlimmes zugestoßen ist. Oder wenn sie, zum Beispiel als Polizisten oder Sanitäter, häufig mit solchen Ereignissen konfrontiert werden. Als typische Symptome gelten unter anderem wiederholte, sich aufdrängende Erinnerungen oder Albträume.

Der Psychiater Klaus Dörner hält nichts von dieser Trauma-Inflation. In einem Fachbeitrag[60] bezeichnete er das PTBS als »ein interessengesteuertes Modekonstrukt«, an dem, so empfiehlt er, seine Kollegen »Patienten nach Möglichkeit vorbeisteuern sollten«. Dörner moniert neben der »Unspezifität des Syndroms (wer wäre nicht nach einer Katastrophe unfreiwilligen Erinnerungen daran ausgeliefert?)« auch die »Unspezifität der Traumen (es werden immer neue anspruchberechtigte Traumen erfunden)«. Er warnt zudem vor der »Gefahr monokausaler Wahrnehmungseinengung« und rät seinen Kollegen: »Glauben Sie kein Wort von den wissenschaftlichen Untersuchungen über die inflationäre Verbreitung der PTBS.«

Tatsächlich kursieren die erstaunlichsten Zahlen: So soll Untersuchungen zufolge die Wahrscheinlichkeit bei Amerikanern, einmal im Leben ein traumatisches Erlebnis zu haben, bei 40 Prozent liegen. Ein Viertel von ihnen entwickle eine Posttraumatische Belastungsstörung. Jahrzehntelang umstritten, ist die Annahme hinter dieser Diagnose mittlerweile allgemein akzeptiert: Ein wie auch immer geartetes und auch nur mittelbar erlebtes, einschneidendes Ereignis kann zu psychischer Krankheit führen. Die Auslöser sind mittlerweile fast beliebig, ebenso wie der politische Kontext: So kann der ehemalige KZ-Häftling ebenso traumatisiert sein wie der ehemalige Wehrmachtssoldat, an Aids Erkrankte ebenso wie Inzestopfer, Überlebende des Völkermordes in Ruanda ebenso wie Überlebende eines schweren Verkehrsunfalls.

Hier wird eine nach wie vor unklare Diagnose überstrapaziert. Diese Tendenz zeigt sich auch in der Missbrauchsdebatte. In den achtziger Jahren begann die Frauenbewegung auf bis dahin weitgehend totgeschwiegene Skandale aufmerksam zu machen: Gewalt gegen Kinder und sexuellen Missbrauch. Das Trauma als Folge solchen Unrechts für die wehrlosen Opfer spielte dabei eine zentrale Rolle. »Die Kategorie (…)«, schreibt Eva Illouz, »diente Feministinnen dazu, die Familie zu kritisieren, das Kind zu beschützen, neue Gesetze zu erwirken und die männliche Gewalt gegen Frauen und Kinder zu bekämpfen – ein Beispiel dafür, wie psychologisches Wissen in der Zivilgesellschaft genutzt wurde, um private Leiden zu politischen Problemen zu machen und den feministischen Forderungen Anspruch auf Allgemeingültigkeit zu verleihen. Als Folge dieser Taktiken begannen der Staat und die Gerichte nach und nach damit, eine neue Kategorie von Straftätern zu verfolgen und das Verhalten von Männern innerhalb der Familie zu regulieren.«[61]

Das sind zweifellos große Fortschritte. Allerdings verleitet der Traumabegriff auch zu dem von Klaus Dörner kritisierten Tunnelblick. Dies zeigte exemplarisch die populäre Psychologin und Erfolgsautorin Alice Miller, die sich selbst auch als »Kindheitsforscherin« bezeichnete. Ihr Thema war die sogenannte Schwarze Pädagogik, also Erziehungsmethoden zur Abrichtung, Unterdrückung und Misshandlung von Kindern sowie deren traumatische Folgen. In ihnen sah Miller die Ursache für alles Unglück dieser Welt. Denn die Ohnmachts- und Gewalterfahrungen der Kinder müssten zum Selbstschutz von ihnen verdrängt werden und wirkten als Wiederholungszwang immer weiter fort. Ausnahmslos jeder, der sein Kind misshandele, sei früher selbst misshandelt worden.

Diese Theorie versuchte Miller unter anderem durch die Analyse der Biografien von Personen der Zeitgeschichte wie dem Kindermörder Jürgen Bartsch (»Was erzählt ein Mord über die Kindheit des Mörders?«[62]), der ehemals heroinsüchtigen Christiane F. (»Selbstsuche und Selbstzerstörung in der Droge«[63]) und Adolf Hitler (»Die Kindheit Adolf Hitlers – vom verborgenen zum manifesten Grauen«[64]) zu belegen. Sie alle hätten die

Demütigungen und Gewalterfahrungen aus ihrer Kindheit unbewusst weitergetragen und gegen andere oder sich selbst gewendet.

»Alice Millers Vorstellungen«, schreibt die Historikerin Miriam Gebhardt, »unterstellen einen ewigen Kreislauf, aus dem die Menschheit nicht leicht herauskommt.« – »Sie dreht sich seit zweihundert Jahren in einem Perpetuum mobile aus Qualen, die weitergegeben werden, damit sie nicht an die Oberfläche des Bewusstseins der Erzieher gelangen. Der Ausweg daraus ist die Analyse des eigenen Kindheitstraumas.«[65]

Serienmorde, Drogensucht, Faschismus – an allem ist die schlimme Kindheit schuld, und nur die richtige Therapie kann helfen, diese Übel zu beseitigen. Hier gehen quasireligiöser Rigorismus und Hybris eine ungute Verbindung ein: Erst wenn alle Welt auf der richtigen Couch gelegen und seine Traumen aufgearbeitet hat, ist der Weg frei ins Paradies. Ganz nebenbei wird denjenigen, die Schlimmes erlebt haben, die Fähigkeit abgesprochen, ihr Leben in die eigenen Hände zu nehmen.

Ein schädlicher Mythos

Das Bild des alles verändernden und beherrschenden Schocks, der Menschen abrupt aus der Bahn wirft, ist tief ins kollektive Bewusstsein eingegangen und zum Dogma geworden. Mittlerweile herrscht die Meinung vor, dass bestimmte Erlebnisse zwangsläufig traumatisierend sind. So dachte auch die Psychologin Susan A. Clancy. Sie interviewte von Mitte der neunziger Jahre an über fast zehn Jahre hinweg für Studien an der Harvard University Menschen, die als Kind sexuell missbraucht worden waren. »Alles, was ich wusste«, erinnert sie sich, »lief darauf hinaus, dass der Missbrauch eine schreckliche Erfahrung gewesen sein musste, dass das Kind zum Zeitpunkt, als es passierte, traumatisiert worden sein musste – überwältigt von Furcht, Schrecken und Entsetzen.«[66]

Doch fast alle Interviews ergaben nichts dergleichen. Der Missbrauch war verwirrend für die allermeisten Kinder gewesen, aber nicht traumatisch im üblichen Wortsinne. Die Opfer ließen es geschehen, nur fünf Prozent wehrten sich. Clancy dachte zunächst, irgendetwas stimme nicht mit den Frauen und Männern, die dies berichteten. Bis ihr klar wurde, dass diese Leute als Kinder vernünftig reagiert hatten. Weil sie zu jenem Zeitpunkt nicht verstanden, was mit ihnen passierte. Weil sie nicht auf die Idee kamen, das Tun erwachsener Respektspersonen, zu denen sie aufschauten, infrage zu stellen. Denn bei den Tätern handelte es sich oft um Angehörige oder Freunde der Familie, die die Kinder umgarnten, sie beschenkten und eine Beziehung zu ihnen aufbauten.

Als die Opfer alt genug waren, um zu verstehen, was sich wirklich ereignet hatte, waren sie erschüttert, entsetzt, fühlten sich betrogen, ekelten sich, bekamen Angst. »Der Vorhang der Unschuld wurde gelüftet«, so beschrieb es eine der befragten Personen. Clancy schreibt: »Die Opfer interpretierten die ehemals ›verwirrenden und seltsamen‹ Erfahrungen neu und erkannten sie als das, was sie waren: sexueller Natur und eindeutig falsch. Erst an diesem Punkt, wenn der sexuelle Missbrauch vollständig erkannt wird, fängt er an, die Opfer zu schädigen.«[67]

Die Psychologin stellte mit ihren Befunden allgemein anerkannte Vorstellungen infrage, nämlich dass der Missbrauch als solcher ein Trauma auslösen muss. Und dass es verdrängt wird, weil das Erlebte so entsetzlich war. Die Betroffenen selbst hatten es ihr anders geschildert, obwohl es ihnen nicht leichtgefallen war, weil sie die herrschende Meinung kannten. Das Trauma-Konzept, so Clancys Fazit, ist für die Opfer nicht hilfreich. Als sie die Ergebnisse ihrer Untersuchungen – die von der wissenschaftlichen Gesellschaft American Association for the Advancement of Science unabhängig begutachtet und für korrekt befunden waren – veröffentlichte, gab es einen Sturm der Entrüstung.

Der Mutter dreier Töchter wurde vorgeworfen, eine Freundin von Pädophilen oder gar selbst pädophil zu sein. Kollegen schnitten sie, man gab ihr zu verstehen, dass ihre akademische Karriere gefährdet sei. Man unterstellte ihr, die Opfer für den sexuellen Missbrauch verantwortlich zu machen.

Zu Unrecht. Clancy betont, dass Kindesmissbrauch in jedem Fall ein Verbrechen ist, auch wenn die Opfer ihn geschehen lassen. Sie verharmlost die Folgen nicht, sie sind gravierend, auch wenn sie erst später eintreten. Clancy ist allerdings der Ansicht, dass der »Trauma-Mythos« den Opfern schadet, weil ihre Erfahrungen sich nicht mit der Vorstellung decken, dass Missbrauch mit Bedrohung, Gewalt und Angst einhergehen muss. 80 Prozent ihrer Gesprächspartner gaben sich selbst eine Mitschuld, weil sie dem Täter nichts entgegengesetzt hatten. Sie dachten, dass mit ihnen etwas nicht stimme, dass es sich bei ihnen um Sonderfälle handele.

Eine von Clancys Gesprächspartnerinnen sagte: »Ich weiß, dass sexueller Missbrauch verbreitet ist, aber wahrscheinlich nicht die Art, die mir zustieß.« Eine andere: »Im Grunde ließ ich es passieren …, sodass es kein klassischer Missbrauch war.«[68] Ein Mann sagte: »Er wusste, dass ich schwul war, deshalb hat er mich ausgesucht. Vielleicht habe ich ihn darauf gebracht.«[69]

Ein psychologisches Konzept, das Opfern von Verbrechen suggeriert, dass ihre Empfindungen nicht normal seien, ist weder hilfreich noch menschenfreundlich.

Reden wird überschätzt

»Der Vatikan hat ein Kommunikationsproblem«[70]

Handelsblatt

»Labour hat ein Kommunikationsproblem«[71]

Neue Zürcher Zeitung

»Diese Branche hat ein Kommunikationsproblem.«[72]

Professor Fred Wagner vom Institut für
Versicherungslehre der Universität Leipzig über das
Geschäft mit Lebensversicherungen

»Wenn alle Unternehmen beispielsweise eine Feedback-Kultur etablieren würden, wären 80 Prozent der Missverständnisse weg.«[73]

Frank Kübler, Geschäftsführer der
Unternehmensberatung Synk Group

Viele Psychologen, das gilt besonders für therapeutisch tätige, leiden unter einer Déformation professionnelle: Sie überschätzen Kommunikation. Das liegt nicht zuletzt am therapeutischen Setting, der klassischen Anordnung seit Sigmund Freuds Erfindung der Redekur. Der Psychotherapeut sitzt in seiner Praxis, der Patient kommt zu ihm und schildert seine Sorgen. Man befindet sich zu zweit in einem geschützten Raum, weit weg vom wirklichen Leben. Der Therapeut kann keinen Einfluss auf den Alltag seines Patienten nehmen, kann dessen berufliche und familiäre Situation nicht verändern. Da er ihm aber trotzdem helfen will, konzentriert er sich auf das, was ihm zugänglich erscheint: die Psyche. Die Probleme des Patienten werden im therapeutischen Kontext also auch deshalb psychologisiert, weil andere Optionen ausscheiden. So könnte die Idee, dass nicht der Patient Beratung braucht, sondern dessen Arbeitgeber, dort zwar aufkommen, hätte aber wahrscheinlich keine Konsequenzen.

Das mag trivial klingen, ist es aber nicht. Andere Helferberufe haben andere Methoden und Zugänge. So suchen etwa viele Sozialarbeiter ihre Klienten in deren gewohnter Umgebung auf, begleiten sie zu Behörden und anderen Institutionen. Sie machen sich ein eigenes Bild von der Lage der Leute, unterstützen sie nicht nur mit Rat, sondern mit Tat. Psychologen tun dies in aller Regel nicht, und die wenigsten von ihnen sind in multiprofessionellen Teams tätig, wo verschiedene Sichtweisen aufeinandertreffen.

Therapeuten arbeiten meist allein, ihr Arbeitsmittel ist die Sprache, ihre Hauptbeschäftigung reden. Das wiederum führt zu der Auffassung, dass Kommunikation das mächtigste aller Werkzeuge sei, wenn nicht das Zentrum des Universums.

So tragen Psychologen – neben Werbern, PR-Leuten und Journalisten – ganz wesentlich zur Überbewertung dieses Thema bei. Eine herausragende Rolle spielt dabei hierzulande Friedemann Schulz von Thun. Der mittlerweile emeritierte Hamburger Psychologie-Professor hat mit seinen gut lesbaren Ratgebern, angefangen mit seinem Hauptwerk *Miteinander reden: Störungen und Klärungen*, Millionenauflagen erzielt. Abertausende Studenten sind durch seine Schule gegangen, Hunderte Coaches arbeiten mit seinen Methoden. Er selbst und die Mitarbeiter des nach ihm benannten Instituts an der Hamburger Rothenbaumchaussee beraten unter anderem Führungskräfte aus der Wirtschaft. Der Medienwissenschaftler Bernhard Pörksen charakterisiert ihn als einen »der meistgelesenen Wissenschaftler des Landes, der mit der Kommunikationspsychologie sein eigenes Fachgebiet erfunden hat«.[74]

Die von Schulz von Thun erdachten, einprägsamen Metaphern sind überaus populär geworden. Dazu zählt das bereits erwähnte Kommunikationsquadrat beziehungsweise Vier-Ohren-Modell, demzufolge jede Nachricht einen Selbstoffenbarungs-, Sach-, Beziehungs- und Appellationsaspekt hat. Außerdem das innere Team: Statt der zwei Seelen, die Goethe zufolge in Fausts Brust miteinander ringen, sind es bei Schulz von Thun ein halbes Dutzend und mehr sich widersprechende, innere Stimmen, die beim Selbstklärungsprozess zu eben jenem inneren Team geformt werden müssen, damit eine stimmige Kommunikation nach außen gelingen kann.

Der Urheber dieser Konzepte ist geprägt von der Humanistischen Psychologie, deren Vertreter kein großes Interesse daran haben, ihre Ideen herzuleiten oder zu begründen. So wie Abraham Maslow das Bedürfnis des Menschen nach Selbstverwirklichung einfach so behauptete, postuliert Schulz von Thun das Bedürfnis nach störungsfreier Kommunikation: »Gelingende Kommunikation ist eine ewige Lebensaufgabe, ist Mittel und Ziel eines gelingenden Miteinanders auf Erden.«[75]

Das klingt gut und auch plausibel, ist aber letztlich eine beliebige Setzung. Man könnte ebenso gut andere »ewige Lebensaufgaben« in den Vordergrund stellen: Liebe, Freiheit, Fortschritt, Erleuchtung, Solidarität, Lust – was auch immer. Das Gleiche gilt für die Ratschläge, die Schulz von Thun den Leuten für eine glückende Kommunikation an die Hand gibt. Zu Beginn seiner Karriere formulierte der Psychologe seine Normen rezeptartig wie den sogenannten Dreischritt zur Klärung von Konflikten: erstens empathisches Eingehen auf den Gesprächspartner, zweitens ehrliche Selbstkundgabe der eigenen Gefühle und Gedanken, drittens zieloffene Ansprache, um gemeinsam eine Lösung zu finden. Heute gibt er als »Leitstern« seiner Kommunikationspsychologie »Stimmigkeit« vor. »Was ich sage, soll wesensgemäß und situationsgerecht sein (…).«[76]

Ein hohes Ziel, das meist verfehlt werden dürfte und zu allerlei Selbstbefragungen im Nachhinein Anlass gibt: Hätte ich nicht besser …?

Schulz von Thun trifft mit seiner praktisch wirkenden Kommunikationspsychologie einen Nerv, weil das Thema in der postindustriellen Gesellschaft tatsächlich immer wichtiger wird und weil sich viele Menschen schwer damit tun, ihre Interessen zu artikulieren und die Äußerungen anderer zu verstehen. Vor allem aber eignet sich das Thema, um es psychologisch zu bearbeiten. Man kann endlos darüber reden und die Art, wie Menschen sich äußern, deuten: Zeige mir, wie du kommunizierst, und ich sage dir, wer du bist. Noch nie wurde so viel über Kommunikation gesprochen wie heute. Eine Heer von Beratern lebt sehr gut davon.

Zweifellos gibt es viele Kommunikationsprobleme, und Psychologen können helfen, diese zu lösen. Aber es gibt eben nicht nur Missverständnisse auf der Welt, sondern handfeste Interessengegensätze, die bestehen bleiben, wenn alle Missverständnisse ausgeräumt sind. Die Verabsolutierung der Kommunikation verschleiert das. So ist es kein Zufall, dass Politiker nach verlorenen Wahlen mantraartig Kommunikationsprobleme beschwören, an denen es gelegen habe. Manager, die sich Kritik ausgesetzt sehen, Kirchenleute, Lobbyisten jeder Couleur, sie alle machen gern eine gestörte Kommunikation für ihr Scheitern verantwortlich. Weil das am wenigsten wehtut, gern geglaubt wird und von den eigentlichen Problemen ablenkt.

Nur: Wenn gelungene Kommunikation alles wäre, dann müsste die internationale Diplomatie – die diesbezüglich über jahrhundertelange Erfahrung und ein feines Instrumentarium verfügt – sehr viel erfolgreicher sein. Sie ist es aber nicht, weil es in Wirklichkeit um Macht und Interessen geht und sich nicht nur auf der politischen Bühne selten die beste Lösung durchsetzt. Reden wird überschätzt, denn menschliches Handeln ist immer *auch* Kommunikation, aber nicht nur Kommunikation.

So zählt zu den zahllosen Fehlschlüssen der Psychologie nicht zuletzt das Missverständnis, dass alle Probleme auf Missverständnissen beruhen.

Resümee
So viel Psychologie, so wenig Erkenntnis

Der Blick in Geschichte und Gegenwart der Psychologie zeigt, dass diese Disziplin, der zugeschrieben wird, Menschen in Krisen helfen zu können, selbst in einer Dauerkrise steckt. Von kritischen Vertretern des Fachs wird die Misere seit mehr als hundert Jahren immer mal wieder beklagt, ohne dass dies Folgen hätte. Tatsächlich gibt es kaum Erkenntnisfortschritte, stattdessen viel alten Wein in neuen Schläuchen – wie bei der sogenannten emotionalen Intelligenz – sowie inflationär gebrauchte und zur Unkenntlichkeit abgenutzte Begriffe wie den des Traumas.

Die Probleme der Psychologie resultieren aus einer historischen Fehlentscheidung: ihrer Abspaltung von der Philosophie. Wilhelm Wundt prophezeite bereits 1913 hellsichtig die Folgen: »Niemand würde (…) unter einer Trennung mehr leiden als die Psychologen und durch sie die Psychologie. Was heute, wie man wohl sagen darf, manche Philosophen irrtümlich gegen sie einwenden, sie sei mehr eine technische als eine rein wissenschaftliche Disziplin, das könnte in erschreckendem Maße Wirklichkeit werden.«[1]

So kam es. Indem die akademische Psychologie den Menschen aus seinem Kontext – der von ihm selbst geschaffenen Welt – löste, um ihn im Labor auf vermeintlich objektive Weise untersuchen zu können, verlor sie sein Wesen aus dem Blick. Das vorherrschende, letztlich nach wie vor behavioristische Wissenschaftsverständnis führt dazu, dass am eigentlichen Thema vorbeigeforscht wird. Eine Psychologie ohne Bewusstsein produziert in blinder Betriebsamkeit unzählige, meist irrelevante Studien. Der Zustand des Fachs lässt sich mit dem Wissenschaftsphilosophen Thomas S. Kuhn als vorparadigmatisch bezeichnen – es gibt kein verbindliches System von Begriffen und Methoden, viele konkurrierende stehen beliebig nebeneinander.

Wollte man der Psychologie eine Diagnose stellen, so läge Präpotenz bei gleichzeitigem Minderwertigkeitskomplex nahe. Präpotenz, weil viele Fachvertreter sich nicht scheuen, ihre dürftigen, fragwürdigen oder schlicht unsinnigen Theorien zu bewerben und zu vermarkten. Minderwertigkeitskomplex, weil der Hauptstrom der Disziplin bei mächtigeren Instanzen Halt sucht, statt eine eigene Vorstellung von dem zu entwickeln, was Psychologie sein könnte. Man lehnt sich traditionell an gerade moderne Naturwissenschaften an und übernimmt deren Methoden: von der Physiologie über die Computerwissenschaft bis zur heute dominierenden Hirnforschung. Letzterer werfen sich viele Psychologen so begeistert an den Hals, als sehnten sie die Auflösung ihres eigenen Fachs geradezu herbei. Man tut sein Möglichstes, um sich selbst überflüssig zu machen.

Die meisten Berufspraktiker würden die akademische Psychologie nicht vermissen, weil sie ihnen bei der Arbeit wenig hilft. Oder weil ihnen Wissenschaft ohnehin als überflüssig erscheint – ein Standpunkt, den die sogenannte Humanistische Psychologie, viele Therapeuten, Berater und Coaches offensiv vertreten. Mit der Folge, dass psychologische Praxis im besten Fall auf gesundem Menschenverstand beruht und im schlechtesten auf Esoterik. Für Laien ist das eine vom anderen kaum zu unterscheiden, häufig bestimmt der Zufall, welcher Anhänger der zahlreichen psychologischen Schulen ihnen begegnet.

Der Psychomarkt gleicht dem grauen Kapitalmarkt mit seinen dubiosen Angeboten. Eine Wissenschaft, die die Gesellschaft voranbringen möchte, könnte sich nützlich machen, indem sie ihn durchleuchtet und aufklärt über die Risiken und Nebenwirkungen der Psychologie. Doch nur wenige Fachvertreter tun dies – es ist symptomatisch, dass sich vor allem Soziologen und Philosophen dieser Aufgabe annehmen. Die Psychologie ist zu sehr mit sich selbst beschäftigt, um ihre eigenen Probleme zu erkennen. Und sie hat offenkundig an Transparenz wenig Interesse, weil diese sich negativ auf das Geschäft auswirken könnte. Lieber ruft man einen Psychotrend nach dem anderen aus. Eine Disziplin, die so viel Propaganda betreibt und sich selbst so wenig hinterfragt, hat religiösen Charakter. Ihr Credo lautet, dass der Tanz ums Ich selig macht. Ein Irrglaube.

Eine persönliche Nachbemerkung

Die Arbeit an diesem Buch war für mich auch mit einem Blick zurück verbunden. Ich habe von 1986 bis 1991 Psychologie an der Universität Hamburg studiert. Und war schon zu Beginn des ersten Semesters – wie wohl viele Studenten vor und nach mir – enttäuscht von dem Angebot. Weil beispielsweise Sigmund Freud und die Psychoanalyse trotz ihres enormen Einflusses weit über den therapeutischen Sektor hinaus nicht auf dem Lehrplan standen. Weil die meisten Theorien der akademischen Psychologie ebenso dürftig wie irrelevant für die Praxis sind. Und weil das Studium zu einem Großteil aus Statistik besteht, deren Zusammenhang zum Gegenstand sich nicht erschließt, da es ihn nicht gibt.

Dass ich das Studium trotzdem fortsetzte, hatte mit den besonderen Hamburger Verhältnissen zu tun. Es gab damals am Fachbereich Psychologie ein umfassendes sogenanntes Arbeitsgruppen-Studium als Ergebnis studentischen Protests und studentischer Eigeninitiative. Ein alternatives Lehrangebot ohne Scheine und Prüfungen, aber mit Vorlesungsverzeichnis. Das AG-Studium, organisiert von einigen Lehrbeauftragten und Studenten fortgeschrittener Semester, bot, was nicht auf dem offiziellen Lehrplan stand. Zum Beispiel Antworten auf die Frage, auf welchen Menschenbildern unterschiedliche psychologische Schulen beruhen.

Ein solches Parallelstudium war in Zeiten, bevor die Universitäten durch die Bologna-Reform verschult und durch allerlei Schein-Anforderungen überfrachtet wurden, noch möglich. Zudem galt eine Art unausgesprochener Nichtangriffspakt am Fachbereich: Etliche der Professoren verlangten ebenso wenig von sich selbst wie von ihren Studenten. Für mich war das Gelegenheit, mich in großer Freiheit aus einer kritischen Perspektive mit der Disziplin zu beschäftigen.

Nach meinem Abschluss als Diplom-Psychologe bin ich Journalist geworden und arbeite heute bei einem Wirtschaftsmagazin. Doch das Interesse an der Psychologie ist geblieben; sie ist ja auch allgegenwärtig, nicht zuletzt im Arbeitsleben. Es ist kaum möglich, ihr zu entkommen.

Psychologie fasziniert viele Menschen, sie kann hilfreich sein. Es gibt kluge und reflektierte Psychologen; einige tauchen im Text auf, andere halfen mit wertvollen Hinweisen. Besten Dank dafür an Martin Busecke und Christian Schultz. Und an Michaela Streimelweger, Peter Bier, Ralf Bergmann und Christiane Naumann für das sorgfältige Gegenlesen des Manuskripts sowie zahlreiche Verbesserungsvorschläge.

Anmerkungen

Pioniere

1 Stern, 1921, S. 6

2 Freud, GW 11, S. 413

3 Brief vom 15. Oktober 1897 an Wilhelm Fließ, in: Masson, 1999, S. 293

4 Zaretsky, 2009, S. 15

5 Freud, GW 1, S. 30

6 ebd., S. 381

7 Brief vom 26. April 1896 an Wilhelm Fließ, in: Masson, 1999, S. 193

8 Freud, GW 14, S. 59ff.

9 Joseph Wortis: »Fragments of a Freudian Analysis«, in: *American Journal of Orthopsychiatry*, Bd. 10, 1940, S. 844

10 Dieterich, 2001, S. 160

11 Zaretsky, 2009, S. 137

12 Reitter, 1996, S. 33

13 Illouz, 2008, S. 85

14 Illouz, 2009, S. 214

15 Jung, 1963, S. 155ff.

16 Zaretsky, 2009, S. 122

17 Freud, GW 14, S. 283

18 zit. nach Wittels, 1995, S. 130

19 Illouz, 2011, S. 67

20 Tschechne, 2010, S. 16

21 Stern, 1920, S. 140

22 William Stern: »Über Psychologie der individuellen Differenzen (Ideen zu einer ›Differentiellen Psychologie‹)«, in: *Schriften der Gesellschaft für psychologische Forschung*, 12/1900, S. 3

23 William Stern in: Schmidt, 1927, S. 142

24 William Stern: »Über Psychologie der individuellen Differenzen (Ideen zu einer ›Differentiellen Psychologie‹)«, in: *Schriften der Gesellschaft für psychologische Forschung*, 12/1900, S. 35

25 zit. nach Detlef Clemens: »Der Vater-Sohn-Konflikt zwischen William Stern und Günther Anders«, in: *Psychologie und Gesellschaftskritik*, 20/1996, S. 128

26 ebd., S. 130ff.

27 Stern, 1914, S. 6

28 Tschechne, 2010, S. 34

29 Gelhard, 2011, S. 43

30 Stern, 1935, S. 85

31 Tschechne, 2010, S. 15

32 zit. nach Tschechne, 2010, S. 105

33 Stern, 1920, S. 255

34 William Stern: »Die Methode der Auslese befähigter Volksschüler in Hamburg«, in: *Zeitschrift für pädagogische Psychologie und experimentelle Pädagogik*, 19, S. 132–43

35 Gelhard, 2011, S. 46

36 Kracauer, 2013, S. 20ff.

37 Anders, 1996, S. 165

38 zit. nach Probst, 2014, S. 110

39 Münsterberg, 1912, S. 18

40 Tschechne, 2010, S. 140

41 zit. nach Wikipedia

42 Mayo, 1949, S. 116ff.

43 zit. nach Jeffrey A. Sonnenfeld: »Shedding Light on the Hawthorne Studies«, in: *Journal of Occupational Behavior*, 6/1985, S. 124

44 Mayo, 1949, S. 114

45 Gelhard, 2011, S. 93

46 vgl. Reichardt, 2014, S. 11ff.

47 so James Bugental, erster Präsident der Gesellschaft für Humanistische Psychologie

48 Reichardt, 2014, S. 791

49 Rogers, 1970, S. 38ff.

50 Reichardt, 2014, S. 21

51 *Spiegel*, 43/1979: »Es ist, als ob ein Schrank aufgeht«

52 Illouz, 2011, S. 165

Das Geschäftsmodell

1 Gebhardt, 2002, S. 14

2 Elfriede Billmann-Mahecha: »Kann über die Methodenfrage die ›Einheit‹ der Psychologie gerettet werden? Zur Geschichte der Methodendiskussion im 20. Jahrhundert«, in: *Psychologie und Geschichte*, 9/2001, S. 118

3 Raapke/Schindler, 1988, S. 45ff.

4 Ulfried Geuter: »Psychologie im Nationalsozialismus«, in: Rexilius/Grubitzsch, 1986, S. 577

5 zit. nach Gebhardt, 2002, S. 57ff.

6 Ulfried Geuter: »Psychologie im Nationalsozialismus«, in: Rexilius/Grubitzsch, 1986, S. 581

7 ebd., S. 597

8 ebd., S. 595

9 Jäger, 1967, S. 15

10 ebd., S. 3

11 Müller, 2004, S. 280ff.

12 ebd., S. 283

13 Hermann Rorschach: »Briefwechsel«, in: Müller/Signer, 2004, S. 38

14 Reckwitz, 2013, S. 198

15 zit. nach Iris Blum: »Psychiatrie aus der Peripherie: Olga und Hermann Rorschach im Appenzellerland«, in: *Schweizerische Ärztezeitung*, 2008, S. 644

16 Wood et al., 2011, S. 265

17 Frisch, 1976, S. 45

18 zit. nach Fisseni, 2004, S. 204

19 zit. nach *Boston Globe*, 12.9.2004: »Against Types«

20 Paul, 2004, S. 134

21 ebd., S. 129ff.

22 Ehrenreich, 2006, S. 42ff.

23 *Spiegel*, 14/2012: »it(wert 1 = = wert 2)}«

24 *brand eins*, 4/2009: »Liebesdienst«

25 *Spiegel*, 14/2012: »it(wert 1 = = wert 2)}«

26 Portia S. Dyrenforth, Deborah A. Kashy, M. Brent Donnellan und Richard E. Lucas: »Predicting relationship and life satisfaction from personality in nationally representative samples from three countries: The relative importance of actor, partner, and similarity effects«, in: *Journal of Personality and Social Psychology*, 99, 2010, S. 690–702

27 *Zeit Magazin*, 44/2011: »Ich habe einen Traum«

28 Marx/Engels, 1983, S. 6

29 zit. nach Elbani, 2004, S. 77

30 ebd., S. 84

31 ebd., S. 91

32 ebd., S. 104

33 ebd., S. 100

34 Gebhardt, 2002, S. 160

35 Heiner Keupp: »Der verrückte Hunger nach Psychologie: zur Diskussion um Psychokultur und New Age«, in: *Das Argument*, 176/1989, S. 582–593

36 *brand eins*, 3/2003: »Sei du selbst«

37 *Hohe Luft spezial*, 4/2014: »Was ist gute Arbeit?«

38 zit. nach Christine Funken, Sinje Hörlin und Jan-Christoph Rogge: *Generation 35 plus*, Publikation des Instituts für Soziologie der FU Berlin, 2013, S. 13

39 Weber, 1994, S. 80

40 Bröckling, 2007, S. 153

41 Gallup Engagement Index 2013

42 *Zeit*, 35/2008: »Das gecoachte Ich«

43 Eberhard Richter: »Psychotherapie gestern, heute und morgen«, in: *Psychosozial*, 1/2005, S. 93

44 *Zeit*, 35/2008: »Das gecoachte Ich«

45 *brand eins*, 10/2013: »Wer stört, gilt als gestört«

46 Fischer, 2001, S. 30 und 83

47 Quelle: Website des NLP & Coaching Instituts Berlin

48 *The Independent*, 23. August 2009: »Messing with your head: Does the man behind Neuro-Linguistic Programming want to change your life – or control your mind?«

49 ebd.

50 Der Text ist im Internet verfügbar: http://paedpsych.jk.uni-linz. ac.at/INTERNET/ARBEITSBLAETTERORD/LEHRTECHNIKORD/ BoerdleinNLP.html#Essay

51 *Süddeutsche Zeitung*, 3. Mai 2005: »Seelenheilung im Minutentakt«

52 Hellinger, 2004, S. 247

53 zit. nach Lau, 2013, S. 138

54 zit. nach Kury, 2012, S. 48

55 Hofer, 2004, S. 53

56 Schwitters, 1998, S. 109

57 Musil, 1983, S. 988

58 Hofer, 2004, S. 15

59 Erb, 1893, S. 23

60 erschienen in: *Journal of Social Issues*, 1/1974

61 Bartmann, 2012, S. 246; der Begriff Genussarbeiter geht auf Max Weber zurück.

62 Burisch, 2005, S. 3

63 *Zeit*, 13/2014: »Seelenqual, die keinen kümmert«

64 Frances, 2013, S. 44

65 *taz*, 10. Mai 2013: »Echt krank oder normal verrückt: Wo fängt irre an?«

66 Frances, 2013, S. 133

67 ebd., S. 59

68 ebd., S. 131ff.

69 *Zeit Wissen*, 2/2008: »Warum uns Ärzte für verrückt erklären«

70 Dörner, 2003, S. 23ff.

Der blinde Fleck

1 Watson, 1976, S. 123

2 ebd., S. 13

3 zit. nach Clauß et al., 1986, S. 327

4 John B. Watson und Rosalie Rayner: »Conditioned Emotional Re-actions«, zuerst veröffentlicht in: *Journal of Experimental Psycho-logy*, 3(1), 1–14, 1920

5 ebd.

6 Watson, 1928, S. 81ff.

7 Watson, 1976, S. 194ff.

8 ebd.

9 Vinnai, 1993, S. 26

10 vgl. dazu Ayan, 2012, S. 119

11 *New York Times Magazine*, 26. April 2013: »The Mind of a Con Man«

12 *De Volkskrant*, 31. Oktober 2011: »Diederik Stapel: ›De druk is mij te veel geworden‹«

13 Gabriel, 2013, S. 174

14 Vinnai, 1993, S. 149

15 ebd., S. 43

16 ebd., S. 59

17 Autorenkollektiv am Psychologischen Institut der Freien Universi-tät Berlin, 1971, S. 41

18 ebd., S. 30

19 zit. nach Lück, 2013, S. 239

20 Holzkamp, 1985, Klappentext

21 Jens Brockmeier: »Subjektivität und Bedeutung«, in: *Journal für Psychologie*, 2/2008, S. 4

22 Holzkamp, 1985, S. 350

23 Günter Rexilius: »Wie Klaus Holzkamp posthum auf den Kopf ge-stellt wurde«, in: *Journal für Psychologie*, 2/2008, S. 9

24 Chomsky, 1988, S. 159

25 Noam Chomsky: »A Review of B. F. Skinner's *Verbal Behavior*«, in: *Language*, 1/1959, S. 36

26 Smith, 1999, S. 97

27 Javier Virués-Ortega: »The Case Against B. F. Skinner 45 years Later: An Encounter with N. Chomsky«, in: *The Behavior Analyst*, 2/2006, S. 245

28 Im Internet abrufbar unter: www.uni-due.de/edit/lp/kognitiv/kognitiv.htm

29 Miller/Galanter/Pribram, 1960, S. 46

30 Joseph Weizenbaum: »ELIZA – A Computer Program for the Study of Natural Language Communication between Man and Machine«, in: *Communications of the Association for Computing Machinery* 9/1966, S. 36ff.

31 K. M. Colby, J. B. Watt und J. P. Gilbert: »A Computer Method of Psychotherapy: Preliminary Communication«, in: *The Journal of Neuronal and Mental Desease*, 2/1966, S. 152

32 John R. Searle: »Is the Brain's Mind a Computer Programm?«, in: *Scientific American*, 1/1990, S. 26

33 zit. nach Pugh: 1977, S. 154

34 *The Observer*, 13. Oktober 2013: »Human Brain Project: Henri Markram plans to spend €1bn building a perfect model of the human brain«

35 Karlheinz Meier: »Computer nach dem Vorbild des Gehirns?«, in: *Ruperto Carola*, 1/2007

36 *Spiegel,* 49/2013, S. 123: »Die Hirningenieure«

37 zit. nach Peter Bieri, »Was macht Bewusstsein zu einem Rätsel?«, in: Wolf Singer (Hg.): *Gehirn und Bewusstsein*, Sonderband von *Spektrum der Wissenschaft*, 1994, S. 173

38 ebd., S. 175

39 *Frankfurter Allgemeine Zeitung*, 13. September 2009: »Weißes Haus, 26. Juni 2000«

40 Michael Lange: »Genom als Fremdsprache«, in: *Wissenschaft im Brennpunkt*, Sendung vom 20. Juni 2010

41 *Spiegel*, 2/2005: »Unser Wille ist frei«

42 »Das Manifest. Elf führende Neurowisssenschaftler über Gegenwart und Zukunft der Hirnforschung«, in: *Gehirn und Geist*, 6/2004, S. 30–37

43 zit. nach Hasler, 2014, S. 25

44 www.psychologie-heute.de/home/lesenswert/memorandum-re-

flexive-neurowissenschaft

45 *New York Times*, 19. Dezember 2010: »A Real Science of Mind«

46 Hasler, 2014, S. 42

47 ebd., S. 43

48 *Stern*, 18/2014: »Das Böse in mir«

49 Craig M. Bennett, Abigail A. Baird, Michael B. Miller und George L. Wolford: »Neural correlates of interspecies perspective taking in the post-mortem Atlantic Salmon: An argument for multiple comparisons correction«, in: *Journal of Serendipitous and Unexpected Results* 1, S. 1–5

50 Hasler, 2014, S. 51

51 ebd., S. 229

Risiken und Nebenwirkungen

1 Sennett, 1998, S. 335

2 ebd., S. 16

3 ebd., S. 17

4 ebd., S. 420

5 ebd., S. 425

6 *Süddeutsche Zeitung*, 7. September 2013: »Die Wahl von A bis Z«

7 Hans-Joachim Busch: »Mein langer Lauf zu mir selbst«, in: *Psychosozial*, 1/2005, S. 49

8 vgl. dazu auch Bergmann, 2013, S. 75ff.

9 Der Begriff stammt von dem Medienphilosophen Lorenz Engell.

10 *Frankfurter Allgemeine Zeitung*, 4. Dezember 2011: »Durchschnitt«

11 *Zeit*, 6. März 2014: »Seht her, die nackte Seele«

12 Sennett, 1998, S. 362

13 »Perception beats Performance – woran Manager scheitern«, Studie von Roland Berger

14 so auch der Titel des gleichnamigen Buchs von Ulrich Bröckling

15 Bartling, 2012, S. 48ff.

16 Quelle: www.socialfail.de

17 Foucault, 1983, S. 77

18 weitere Informationen finden sich hier: www.europe-v-facebook.org/DE/de.html

19 Foucault, 1989, S. 260

20 Schulz von Thun, 1985, S. 13ff.

21 *Tagesspiegel*, 14. April 2014: »Ich habe ALS – und finde das Spektakel verlogen«

22 *Süddeutsche Zeitung*, 5. August 2013: »Mutti bleib!«

23 Krölls, 2007, S. 11

24 Gelhard, 2011, S. 10

25 John D. Mayer, Maria DiPaolo und Peter Salovey: »Perceiving Affective Content in Ambiguous Visual Stimuli: A Component of Emotional Intelligence«, in: *Journal of Personality Assessment*, 1990, 54, S. 772–781

26 Edward L. Thorndike: »Intelligence and Its Uses«, in: *Harper's Monthly*, Januar 1920, S. 227–235

27 Hannelore Weber und Hans Westmeyer: »Emotionale Intelligenz – Kritische Analyse eines populären Konstrukts«, in: *Literaturkritik. de*, 2/1999

28 zit. nach Illouz, 2011, S. 341

29 vgl. Gelhard, 2011, S. 58ff.

30 Daniel Goleman/Richard Boyatzis: »Soziale Intelligenz – Warum Führung Einfühlung bedeutet«, in: *Harvard Business Manager*, 1/2009, S. 36

31 ebd., S. 41

32 ebd., S. 45

33 *Die Presse*, 18. März 2012: »Eine Kritik der Kompetenz«

34 Illouz, 2011, S. 343ff.

35 Pius Baschera: »Wir sehen eine starke Parallele zwischen Unternehmenswachstum und persönlicher Entwicklung«, in: *Focus*, 1/2013

36 *The Observer*, 29. Juli 2012: »Dear Mariella«

37 »Risk, Resilience and Recovery«, ein Interview von Larry Brendro mit Emmy Werner, in: *Reclaiming Children and Youth*, 1/2012

38 *Spiegel*, 15/2009: »Die Kraft der Widerständigen«

39 Friedrich Nietzsche: »Götzen-Dämmerung«, in: *Sprüche und Pfeile* 8

40 Gebhardt, 2002, S. 173

41 *brand eins*, 11/2014: »Der Mensch ist ein zähes Tier«

42 Karl Kraus: »Nachts (Aphorismen)«, in: *Die Fackel*, 376–377, 1913, S. 21

43 Ayan, 2012, S. 73

44 *Welt am Sonntag*, 6. November 2011: »Das Geschäft mit der kranken Seele«

45 Saul Rosenzweig: »Some Implicit Common Factors in Diverse Methods of Psychotherapy«, in: *American Journal of Orthopsychiatry,*, 6/1936, S. 412–415

46 Albert Camus: »Die Grundantinomien des modernen Menschen«, in: Josef Speck (Hg.): *Grundprobleme der großen Philosophen*, 1982

47 Freud, GW 10, S. 428ff.

48 ebd., S. 429

49 ebd., S. 430

50 vgl. Kast, 2013, S. 69ff.

51 George L. Engel: »Is Grief a Disease? A Challenge for Medical Research«, in: *Psychosomatic Medicine*, 1/1961, S. 18–22

52 zit. nach Petzold/Hilarion, in: Bonanno, 2012, S. 7

53 zit. nach Lehmacher, 2013, S. 7

54 zit. nach Esther Fischer-Homberger: »Railway Spine und traumatische Neurose – Seele und Rückenmark«, in: *Gesnerus*, 27/1970, S. 99

55 Lehmacher, 2013, S. 34

56 zit. nach ebd., S. 39

57 Hofer, 2004, S. 35

58 Lehmacher, 2013, S. 67

59 Illouz, 2011, S. 283

60 Klaus Dörner: »Posttraumatische Belastungsstörungen – Neues Fass im Gesundheitsmarkt«, in: *Trauma und Berufskrankheit,* 6, Supplement 3, S. 327ff.

61 Illouz, 2009, S. 283

62 Miller, 1983, S. 242

63 ebd., S. 133

64 ebd., S. 169

65 Gebhardt, 2002, S. 91

66 *New York Times*, 26. Januar 2010: »Abusing not only Children, but also Science«

67 Clancy, 2009, S. 116

68 Clancy, 2009, S. 140ff.

69 ebd., S. 129

70 *Handelsblatt*, 5. Februar 2009

71 *Neue Zürcher Zeitung*, 23. September 2014

72 *Versicherungsmagazin*, 12. September 2012

73 *Süddeutsche Zeitung*, 22. Oktober 2014: »In deutschen Unternehmen wird zu wenig geredet«

74 Pörksen/Schulz von Thun, 2014, S. 9

75 Quelle: Website des Schulz von Thun Instituts für Kommunikation www.schulz-von-thun.de

76 Pörksen/Schulz von Thun, 2014, S. 80

Resümee

1 Wundt, 1913, S. 24

Literatur

Anders, Günther: *Besuch im Hades*, C. H. Beck, 1996

Autorenkollektiv am Psychologischen Institut der FU Berlin: *Sozialistische Projektarbeit im Berliner Schülerladen Rote Freiheit*, S. Fischer Bücherei, 1971

Ayan, Steve: *Hilfe, wir machen uns verrückt! Der Psychokult und die Folgen*, Pendo, 2012

Bartmann, Christoph: *Leben im Büro. Die schöne neue Welt der Angestellten*, Carl Hanser Verlag, 2012

Bergmann, Jens: *Ich, ich, ich*, Metrolit Verlag, 2013

Bonanno, George A.: *Die andere Seite der Trauer. Verlustschmerz und Trauma aus eigener Kraft überwinden*, Edition Sirius im Aisthesis Verlag, 2012

Bröckling, Ulrich: *Das unternehmerische Selbst. Soziologie einer Subjektivierungsform*, Suhrkamp, 2007

Burisch, Matthias: *Das Burnout-Syndrom: Theorie der inneren Erschöpfung*, Springer, 2005

Chomsky, Noam: *Language and Problems of Knowledge: The Managua Lectures, Lecture 5*, The MIT Press, 1988

Clauß, Günter et al. (Hrsg).: *Wörterbuch der Psychologie*, Pahl-Rugenstein, 4. Auflage, 1986

Dieterich, Michael: *Einführung in die Allgemeine Psychotherapie und Seelsorge*, Brockhaus, 2001

Dörner Klaus: *Die Gesundheitsfalle: Woran unsere Medizin krankt. Zwölf Thesen zu ihrer Heilung*, Econ, 2003

Ehrenreich, Barbara: *Qualifiziert & arbeitslos. Eine Irrfahrt durch die Bewerbungswüste*, Kunstmann, 2006

Elbina, Abdelwahab: *Was macht die Psychologie eigentlich so interessant? Psycho-Logie im modernen alltäglichen Wahrnehmen, Erleben und Handeln; Entwurf einer qualitativen Kulturpsychologie zur Gestalt und Wirkungsweise des psychologischen Blicks*, Dissertation an der Westfälischen Wilhelms-Universität Münster, 2005

Erb, Wilhelm: *Über die wachsende Nervosität unserer Zeit*, Universitäts-Buchdruckerei von J. Hörning, 1893

Fischer, Joschka: *Mein langer Lauf zu mir selbst*, Kiepenheuer und Witsch, 2001

Fisseni, Hermann-Josef: *Lehrbuch der psychologischen Diagnostik*, Hogrefe Verlag, 2004

Foucault, Michel: *Der Wille zum Wissen. Sexualität und Wahrheit I*, Suhrkamp 1983

Foucault, Michel: *Überwachen und Strafen: Die Geburt des Gefängnisses*, Suhrkamp 1994

Frances, Allen: *Normal. Gegen die Inflation psychiatrischer Diagnosen*, DuMont Buchverlag, 2013

Freud, Sigmund: *Briefe an Wilhelm Fließ*, hrsg. von Jeffrey M. Masson u.a., S. Fischer Verlag, 1999

Freud, Sigmund: *Gesammelte Werke*, Bd. 1, Imago Publishing, 1952

Freud, Sigmund: *Gesammelte Werke*, Bd. 10, Imago Publishing, 1946

Freud, Sigmund: *Gesammelte Werke*, Bd. 11, S. Fischer Verlag, 1969

Freud, Sigmund: *Gesammelte Werke*, Bd. 14, Imago Publishing, 1955

Frisch, Max: *Mein Name sei Gantenbein*, Suhrkamp, 1976

Gabriel, Markus: *Warum es die Welt nicht gibt*, Ullstein, 2013

Gebhardt, Miriam: *Sünde, Seele, Sex. Das Jahrhundert der Psychologie*, Deutsche Verlags-Anstalt, 2002

Gelhard, Andreas: *Kritik der Kompetenz*, Diaphanes, 2011

Goleman, Daniel: *EQ. Emotionale Intelligenz*, dtv, 1997

Hasler, Felix: *Neuromythologie. Eine Streitschrift gegen die Deutungsmacht der Hirnforschung*, Transcript Verlag, 2014

Hellinger, Bert: *Gottesgedanken. Ihre Wurzeln und ihre Wirkung*, Kösel-Verlag, 2004

Hofer, Hans-Georg: *Nervenschwäche und Krieg. Modernitätskritik und Krisenbewältigung in der österreichischen Psychiatrie (1880–1920)*, Böhlau Verlag, 2004

Holzkamp, Klaus: *Grundlegung der Psychologie*, Campus, 1985

Illouz, Eva: *Die Errettung der modernen Seele*, Suhrkamp, 2011

Jäger, Adolf Otto: *Dimensionen der Intelligenz*, Hogrefe Verlag, 1967

Jung, Carl Gustav: *Erinnerungen, Träume, Gedanken*, aufgezeichnet und herausgegeben von Aniela Jaffé, Rascher Verlag, 1962

Kast, Verena: *Trauern. Phasen und Chancen des psychischen Prozesses*, Kreuz Verlag, 2013

Kracauer, Siegfried: *Die Angestellten*, Suhrkamp, 2013

Krölls, Albert: *Kritik der Psychologie. Das moderne Opium des Volkes*, VSA, 2007

Kury, Patrick: *Der überforderte Mensch. Eine Wissensgeschichte vom Stress zum Burnout*, Campus 2012

Lau, Viktor: *Schwarzbuch Personalentwicklung. Spinner in Nadelstreifen*, Steinbeis-Edition, 2013

Lehmacher, Katrin: *Trauma-Konzepte im historischen Wandel: Ein Beitrag zur Rezeptionsgeschichte der Posttraumatic-Stress Disorder in Deutschland (1980–1991)*, Dissertation an der Rheinischen Friedrich-Wilhelms-Universität Bonn, 2013

Lück, Helmut E.: *Geschichte der Psychologie. Strömungen, Schulen, Entwicklungen*, Kohlhammer, 2013

Marx, Karl/Engels, Friedrich: *Werke*, Bd. 3, Dietz Verlag Berlin, 1983

Miller, Alice: *Am Anfang war Erziehung*, Suhrkamp, 1983

Miller, George A./Galanter, Eugene/Pribram Karl H.: *Plans and the Structure of Behavior*, Henry Holt, 1960

Müller, Sabine: *Programm für eine neue Wissenschaftstheorie*, Königshausen & Neumann, 2004

Münsterberg, Hugo: *Psychologie und Wirtschaftsleben*, Verlag von Johann Ambrosius Barth, 1912

Musil, Robert: *Tagebücher*, hrsg. von Adolf Frisé, Rowohlt, 1983

Paul, Annie Murphy: *The Cult of Personality: How Personality Tests Are Leading Us to Miseducate Our Children, Mismanage Our Companies, and Misunderstand Ourselves*, Simon and Schuster, 2004

Pörksen, Bernhard/Schulz von Thun, Friedemann: *Kommunikation als Lebenskunst. Philosophie und Praxis des Miteinander-Redens*, Carl-Auer-Systeme Verlag, 2014

Probst, Paul: »›Um den Bedürfnissen des praktischen Lebens entgegenzukommen‹ – ein Einblick in Biografie und Werk William Sterns«, in: *100 Jahre akademische Psychologie in Hamburg. Eine Festschrift*, hrsg. von Martin Spieß, Hamburg University Press, 2014

Pugh, George E: *The Biological Origin of Human Values*, Basic Books, 1977

Raapke, Konstanze/Schindler, Heidrun: *Der Psychoboom auf dem deutschen Büchermarkt*, Dissertation an der Medizinischen Hochschule Hannover, 1988

Reckwitz, Andreas: *Die Erfindung der Kreativität. Zum Prozess gesellschaftlicher Ästhetisierung*, Suhrkamp, 2013

Reichardt, Sven: *Authentizität und Gemeinschaft. Linksalternatives Leben in den siebziger und achtziger Jahren*, Suhrkamp, 2014

Reitter, Karl: *Der König ist nackt. Eine Kritik an Sigmund Freud*, Döcker Verlag, 1996

Rexilius, Günter/Grubitzsch, Siegfried: *Psychologie. Theorien, Methoden, Arbeitsfelder*, Rowohlt, 1986

Rogers, Carl: *Encounter-Gruppen: Das Erlebnis menschlicher Begegnung*, Kindler, 1970

Rorschach, Hermann: *Briefwechsel*, hrsg. von Christian Müller und Rita Signer, Verlag Hans Huber, 2004

Schmidt, Raymund: *Die Philosophie der Gegenwart in Selbstdarstellungen*, Bd. 6, Verlag von Felix Meiner, 1927

Schulz von Thun, Friedemann: *Miteinander reden: Störungen und Klärungen*, Rowohlt, 1985

Schwitters, Kurt: *Das literarische Werk*, hrsg. von Friedhelm Lach, Bd. 1, Dumont, 1998

Sennett, Richard: *Verfall und Ende des öffentlichen Lebens. Die Tyrannei der Intimität*, S. Fischer Verlag, 1986

Skinner, Burrhus Frederic: *Jenseits von Würde und Freiheit*, Rowohlt, 1973

Smith, Neil: *Chomsky: Ideas and Ideals*, Cambridge University Press, 1999

Stern, William: *Psychologie der frühen Kindheit bis zum sechsten Lebensjahre*, Verlag von Quelle & Meyer, 1914

Stern, William: *Die Intelligenz der Kinder und Jugendlichen und die Methoden ihrer Untersuchung. An Stelle einer dritten Auflage des Buches: Die Intelligenzprüfung an Kindern und Jugendlichen*, Verlag von Johann Ambrosius Barth, 1920

Stern, William: *Die Psychologie und die Schülerauslese*, Verlag von Johann Ambrosius Barth, 1920

Stern, William: *Die Differentielle Psychologie in ihren methodischen Grundlagen*, Verlag von Johann Ambrosius Barth, 1921

Tschechne, Martin: *William Stern*, Ellert & Richter Verlag, 2010

Vinnai, Gerhard: *Die Austreibung der Kritik aus der Wissenschaft: Psychologie im Universitätsbetrieb*, 1993 (der Text ist im Internet verfügbar: www.vinnai.de/kritik.html)

Watson, John B.: *Behaviorismus*, Kiepenheuer & Witsch, 1976

Watson. John B.: *Psychological Care of the Infant and Child*, W. W. Norton & Co., 1928

Weber, Max: *Wissenschaft als Beruf*, Max Weber Gesamtausgabe, Bd. 17, hrsg. von Wolfgang J. Mommsen und Wolfgang Schluchter, Mohr, 1994

Wittels, Fritz: *Freud and the Child Woman. The Memoirs of Fritz Wittels*, Yale University Press, 1995

Wittgenstein, Ludwig: *Vorlesungen und Gespräche über Ästhetik, Psychologie und Religion*, Vandenhoeck & Ruprecht, 1968

Wood, James M. u.a.: *What's Wrong with the Rorschach?*, Jossey-Bass, 2011

Wundt, Wilhelm: *Die Psychologie im Kampf ums Dasein*, Alfred Kröner Verlag in Leipzig, 1913

Zaretsky, Eli: *Freuds Jahrhundert*, dtv, 2009

Register